D1854288

Medikamentöse und physikalische Therapie der arteriellen Verschlußkrankheit

Mit freundlichen Empfehlungen

Dr. Rentschler
Arzneimittel GmbH & Co.
7958 Laupheim

Gewidmet dem Andenken an
Dr. A. Matrai,
der im Januar 1988 im Alter von
39 Jahren verstorben ist.

E. Senn
E. Ernst
(Hrsg.)

Medikamentöse und physikalische Therapie der arteriellen Verschlußkrankheit

Symposium
Klinikum Großhadern, München
Oktober 1987

79 Abbildungen
und 24 Tabellen

W. Zuckschwerdt Verlag München · Bern · Wien · San Francisco

Prof. Dr. E. Senn
Priv.-Doz. Dr. E. Ernst
Klinik für Physikalische Medizin
der Universität München
Ziemssenstraße 1
D-8000 München 2

CIP-Kurztitelaufnahme der Deutschen Bibliothek

Medikamentöse und physikalische Therapie der arteriellen Verschlußkrankheit : Symposium, Klinikum Grosshadern, Oktober 1987 / E. Senn ; E. Ernst (Hrsg.). - München ; Bern ; Wien ; San Francisco : Zuckschwerdt, 1988

ISBN 3-88603-260-4
NE: Senn, Edward [Hrsg.]; Klinikum <Grosshadern>

Printed in Germany by Stelzl-Druck München.

ISBN 3-88603-260-4

Inhalt

Vorwort

Die diesem Band zugrundeliegende Tagung fand am 3. 10. 1987 im Klinikum Großhadern der LMU München statt und wandte sich expressis verbis an den niedergelassenen Arzt. Es war unser Ziel, das Thema von vielen Blickwinkeln aus zu beleuchten, um dem Interessierten ein möglichst umfassendes Bild zu vermitteln. Insbesondere sollte dargelegt werden, wie sich in der konservativen Therapie physikalische und pharmakologische Prinzipien sinnvoll ergänzen können. Das Krankheitsbild der peripheren arteriellen Durchblutungsstörungen eignet sich wie wenig andere, Mediziner verschiedener Fachrichtungen zusammenzuführen. Insbesondere die therapeutischen Bemühungen liegen hier häufig in der Hand von Ärzten unterschiedlicher Disziplinen. Diese Vielfalt dem Leser zu vermitteln, ist somit auch Aufgabe des vorliegenden Buches. Die arteriellen Verschlußkrankheiten sind weit verbreitet und bedauerlicherweise mit einer ungünstigen Prognose assoziiert. Es ist unsere Hoffnung, durch Hinweise auf multidisziplinäre therapeutische Ansätze, letztlich dem Patienten zu helfen.

Prof. Dr. med. E. Senn
Priv.-Doz. Dr. med. E. Ernst
München, Februar 1988

Pathophysiologie der Durchblutung bei arterieller Verschlußkrankheit

L. Sunder-Plassmann
Chirurgische Klinik im Klinikum Großhadern, Universität München

Einleitung

Während man bei der arteriellen Verschlußkrankheit früher das Hauptaugenmerk auf die Wandveränderungen der großen Transportarterien richtete, steht heute die gestörte Mikrozirkulation im Vordergrund des Interesses (3, 4). Aufgrund technischer Weiterentwicklung wurden in zunehmendem Maße Methoden erarbeitet, die eine quantifizierende Untersuchung der Endstrombahn am wachen Versuchstier gestatten (1, 2). Andererseits wurde durch in-vitro-Untersuchung der Mikrohämorheologie des Blutes eine Vielzahl von rheologischen Abnormitäten bei langsamer Blutströmung unter niedrigen Strömungsdrukken gefunden (5). Für den Kliniker ist es bisweilen sehr schwer, die Vielzahl der neugefundenen mikrozirkulatorischen Epiphänomene, die ja ausschließlich tierexperimentell nachgewiesen wurden, nach ihrem Stellenwert in der Pathophysiologie der Durchblutungsstörung des arteriosklerotischen Patienten einzuordnen. Im folgenden soll daher der Versuch unternommen werden, neben den bekannten zentral-hämodynamischen Veränderungen beim Verschluß größerer Transportarterien auch die klinisch relevanten Veränderungen der Mikrozirkulation aufzuzeigen und daneben auch der Entwicklung und Beeinflußbarkeit des Kollateralkreislaufes ausreichend Aufmerksamkeit zu schenken.

Die Bedeutung des Kollateralkreislaufs

Bei jedem akuten Verschluß einer größeren Transportarterie, z.B. der A. femoralis superficialis, bildet sich ein erheblicher Druckgradient proximal und distal der Verschlußebene aus. Sofern es sich nicht um Endarterien handelt, sind kleinere Seitenäste, die parallel zu der großen Transportarterie verlaufen, anatomisch vorgebildet, die mit haarfeinen Gefäßen distal der Verschlußebene anastomosieren. Ist eine große Transportarterie innerhalb eines kräftigen Muskelmantels betroffen, so sind diese vorgebildeten sogenannten interarteriellen Anastomosen besonders gut ausgebildet. Aufgrund des schlagartig erhöhten Druckgradienten kommt es zu einer enormen Strömungsbeschleunigung in diesen kleinen vorgebildeten interarteriellen Anastomosen, die daraufhin innerhalb von wenigen Stunden druckpassiv gedehnt werden. Die Zunahme der Strömung dieser interarteriellen Anastomosen läßt sich leicht an dem allmählichen Wiederanstieg des peripheren Perfusionsdruckes registrieren. Nach der Phase der passiven Dilatation erfolgt die zweite Phase des echten anatomischen kollateralen Wachstums, welches sowohl den Gefäßquerschnitt als auch die Gefäßlänge betrifft. Die nun schon leicht angiographisch nachweisbaren Kollateralen haben daher ihren typischen geschlängelten Verlauf. Der Reiz für das Gefäßwachstum dieser Kollateralgefäße ist offensichtlich die erhöhte Scherkraft im Randsaum der Gefäßintima aufgrund der erhöhten Strömungsgeschwindigkeit und hat nichts zu tun mit einer eventuell vorhandenen Hypoxie im umgebenden Gewebe. Weil in den kürzesten und breitesten Kapillaren die Blutströmung am schnellsten ist, erfolgt hier auch präferenziell das Breiten- und Längenwachstum am intensivsten, so daß innerhalb von Wochen und Monaten der Kollateralkreislauf einige wenige Kollateralen besonders stark herausbildet, während sich die am Anfang der Wachstumsphase vorhandenen dünnkalibrigen Anastomosen wieder zurückbilden. Ist der periphere Strömungsdruck auf eine bestimmte Höhe wieder angehoben und der neue Kollateralen-Querschnitt an die Strömungsgeschwindigkeit adaptiert, so kommt das Kollateralenwachstum zum Stillstand.

Diese Phase des kollateralen Wachstums läßt sich tierexperimentiell sehr schön demonstrieren: Wird die gesamte Iliaca externa- und Femoralis superficialis-Strombahn (Becken und Oberschenkeletage) beim Hund experimentell durch vielfache Ligaturen ausgeschaltet, so erfolgt die Versorgung der unteren Extremität ausschließlich über die A. iliaca interna, die mit aufsteigenden Ästen der A. poplitea durch interar-

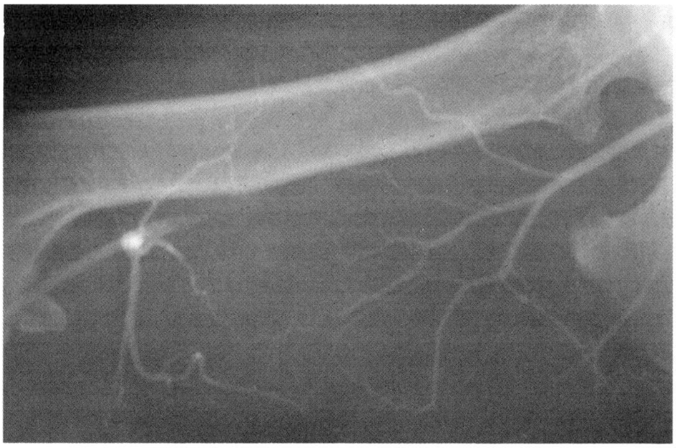

Abbildung 1. Angiographischer Befund unmittelbar nach Ligatur der gesamten äußeren Beckenstrombahn und Oberschenkelstrombahn (Aa. iliaca externa und femoralis communis sowie A. femoralis superficialis mit A. femoralis profunda). Kleine, angiographisch zu diesem Zeitpunkt noch nicht sichtbare interarterielle Anastomosen existieren zu den aufsteigenden Ästen der A. poplitea.

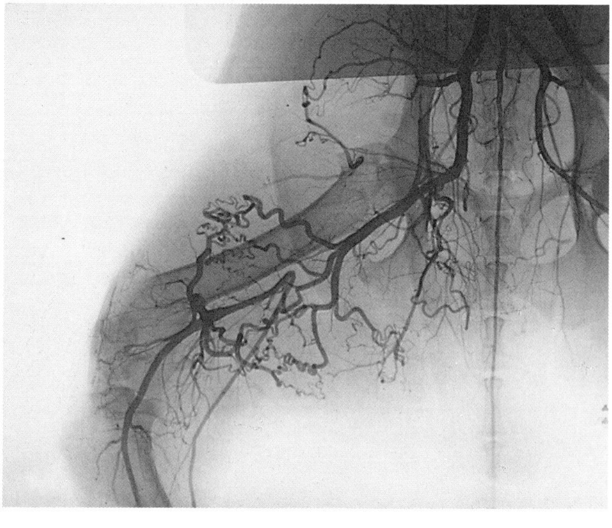

Abbildung 2. Angiographischer Befund drei Monate nach Gefäßligatur: Der gesamte Oberschenkel ist durch kräftige Kollateralen überbrückt. Es lassen sich zwei Zonen der präformierten interarteriellen Anastomosen, die inzwischen zu kräftigen Kollateralen herangewachsen sind, im Bereich der Beugeseite des Oberschenkels und ein kleineres paraossär an der Streckseite unterscheiden. Durch elektromagnetische Flußmessung am zuführenden Gefäß (A. iliaca interna) sowie an der abführenden Arteria (A. poplitea) lassen sich kollaterale Durchblutung und kollateraler Widerstand selektiv untersuchen.

terielle Anastomosen verbunden ist (Abbildung 1). Drei Monate nach Durchführung dieser Ligaturen hat sich ein kräftiges kollaterales Netzwerk herausgebildet (Abbildung 2), an welchem man die Hämodynamik der Kollateralgefäße durch proximale und distale Fluß- und Druckmessung ausgezeichnet studieren kann.

Beeinflussung des kollateralen Wachstums möglich?

Während der Wachstumsphase der Kollateralen, also unmittelbar nach einem Gefäßverschluß, läßt sich die Ausbildung des Kollateralkreislaufes durch verschiedene Maßnahmen beschleunigen: Wird durch intermittierendes aktives Muskeltraining peripher der Verschlußebene eine Gefäßdilatation provoziert und dadurch die Druckdifferenz entlang der Kollateralen erhöht, so bewirkt dies eine maximale Beschleunigung des Blutstroms in den Kollateralen selbst, wodurch der Wachstumsreiz deutlich gesteigert werden kann. Diese muskuläre Tätigkeit muß nicht kontinuierlich erfolgen, es genügt eine zweimal tägliche maximale Anstrengung. Ebenso läßt sich zeigen, daß man durch eine frühzeitige Sympathektomie eine vollständige periphere Vasodilatation induzieren kann, die ebenfalls den Druckgradienten entlang der Kollateralen erhöht und konsekutiv den Blutstrom beschleunigt. Auch dies ist ein zusätzlicher Wachstumsreiz und beschleunigt die Ausbildung des Kollateralkreislaufes im Vergleich zu nicht sympathektomierten Tieren. Schließlich konnten wir noch zeigen, daß auch durch intraarterielle Injektionen eines vasoaktiven Medikamentes der periphere Druck gesenkt und der Kollateralen-Blutstrom um ein Vielfaches gesteigert werden kann. Auch durch diese Maßnahmen läßt sich das Kollateralen-Wachstum beschleunigen, was insbesondere für Patienten Bedeutung haben dürfte, welche für ein aktives Muskeltraining nicht mehr in Frage kommen (Abbildung 3). Als entscheidende Einschränkung gilt jedoch, daß diese Maßnahmen lediglich geeignet sind, einen noch in der Wachstumsphase befindlichen Kollateralkreislauf im positiven Sinne zu beeinflussen. Wesentlich unsicherer bzw. über-

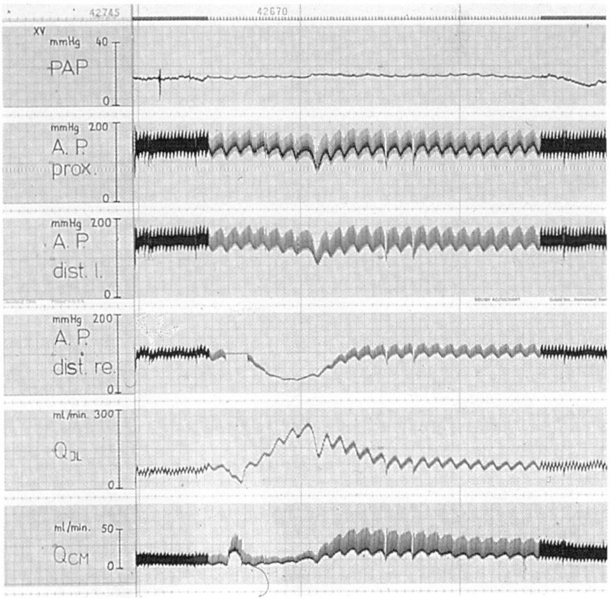

Abbildung 3. Originalaufzeichnung der Kollateraldurchblutung (QCM) und des Perfusionsdruckes distal der Verschlußebene (A.P. dist. re.), bei intraarterieller Injektion einer vasoaktiven Substanz (Buflomedil, Deutsche Abbott, Wiesbaden): Die Gefäßdilatation im distalen Unterschenkel bewirkt eine langandauernde Zunahme der Kollateraldurchblutung (QCM). Registrierdauer 20 Minuten.

haupt nicht nachgewiesen ist die Wirkung dieser Maßnahmen bei einem schon über Jahre bestehenden Kollateralkreislauf, dessen Wachstumsphase schon lange abgeschlossen ist. Da der Gefäßverschluß beim Patienten bei der Arteriosklerose in der Regel langsam über eine zunehmende Stenose verläuft, ist auch mit einem langsameren Kollateralwachstum, als hier im Tierexperiment gezeigt, zu rechnen. Beim ersten Arztkontakt ist daher u.U. das Kollateralbett schon voll ausgebildet und nur noch schwerlich beeinflußbar. Trotzdem ist natürlich bei allen belastbaren Patienten die erste Maßnahme, ein dosiertes Muskeltraining zur Verbesserung der Kollateralisation zumindest zu versuchen. Bei Patienten im Stadium der Ruheinsuffizienz kommt allerdings nur noch eine medikamentöse Therapie mit dem Ziel der besseren Kollateralisation in Betracht.

Bedeutung des peripheren Strömungsdruckes für die Mikrozirkulation

Auch eine klinisch ausreichende Kollateralisation kann nicht verhindern, daß hinter der Ebene der Gefäßverschlüsse der Strömungsdruck wesentlich niedriger ist, als an einer gesunden Extremität. Der Strömungswiderstand der Kollateralen ist nämlich in jedem Fall um ein Vielfaches höher als der einer gesunden Transportarterie (Abbildung 4). Auf der Ebene der Arteriolen, die als Einlaßventile zu den Kapillaren funktionieren, ist deshalb bei Verschlußkranken der Strömungsdruck viel niedriger als beim Gesunden, da er bei der Durchströmung des Kollateralbettes »verbraucht« wurde (Abbildung 5). Auf diesen erniedrigten Strömungsdruck reagieren die präkapillären Widerstandsgefäße mit einer zumindest teilweisen Vasodilatation, was wiederum zur Folge hat, daß die Gesamtdurchblutung rein zahlenmäßig auch bei der fortgeschrittenen Verschlußkrankheit kaum merklich beeinflußt wird. Stattdessen kommt es zu einer lokalen Umverteilung der Durchblutung im Sinne eines funktionellen Shunts. Nicht die Quantität der Durchblutung wird demnach primär beeinflußt, sondern die Qualität. Es scheint

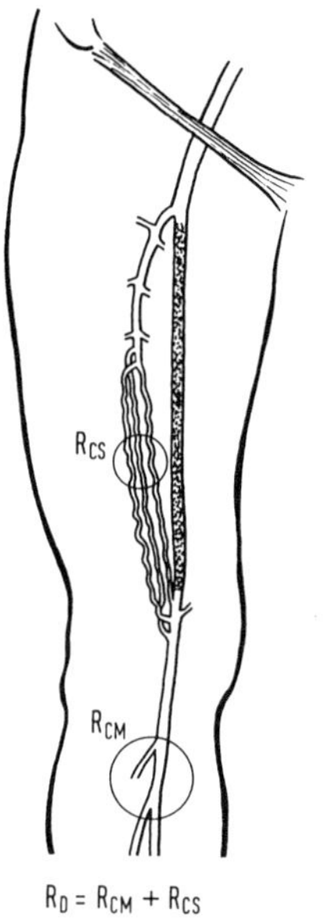

Abbildung 4. Kollateralkreislauf am Oberschenkel bei langstreckigem Verschluß der A. femoralis superficialis (schematisch). Kollateralgefäße der muskulären Endäste der A. profunda femoris anastomosieren mit aufsteigenden Ästen des Empfängersegmentes der A. poplitea oberhalb des Kniegelenkes. Auch bei guter Kollateralisation dieses Gefäßabschnittes, der u.U. eine mäßiggrade Belastung voll kompensieren kann, bleibt der Strömungswiderstand der Kollateralgefäße (Rcs) um ein Vielfaches höher als der Widerstand der intakten A. femoralis superficialis. Für die Durchströmung der Wadenmuskulatur gilt daher, daß sich der kollaterale Strömungswiderstand und der Strömungswiderstand der Arteriolen addieren. Daraus folgt eine Abnahme des Strömungsdrucks innerhalb der Mikrozirkulation der Muskulatur der Wade.

hinreichend bewiesen (1, 3), daß beim Gefäßgesunden die Regulation der peripheren Durchblutung durch die Vasomotion, d.h. eigenrhythmische Veränderungen der Gefäßweite reguliert wird, während als zusätzliche lokale Mechanismen der Gewebsbedarf im Sinne eines Dilatationsreizes wirksam wird. Man muß wohl davon ausgehen, daß beim Verschlußkranken aufgrund des niedrigen peripheren Strömungsdrukkes diese Vasomotion erheblich gestört ist und statt der fluktuierenden Variation des Gefäßquerschnittes die Mikrozirkulation als System mehr oder weniger starrer Röhren funktioniert. In diesem System erfolgt dann die Blutverteilung nicht mehr bedarfsadaptiert, sondern nach den Gesetzen der Hydrodynamik, d.h. es werden die Kapillaren durchströmt, die die höchste Konduktivität bzw. den geringsten Strömungswiderstand aufweisen, also präferenziell weite und kurzstreckige Kapillaren. Unter diesen Bedingungen werden auch die rheologischen Eigenschaften des Blutes bedeutsam, denn die Strömung in den Kapillaren ist als Einzelzellströmung (single-file-flow) aufzufassen, für welchen die Fluidität des einzelnen Erythrozyten von entscheidender Bedeutung ist. Beim Gefäßkranken ist neben einem höheren Hämatokrit auch mit einer geringeren Deformabilität der Zellmembran und der Gesamtzelle zu rechnen, so daß zusätzlich zu dem verminderten Strömungsdruck eine erschwerte Kapillarpassage der Zellen bewirkt wird. Die Störung der »Mikrozirkulation« bei arterieller Verschlußkrankheit besteht demnach nicht in einer generellen Unterdurchblutung, sondern in einer Umverteilung der Durchblutung zu den kürzeren weitlumigeren Kapillaren unter Aussparung der langstreckigen Muskelkapillaren. Bei unveränderter

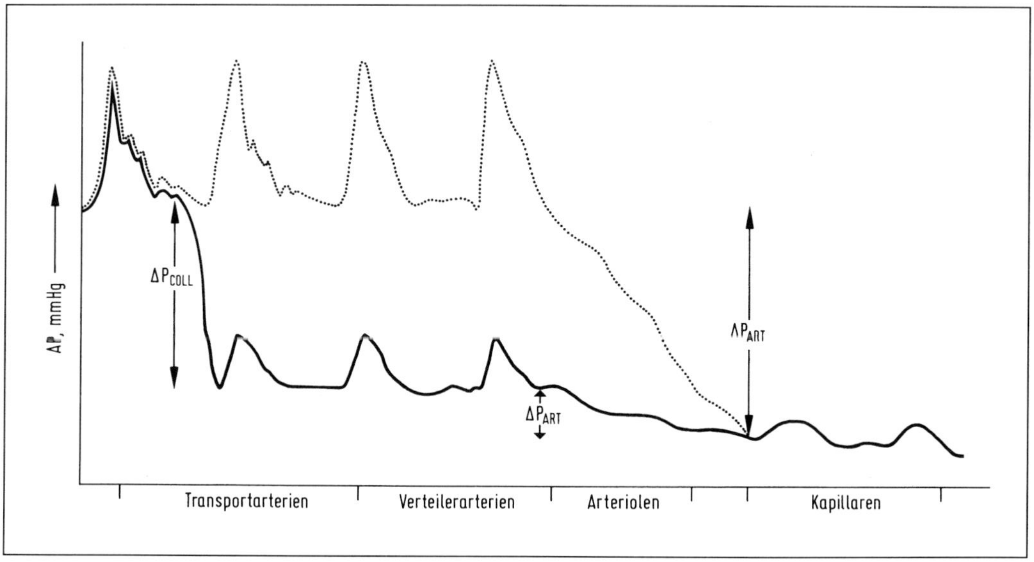

Abbildung 5. Verhalten des Perfusionsdruckes am Gesunden (obere Kurve) sowie bei einem Verschlußkranken mit Kollateralkreislauf (untere Kurve). Während beim Gefäßgesunden die Arteriolen einen Druckgradienten von ca. 80 mmHg zur lokalen Regulation der Durchblutung zur Verfügung haben, ist dieser Druckgradient beim Verschlußkranken hochsignifikant vermindert. Der entscheidende Druckabfall beim Verschlußkranken erfolgt nämlich bereits auf der Ebene der Kollateralen. Daraus folgt, daß die Ventilfunktion der Arteriolen als Regulativ der peripheren Durchblutung ausfällt.

Gesamtdurchblutung müßte daher eine lokale Unterversorgung des Muskelgewebes mit Sauerstoff nachweisbar sein.

Funktionelle Shuntdurchblutung mit lokaler Gewebehypoxie

Mit der Mehrdrahtoberflächenelektrode nach *Kessler* und *Lübbers* läßt sich punktuell der Gewebesauerstoffdruck auf der Muskeloberfläche sowohl tierexperimentell wie auch am Patienten sehr genau erfassen. Weil die Sauerstoffdruckwerte lokal je nach kapillärer Versorgungssituation erheblich variieren, muß stets ein ausreichend großes Muskelareal, welches repräsentativ für das Gesamtgewebe ist, ausgemessen werden. Sowohl im Tiermodell der arteriellen Verschlußkrankheit als auch am Patienten konnte man zeigen, daß tatsächlich – neben normalen Gewebesauerstoffdruckwerten – auch pathologisch erniedrigte Werte im Bereich von 0–5 mmHg vermehrt nachweisbar sind, bei Patienten auch schon im Stadium der Belastungsinsuffizienz, also im Stadium II (Abbildung 6). Diese niedrigen Werte im Bereich von 0–5 mmHg entsprechen offensichtlich den Gewebsarealen um die schlecht versorgten langstreckigen Kapillaren herum. Entscheidend ist, daß diese lokale Gewebehypoxie vorhanden ist, obwohl – wie schon bemerkt – die Gesamtdurchblutung eines solchen Muskels sich rein zahlenmäßig vom normalen nicht unterscheidet. Aufgrund der pathophysiologischen Situation bieten sich drei therapeutische Ansatzpunkte, die im folgenden kurz skizziert werden sollen.

Wiederherstellung des lokalen Strömungsdruckes

An erster Stelle aller therapeutischen Überlegungen steht die Möglichkeit der Rekanalisation des verschlossenen Gefäßes durch Thrombendarteriektomie, Katheterdilatation, Laserangioplastie bzw. Umgehungstransplantat. Gelingt es, so den Strömungsdruck im Bereich der Arteriolen wiederherzustellen, so ist damit auch die Mikrozirkulationsstörung schlagartig beseitigt (Abbildung 6). Aufgrund der angiographischen Situation sind jedoch bei weitem nicht alle Gefäßverschlüsse direkt rekanalisierbar bzw. durch Bypass zu überbrücken. Auch der sog. »ausoperierte« Patient, der bereits mehrere Eingriffe hinter sich hat, die fehlgeschlagen sind, gehört in die Gruppe der Patienten, der nur durch konservative Maßnahmen zu helfen ist.

Beeinflussung des Gefäßinhaltes durch Viskositätssenkung

Wenn keine Möglichkeit besteht, den lokalen Strömungsdruck zu erhöhen, so bleibt als Möglichkeit noch die Verminderung des Strömungswiderstandes durch Hämodilution. Tierexperimentelle Untersuchungen sowie zahlreiche Studien an Patienten haben zweifelsfrei belegt, daß sowohl die Verminderung der Gesamtviskosität durch Hämatokritsenkung als auch die Verbesserung der Rheologie des Einzelerythrozyten im Sinne einer Durchblutungsverbesserung wirksam werden. Insbesondere wird nicht nur die hohe Durchblutung zahlenmäßig erhöht, sondern offensichtlich auch eine Durchströmung der längeren Kapillaren wieder erreicht, was zum Verschwinden der lokalen Hypoxiebezirke führt. Die technischen Details dieses Vorgehens beim Patienten sind an anderer Stelle ausführlich beschrieben (7).

Beeinflussung der Gefäßgeometrie

Wenn es gelingt, medikamentös die Kollateralstrombahn akut zu dilatieren, so erhöht sich damit der distale Strömungsdruck für die Arteriolen und es wäre denkbar, daß unter diesen Bedingungen zumin-

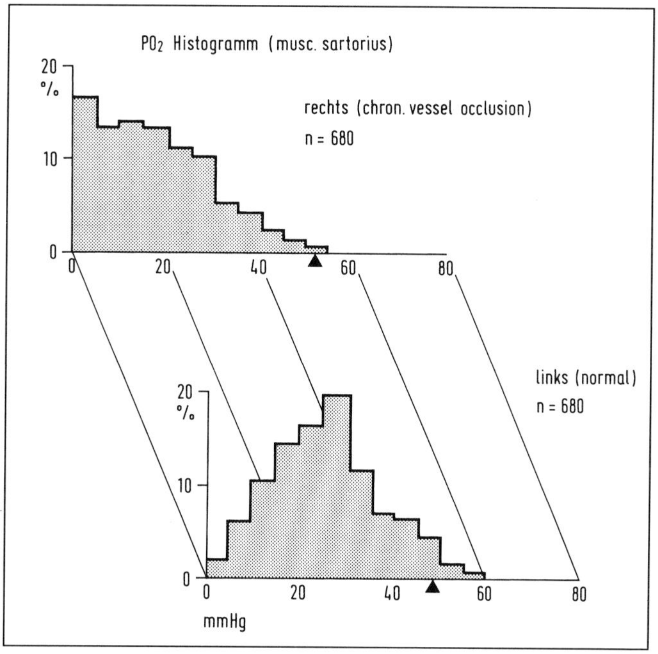

Abbildung 6a. Sauerstoffdruckverteilung auf der Oberfläche des M. sartorius beim Hund im tierexperimentellen Verschlußmodell der rechten hinteren Extremität bei intakter linker hinterer Extremität: man erkennt auf der rechten Seite eine Linksverschiebung der Häufigkeitsverteilung der gemessenen pO_2-Werte mit einer Zunahme der pO_2-Werte im potentiell hypoxischen Bereich zwischen 0 und 10 mmHg, die auf der gesunden linken Seite fehlen.

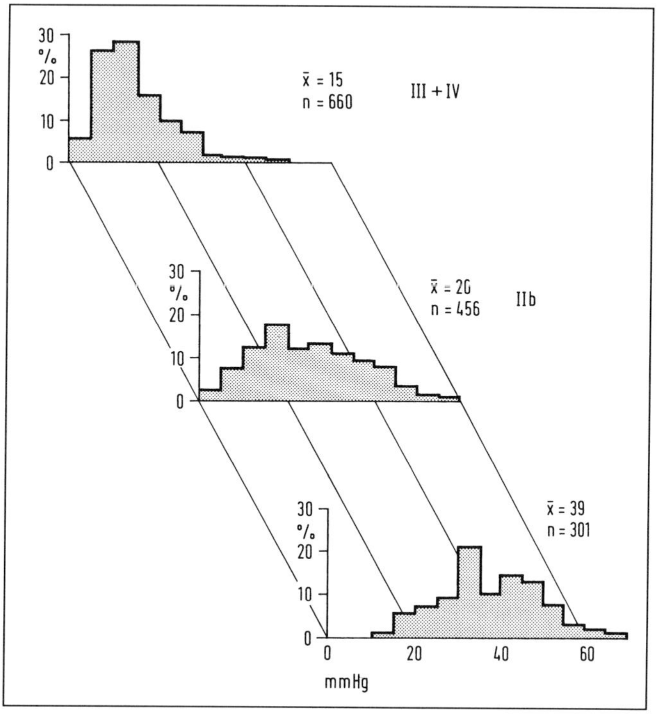

Abbildung 6b. Häufigkeitsverteilung der Sauerstoffdruckwerte auf der Muskeloberfläche des M. sartorius bei gesunden Kontrollpersonen (OP wegen Varikosis) sowie bei Patienten mit arterieller Verschlußkrankheit im Stadium IIb bzw. III und IV. Im Vergleich zu den Normalpersonen fällt bei den Patienten mit Verschlußkrankheit eine Linksverschiebung der Häufigkeitsverteilung der pO_2-Werte auf mit einer Zunahme der pO_2-Werte im potentiell hypoxischen Bereich von 0–10 mmHg. Weitere Erklärung siehe Text.

dest ein Teil der spontanen Vasomotion zurückgewonnen wird. Zumindest tierexperimentell ließ sich klar zeigen, daß auch die glatte Muskulatur der Kollateralen auf entsprechende vasoaktive Medikamente anspricht (Abbildung 3) und eindeutig zu einer kollateralen Dilatation führt. Entscheidend ist, daß diese kollaterale Mehrdurchblutung tatsächlich die Maldistribution im Bereich der Mikrozirkulation beseitigt und die Sauerstoffdruckverteilung durch Eliminierung der hypoxischen Bezirke normalisiert. Einschränkend muß jedoch gesagt werden, daß es sich hierbei um tierexperimentelle Befunde an noch jungen, im Wachstum befindlichen Kollateralen handelt und daß entsprechende Untersuchungen am Patienten, die unmittelbar den Effekt auf die Kollateralstrombahn zeigen, noch ausstehen. Andererseits wurde jedoch am Patienten durch intravitale Kapillaroskopie gezeigt, daß zumindest in den Hautkapillaren auch beim Patienten eine Verbesserung der Durchströmung erzielt werden kann.

Zusammenfassung

Die Grundstörung der Gewebsperfusion bei arterieller Verschlußkrankheit ist der niedrige Strömungsdruck, der eine bedarfsadaptierte lokale Durchblutungsregulation durch die Arteriolen unmöglich macht. Die einsetzende Teildilatation der präkapillären Widerstandsgefäße führt zu einer Umverteilung der kapillären Durchblutung mit funktioneller Shuntbildung und konsekutiver lokaler Gewebshypoxie im Einzugsbereich der nicht mehr bzw. nur noch mit Plasma perfundierten Kapillaren. Therapeutisch ergeben sich als Ansatzpunkte neben der chirurgischen bzw. interventionellen Lumeneröffnung die Möglichkeiten der Verbesserung des Gefäßinhaltes durch Viskositätssenkung des Blutes (Hämodilution) sowie die medikamentöse Beeinflussung des kollateralen Zustromes bzw. der arteriolären Vasomotion im Bereich der Endstrombahn.

Literatur

1 Intaglietta M (1985) Spontane arterioläre Vasomotion. In: Meßmer K (ed) Angiodynamik und Angiopathie. Zuckschwerdt, München Bern Wien San Francisco, pp 5–13
2 Intaglietta M, Chavez RH, Meßmer K (1987) Vasomotion, mikrovaskulärer Steal Effekt und Wirkung von Buflomedil. In: Meßmer K (ed) Makro- und Mikrozirkulation bei ischämischer Verschlußkrankheit. Zuckschwerdt, München Bern Wien San Francisco, pp 12–19
3 Meßmer K (1984) Mikrozirkulation und arterielle Verschlußkrankheit. Neue Aspekte. In: Trübestein G (ed) Arterielle Verschlußkrankheit und tiefe Venenthrombose. Fortschritte in Diagnostik und Therapie. Thieme, Stuttgart New York, pp 17–21
4 Schmid-Schönbein H (1981) Physiologie und Pathophysiologie der Mikrozirkulation sowie Konsequenzen für deren pharmakologische Behandlung. In: Mikrozirkulation und arterielle Verschlußkrankheit, Kongress, München, 1980, pp 22–38 (Karger, Basel, 1981)
5 Schmid-Schönbein H, Klitzmann B, Johnson PC (1981) Vasomotion and blood rheology: Maintenance of blood fluidity in the microvessels by rhythmic vasomotion. Biblitec ana 20:138–143
6 Sunder-Plassmann L (1983) Verbesserung der Mikrozirkulation und Kollateralstrombahn bei arterieller Verschlußkrankheit. Experimentelle und klinische Befunde. Angio 5:127–134
7 Sunder-Plassmann L, von Hesler F, Endrich B, Meßmer K (1981) Improvement of collateral circulation in vascular occlusive disease of the lower extremity. Biblitec haemat 47:43–53

Anschrift des Verfassers:
Prof. Dr. L. Sunder-Plassmann
Chirurgische Klinik im
Klinikum Großhadern
Universität München
Marchioninistraße 15
D-8000 München 70

Diagnostik und Klinik der arteriellen Verschlußkrankheit

M. Marshall
Eichberg-Fachkliniken mit Gefäßpoliklinik, Tegernsee,
und Universität München

Vorbemerkung

Die Herz-Kreislauferkrankungen sind außerordentlich häufig und zeigen bereits in den mittleren Altersgruppen eine hohe Morbidität und Mortalität. Eine Basis der modernen Angiologie ist die Orientierung auf die funktionelle Einheit aus Gefäßwand und strömendem Blut. Aus dieser Betrachtungsweise haben sich neue und fruchtbare Erkenntnisse bezüglich der Ätiologie, Diagnostik, Prophylaxe und Therapie der arteriellen Verschlußkrankheit (AVK) ergeben, die auch und besonders der Praxis zugute kommen (4, 5). Im folgenden sollen die Möglichkeiten einer modernen, praxisgerechten Diagnostik der arteriellen Durchblutungsstörungen dargestellt werden. Der Schwerpunkt liegt dabei auf der in der Allgemeinpraxis besonders häufigen peripheren AVK, wenn auch nie vergessen werden darf, daß es sich um eine Systemkrankheit handelt. Aus dieser funktionell orientierten modernen Diagnostik leitet sich gleichzeitig die Klinik der AVK ab.

Zur Epidemiologie der arteriellen Verschlußkrankheit

Neben der hohen Morbidität bereits in den mittleren Altersgruppen zeigen die Kreislauferkrankungen in Westdeutschland die höchste Mortalität. Sie machen über 50% aller Todesursachen aus, bei den 35- bis 44jährigen bereits über 20% und bei den 45- bis 55jährigen bereits 30% (2). Allein an Herzinfarkten – der wichtigsten Einzeltodesursache – sterben z.Zt. über 83000 Menschen pro Jahr mit bislang eher steigender Tendenz, an ischämischen Herzerkrankungen insgesamt 132000. Rund 2% der 35- bis 44jährigen und 6% der 45- bis 54jährigen Männer haben eine periphere arterielle Verschlußkrankheit. Die Prävalenzdaten für die zerebralen und koronaren Gefäßerkrankungen sind entsprechend. Über 50% der Patienten mit Schlaganfall hatten das 65. Lebensjahr noch nicht erreicht und waren noch berufstätig (3); fast 70% aller Patienten, die uns zu einer ambulanten angiologischen Beurteilung überwiesen wurden, waren noch nicht berentet. Herz-Kreislauferkrankungen sind mit über 40% die weitaus häufigste Ursache einer Frühinvalidität (1). Diese Zahlen beleuchten die außerordentliche sozialmedizinische Bedeutung der Kreislauferkrankungen.

Diagnostik der Arterienerkrankungen

Im wesentlichen können die Arterienerkrankungen unter dem Begriff der arteriellen Verschlußkrankheit (AVK) zusammengefaßt werden, wobei die Ursache in 90% die Arteriosklerose ist. Entscheidender pathophysiologischer Mechanismus ist die arterielle Minderdurchblutung des abhängigen Stromgebietes. Anamnestisch richtungsweisendes Leitsymptom ist die ischämische Funktionsstörung bzw. der Schmerz (4).

Anamnese

Familienanamnese: Dabei sollte das familiär gehäufte Auftreten von Gefäßerkrankungen beachtet werden; u.a. muß man nach Hypertonie, Herzinfarkt, Schlaganfall und Diabetes mellitus in der Familie fragen.

Eigenanamnese: In der Eigenanamnese ist in erster Linie nach den *Risikofaktoren* zu fahnden, für die eine eindeutige statistische Korrelation zum Auftreten von arteriellen Gefäßerkrankungen erwiesen ist (Abbildung 1). Kombinationen von Risikofaktoren können das Auftreten von Gefäßerkrankungen überadditiv fördern. Wenn auch das Alter ein entscheidender Risikofaktor ist, sollte doch bedacht werden, daß Gliedmaßenarterienverschlüsse bereits in den mittleren Altersgruppen bei rund 4% der Männer nachzuweisen sind (s.o.) und damit z.B. wesentlichen Einfluß auf die Berufstätigkeit und Erwerbstätigkeit nehmen können. Wichtige expositionelle Momente für organische oder funktionelle Gefäßerkrankungen können häufige Kälte- und Nässeeinwirkung, Arbeiten mit hochfrequent vibrierenden Werkzeugen (Kettensägen etc.), Gewerbegifte (Schwefelkohlenstoff, Arsen, Nickel, Vinylchlorid, Kohlenmonoxid) und Medikamente (Ergotismus; allergisch-hyperergische Vaskulitiden u.a.) sein.

Indikatorfunktion der peripheren AVK

Schließlich muß bei der Anamnese immer bedacht werden, daß degenerative und entzündliche Gefäßerkrankungen in der Regel Ausdruck einer Systemerkrankung sind. So sollten Symptome einer peripheren Gefäßerkrankung immer die Suche nach einer solchen der Koronar- und Zerebralarterien veranlassen und umgekehrt. Patienten mit Claudicatio intermittens erleiden viermal häufiger einen Herzinfarkt als ein Kontrollkollektiv ohne Gliedmaßenarterienerkrankung und vice versa.

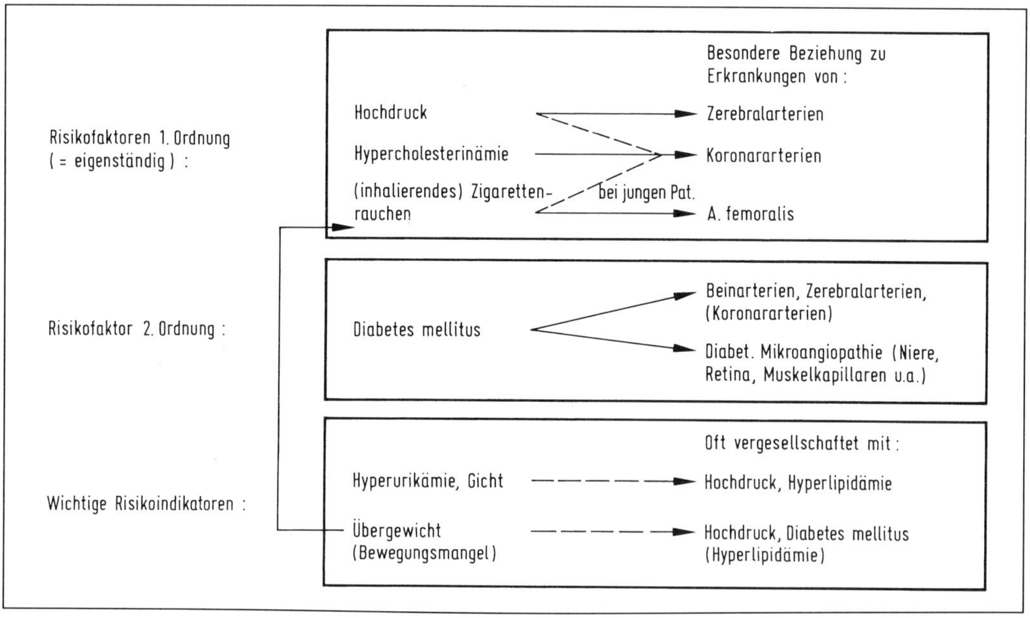

Abbildung 1: Risikofaktoren für Arterienerkrankungen.

Subjektive Symptome

Frühsymptome können sein: Parästhesien wie Taubheitsgefühl, Kälteempfindlichkeit, Schwächegefühl und rasche Ermüdbarkeit der Gliedmaßen. Diese Symptome sind vieldeutig und werden oft vom Patienten nicht beachtet. In 90% der Fälle führt erst der Schmerz den Patienten zum Arzt.
Typisch ist der belastungsabhängige, intermittierende Schmerz in Form der *Claudicatio intermittens* (an den Armen: *Dyspraxia intermittens*): Bei gleicher Belastung, d.h. Gehtempo, Steigung etc., tritt nach einer relativ konstanten Gehstrecke ein ziehender, spannender, krampfartiger Schmerz (»Latenzschmerz«) im Versorgungsgebiet distal des Strombahnhindernisses auf (Abbildung 7). Da das Hindernis meist im Oberschenkel-Popliteabereich liegt, ist am häufigsten die Wadenmuskulatur betroffen. In ausgeprägten Fällen hat der Schmerz imperativen Charakter, d.h., er zwingt zum Stehenbleiben oder zur Verminderung des Gehtempos, also zum »intermittierenden Hinken«. Charakteristisch und differential-diagnostisch verwertbar ist das rasche Aufhören des Schmerzes innerhalb einer bis weniger Minuten (weniger als 5 Minuten) nach Stehenbleiben bzw. Beendigung der Belastung als Ausdruck einer noch ausreichenden Ruhedurchblutung (siehe auch »Fragebogen bei Beinbeschwerden«, Tabelle I). Bei geringgradiger Arteriopathie kann sich die beschwerdefreie Gehstrecke nach jeder Pause verlängern infolge belastungsinduzierter peripherer Vasodilatation und Blutdruckanstiegs, in schweren Fällen kann sie sich unter Belastung zunehmend verkürzen.
Am Arm führen organische arterielle Durchblutungsstörungen häufig zu Schwächegefühl und rascher Ermüdbarkeit, besonders bei Arbeiten mit erhobenen Armen, aber selten zu einem ischämischen Muskelschmerz, der zur Unterbrechung der Tätigkeit zwingt.

Charakteristika des arteriopathiebedingten Schmerzes

Auftreten durch relativ konstante Belastung (Gehstrecke) provozierbar.
Bei Steigerung der Belastung (Gehtempo, Steigung) frühzeitigeres Auftreten.
Charakter: ziehend, krampfartig.
Am häufigsten betroffen: Wade, zunächst fast immer einseitig.
Aufhören innerhalb weniger Minuten nach Unterbrechung der Belastung.

Praxisgerechte Untersuchung bei peripheren Arterienerkrankungen

In Abbildung 2 ist das diagnostische Vorgehen bei Verdacht auf eine arterielle Verschlußkrankheit schematisch wiedergegeben.

Zur körperlichen Untersuchung

Zu beachten sind: Hautfarbe, Hauttemperatur, trophische Störungen und Ödem, jeweils im Seitenvergleich.

Hautfarbe und -temperatur: Fast alle funktionellen und organischen Angiopathien, die sich an den Gliedmaßen manifestieren, zeigen charakteristische Muster von Hautfarbe und -temperatur. Bei fortgeschrittener AVK mit unzureichender Kollateralisation findet sich eine blasse, kühle Haut. Bei peripherer Kreislaufdekompensation ist das Hautkolorit zyanotisch oder wachsfarben und an den Akren bis düster-bläulich infolge kapillärer Prästase und eventuell entzündlicher Randreaktion um Nekrosen. Beim akuten Arterienverschluß findet sich eine typische scharfe Begrenzung von Blässe und Kühle, entsprechend der Lokalisation des Verschlusses; später kommt es zur Ausbildung einer Zyanose.

Trophische Störungen: Frühe Zeichen sind atrophische, papierdünne, schlecht verschiebliche Haut mit verminderter Behaarung, dazu auch hyperkeratotische Areale; Schrunden (cave: Keimeintritt); Nagelveränderungen (Wachstumsverlangsamung,

Tabelle I. Fragebogen bei Beinbeschwerden.

Zutreffendes eintragen: ja = + nein = ∅ ggf. mit Seitenangabe		ja	nein	Diagnostischer Hinweis
1	Kältegefühl			periphere arterielle Verschlußkrankheiten
2	Blässe			
3	Krampfartige Schmerzen beim Gehen nach bestimmter Strecke, die beim Stehenbleiben rasch aufhören (Sek. bis wenige Min.): in Wade Oberschenkel Gesäß plötzlich allmählich entstanden			
4	Ruheschmerzen, besonders im Liegen mit Besserung beim Aufstehen			
5	Schmerzhafte Geschwüre			(auch an übrige topographische Manifestationen denken)
6	Besteht Zuckerkrankheit			
7	Zunahme der Beschwerden beim Stehen und Besserung beim Liegen und Gehen			periphere Venenerkrankungen
8	Krampfartige Wadenschmerzen in Ruhe			
9	Streifenförmige Entzündung (mit Rötung und Schmerz)			Phlebitis
10	Bläuliche Verfärbung eines Beins mit Schwellungs-, Berstungsgefühl			
11	Schmerz im Fuß beim Auftreten			Venenthrombose
12	Schmerz im Bein beim Husten			
13	Plötzliches Hervortreten von Venen			
14	Schmerzloses Geschwür			
15	Schweregefühl			Lymphödem
16	Schmerzlose Beinschwellung vom Fußrücken ausgehend			
17	Schmerz in Gelenken zu Beginn und nach längerer Belastung			arthrogen
18	(Morgen-) Steifigkeit			
19	Gelenkschmerz mit Schwellung und evtl. Rötung			
20	Belastungsabhängiger, anhaltender Schmerz im Vorfuß			
21	Streifenförmig ausstrahlender Schmerz von oben nach unten mit Gefühlsstörungen mit Schwäche			vertebragen
22	Streifenförmig ausbreitender Schmerz beim Gehen, der danach langsam abklingt (nach vielen Minuten)			
23	Wechselnde Schmerzen in der Tiefe des Beins			neurologisch
24	Schmerzen in umschriebenen Bezirken mit Gefühlsstörungen mit Bewegungsschwäche			
25	Schmerzen und/oder Gefühlsstörungen socken- oder strumpfförmig angeordnet			
26	Schmerzen und/oder Schwäche in der Muskulatur, nicht oder wenig von Belastung abhängig			myogen
27	Krämpfe in Ruhe, z.B. nachts			
28	Sonstige Beschwerden, z.B. unangenehmes Wärmegefühl Unruhe, Krämpfe			unterschiedliche Ursachen

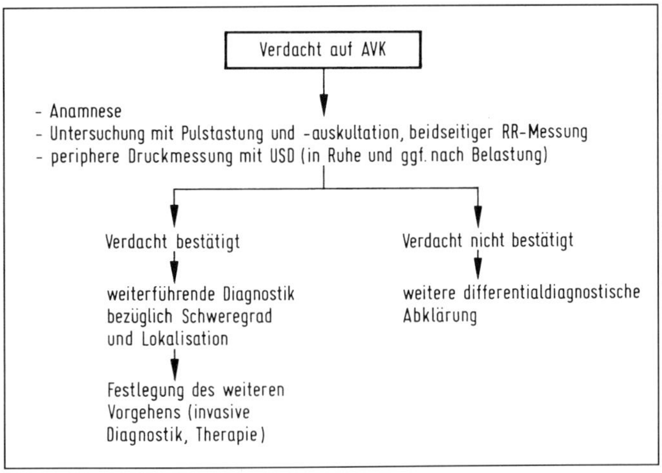

Abbildung 2. Stufendiagnostik bei Verdacht auf (periphere) arterielle Verschlußkrankheit.

Brüchigkeit, Verdickung); Neigung zu Onycho- und Interdigitalmykosen; eventuell Muskelatrophie. Bei arteriovenösen Fisteln kann es zu Hypertrophien, ggf. zu Riesenwuchs kommen.

Gewebsnekrosen: Bei Arteriosklerose – sehr oft liegen dabei Mehretagenverschlüsse vor – sind diese meist akral lokalisiert im Gegensatz zu venösen Ulzera; sie sind meist scharf begrenzt, stationär und trokken (»trockener Brand«), während sie bei Diabetes mellitus unscharf begrenzt sind, zu rascher Ausbreitung neigen mit Sekretion und perifokaler entzündlicher Infiltration bei Bevorzugung von Ferse, Sohle und lateralem Fußrand (»feuchter Brand«). Angiitische Gewebsdefekte sind meist stark schmerzhaft und zeigen flammendrote, entzündliche perifokale Bezirke. Typisch bei Endangiitis obliterans sind Fingerkuppennekrosen und bei Sklerodermie die sogenannten Rattenbißnekrosen.

Ödem: Ödemneigung findet sich häufig bei Endangiitis obliterans; sonst nur in den Spätstadien der AVK mit Ruheschmerz und Gewebsnekrosen infolge gestörter Kapillarfiltration und veränderter venöser Hämodynamik mit lokalen Thrombosierungen. Diese Ödembildung wird durch Herabhängenlassen der Extremität gefördert, was zu weiterer Verschlechterung der Restzirkulation führt. Nach operativer Gefäßdesobliteration oder Bypass-Operation kann es vorübergehend mitunter zu extremen Ödemen kommen infolge der Hyperperfusion bei vorgeschädigter Kapillarwand: Hyperperfusionsödem, Tourniquet-Syndrom.

Pulstastung und Gefäßauskultation

Dabei handelt es sich um die aussagekräftigsten nicht-apparativen angiologischen Untersuchungsmethoden, die zusammen mit der Anamnese bereits eine differenzierte Beurteilung bezüglich Lokalisation und Schweregrad des Gefäßschadens zulassen.

Pulstastung: Wichtig ist eine Raumtemperatur von 22–25°C. Getastet wird an den typischen Palpationsstellen im Seitenvergleich (Abbildung 3). Bei unsicherem Tastbefund hilft die simultane Tastung des Radialispulses durch den Arzt oder eine mitzählende Hilfsperson. Die A. dorsalis pedis zeigt im Gegensatz zur A. tibialis posterior öfters Verlaufsanomalien und ist daher beim Gesunden nicht immer zu tasten (in etwa 10% der Fälle). Distal einer Stenose kann es nach funktioneller Belastung der betroffenen Gliedmaße zu weiterer Pulsabschwächung oder vorübergehendem Verschwinden des Pulses infolge Blutentzugs zur betätigten Muskulatur kommen. Auch einseitige Pulswellenverspätungen als Zeichen für Gefäßstenose oder -verschluß können palpatorisch nachweisbar sein (Pulswellenverspätung über die überbrükkenden Kollateralen). Zur seltenen »paradoxen Pulsdissoziation« kommt es, wenn infolge guter Kollateralisation die peripheren Pulse (Fluß) tastbar sind, während die proximalen (A. femoralis, A. poplitea) fehlen. Über und distal von Gefäßstenosen kann man oft ein Schwirren tasten, das durch Turbulenzen der Blutströmung entsteht. Ausgeprägt ist dieser Befund über oberflächlich liegenden Aneurysmen und über arteriovenösen Fisteln im Femoralis-, Popliteabereich. Distal von av-Fisteln ist der Arterienpuls oft abgeschwächt.

Da extrakranielle Karotisstenosen häufig lange klinisch asymptomatisch bleiben, ist die Karotispalpation obligater Bestandteil jeder angiologischen Untersuchung. Auch für die Entscheidung des therapeutischen Vorgehens bei Arteriopathien in anderen Gefäßregionen ist das Wissen um Störungen der zerebralen Versorgung von wesentlicher Bedeutung.

Gefäßauskultation: Die Auskultation ermöglicht oft die Früherkennung von Gefäßstenosen in einem Stadium, in dem sie funktionell noch ohne Bedeutung und daher

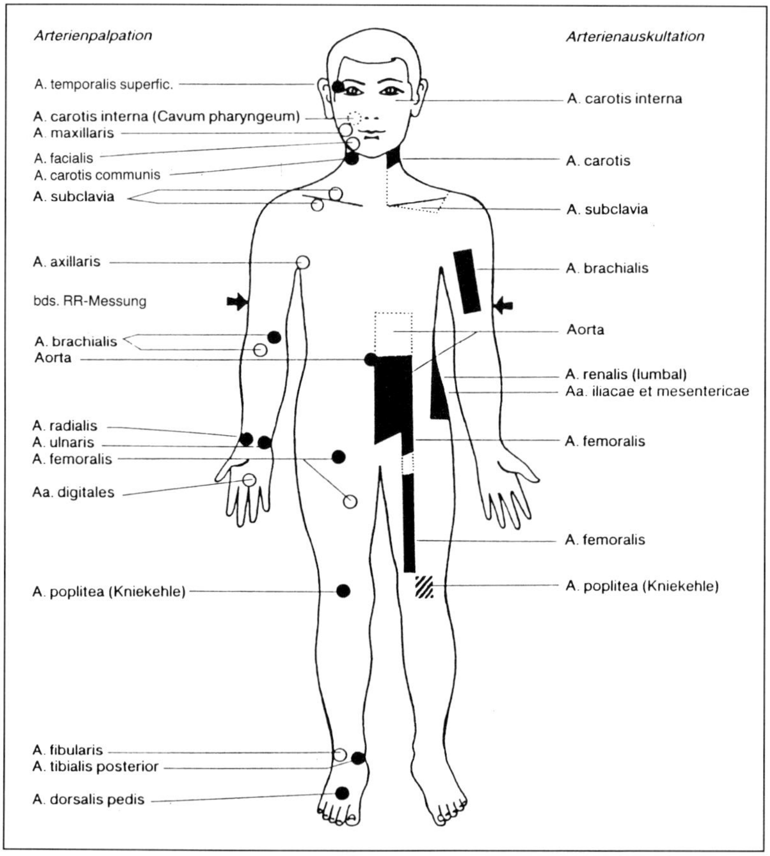

Abbildung 3. Arterielle Auskultations- und Palpationspunkte (nach (4)).

durch die Palpation und eventuell durch apparative Methoden noch nicht zu erfassen sind. Weiterhin ermöglicht sie eine recht exakte Lokalisation. Sie gehört daher immer zum Untersuchungsgang bei allen Patienten mit Risikofaktoren für die AVK, auch wenn keine klinische Symptomatik vorliegt (Abbildung 3). Besonders wertvolle Informationen sind von der Auskultation der Karotiden, der Aorta abdominalis, der Mesenterial- und Nierenarterien und der Bekkenarterien zu erwarten; darüber hinaus ist die Auskultation der Aa. subclavia und axillaris und der Aa. femoralis und poplitea diagnostisch bedeutsam (Abbildung 3). Es ist wichtig, das Stethoskop nicht zu fest aufzudrücken, um keine artifizielle Stenose zu erzeugen.
Hauptursache ortsständiger Gefäßgeräusche ist das Auftreten von Turbulenzen an Gefäßeinengungen und -erweiterungen. Für die Lautstärke des systolischen Strömungsgeräusches mit meist rauhem Crescendo-Decrescendo-Charakter ist besonders die Beschaffenheit der Innenfläche der Gefäßwand von Bedeutung (starke Wirbelbildung bei ausgedehnter, starker Inhomogenität), während der Schweregrad der Stenosierung sich in einer Verschiebung des Amplitudenmaximums von der frühen Systole in die späte Systole ausdrückt (dies kann durch Phonoangiographie objektiviert werden). Ein bis in die Diastole reichendes Geräusch weist auf eine hämodynamisch hochgradige Stenose; dieser Befund ist besonders wichtig im Bereich der A. carotis.
Turbulenzbedingte Gefäßgeräusche können besonders in großlumigen Gefäßen auch bei Steigerung des Herzminutenvolumens auftreten, z.B. bei körperlicher Anstrengung, Fieber, Hyperthyreose, Morbus Paget oder Anämien. Dies ergibt sich aus der Berechnung der *Reynold*schen Zahl R:

$$R = \frac{\text{Gefäßradius x Flußgeschwindigkeit}}{\text{Blutviskosität}}$$

Weiterhin müssen herznah die symmetrisch fortgeleiteten Geräusche von Aortenvitien abgegrenzt werden. Systolika über arteriovenösen Fisteln werden typischerweise venös proximalwärts fortgeleitet. Mitunter können Gefäßstenosen, die unter Ruhebedingungen noch kein Strömungsgeräusch bewirken, durch Steigerung des Blutzeitvolumens durch Arbeit, z.B. durch Kniebeugen oder postischämisch reaktiv (nach dreiminütiger suprasystolischer Stauung mit der Blutdruckmanschette z.B. am Oberschenkel) doch nachgewiesen werden.

Einfache funktionelle Tests

Lagerungsprobe nach Ratschow

Sie hilft, die Verdachtsdiagnose einer obliterierenden Arteriopathie abzusichern, im Seitenvergleich weiter zu differenzieren und gewisse Anhaltspunkte über den Schweregrad zu gewinnen.

Durchführung: In einem gut temperierten Raum hebt der liegende Patient die Beine senkrecht in die Höhe (ggf. Abstützung durch den Arzt) und streckt und beugt die Füße in den Sprunggelenken einmal pro Sekunde über zwei Minuten bzw. bis zum Auftreten von Schmerzen. Danach setzt sich der Patient sofort auf und läßt die Beine über die Untersuchungsliege herabhängen. Der Untersucher muß dabei auf die in Tabelle II zusammengestellten Punkte achten und sie im Seitenvergleich bewerten. Entsprechende Tests gibt es auch für den Arm (4).
Das Prinzip dieser Tests beruht darin, daß das Blut gegen die Schwerkraft und somit gegen einen erhöhten Strömungswiderstand in die Extremität einfließt. Diese Tests werden allgemein als besonders ergiebige, nicht-apparative angiologische Untersuchungsmethoden anerkannt, deren Vorteile in ihrer Einfachheit und beliebig häufigen Wiederholbarkeit liegen. Im

Tabelle II. Beurteilung des *Ratschow*-Tests.

Durchblutungs-störung	Abblassen während Fußübungen (in Sek.)	reaktive Rötung nach Aufsetzen (in Sek.)	Fußvenenfüllung (in Sek.)	Nachröte
keine	∅	innerhalb 5	innerhalb 15	∅
leicht	≥ 60	10–30	20–30	+
mittel	< 60	30–60	30–60	++
schwer	in Horizontallage	> 60	> 60	+++

Gegensatz zu plethysmographischen und angiographischen Methoden sind sogar Rückschlüsse auf die nutritive Gewebsdurchblutung möglich. Unter standardisierten Bedingungen, d.h. bei konstantem Arbeitstempo, sind diese Tests gut reproduzierbar und daher für Längsschnittbeobachtungen über Spontanentwicklung des Leidens bzw. Erfolg therapeutischer Maßnahmen geeignet.
Auch die ärztlich kontrollierte Gehprobe mit 120 Schritten pro Minute ergibt relativ gut reproduzierbare Werte (»claudication distance«) und eignet sich daher zur Beurteilung therapeutischer Fortschritte. Allerdings muß bei häufiger Wiederholung ein Trainingseffekt berücksichtigt werden.

Apparative Diagnostik

Die Bedeutung der apparativen Diagnostik betrifft die Befundobjektivierung und -dokumentation, differentialdiagnostische und differentialtherapeutische Probleme und die Überprüfung therapeutischer Maßnahmen.

Nichtinvasive Techniken

Mechanische Oszillographie (nach *Gesenius-Keller*): Dieses Verfahren ist heute – auch für die Praxis – durch die Ultraschall-Doppler-Methode im wesentlichen als überholt zu betrachten. Es werden dabei die pulssynchronen Volumenschwankungen eines von einer aufblasbaren Manschette umschlossenen Gefäßabschnittes unter abfallenden Druckwirkungen registriert. Erfaßt wird kein einzelnes Gefäß, sondern die Summe aller Pulsationen der großen bis mittleren Arterien eines Extremitätenabschnitts, also ein Querschnittsbefund. Vorteile sind Einfachheit, Preiswürdigkeit, Robustheit und Zuverlässigkeit des rein mechanisch arbeitenden Geräts mit der Möglichkeit der simultanen Registrierung an zwei Extremitäten. Ein Nachteil ist die Unempfindlichkeit, wodurch eine Beurteilung der Kurvenform kaum möglich ist und akrale Gefäßabschnitte wie Finger und Zehen nicht untersucht werden können. Frühe Angiopathiestadien können nicht erfaßt und funktionelle und organisch bedingte Durchblutungsstörungen können kaum differenziert werden. Das Standarduntersuchungsprogramm besteht aus der simultan doppelseitigen Ableitung des Volumenpulses von Ober-, Unterarm und Handgelenk und Ober-, Unterschenkel, Knöchel, Fußrücken und Fußsohle. Bei Patienten mit normalem Blutdruck beginnt die Registrierung mit einem Manschettendruck von 160 mmHg (21,3 kPa), der an jedem Extremitätenabschnitt stufenweise um 20 mmHg (2,7 kPa) bis auf 40 mmHg (5,3 kPa) gesenkt wird (weitere Einzelheiten siehe bei (4)).

Elektronische Oszillographie: Es gibt verschiedene Verfahren, von denen zumindest die apparativ einfacheren durchaus zur Anwendung in der Praxis empfohlen werden können. Der Vorteil der elektronischen Oszillographie liegt in der hohen Empfindlichkeit.
Speziell bedeutsam ist die *akrale Oszillographie:* Diese Methode benötigt den ge-

ringsten apparativen Aufwand. Neben pneumatischen oder photoplethysmographischen Registriersystemen können elektronische Pulsabnehmer auf Kondensatorbasis verwendet werden, die mit einem Band unter Vermeidung von Einschnürung an den Zehen bzw. Fingerkuppen befestigt werden; auch Ableitungen von Handflächen, Fußsohle oder Amputationsstümpfen sind möglich. Auswertungskriterien sind: Amplitudengröße, Kurvenform (Abbildung 4), Zeitwerte – jeweils unter Beachtung des Seitenvergleichs. Die Bedeutung der akralen elektronischen Oszillographie liegt in der differentialdiagnostischen Abklärung funktioneller Angiopathien, z.B. des *Morbus Raynaud* (bezüglich weiterer Einzelheiten sei auf entsprechende Lehrbücher verwiesen (u.a. 4).

Arterielle Kreislaufuntersuchungen mit der Ultraschall-Doppler-Methode

Die Ultraschall-Doppler-Untersuchung (USD) ist eine gefahrlose, nichtinvasive, relativ wenig zeitaufwendige Methode, die gut reproduzierbare Ergebnisse mit hohem Aussagewert liefert. Sie gilt inzwischen allgemein als die kostengünstigste und vielseitigste apparative angiologische Untersuchungsmethode, die sich in besonderer Weise auch zum Einsatz in der Praxis eignet (5). Es gibt sehr kleine, zuverlässige, preisgünstige nichtdirektionale Geräte, deren Bedienung so vereinfacht wurde, daß sie für einfache Untersuchungen einer eingearbeiteten Hilfskraft übertragen werden kann. All diese Geräte weisen Blutströmung nach dem Doppler-Prinzip nach (Abbildung 5):
Die von einem Ultraschallsender in der Doppler-Sonde ausgehenden Wellen werden an den vorbeiströmenden Blutkörperchen unter entsprechender Frequenzänderung (Doppler-Effekt) reflektiert und von einem Empfänger im gleichen Sondenkopf aufgenommen. Es werden bevorzugt 4–5 und 8–10 MHz-Sonden verwendet. Die Eindringtiefe ist von der Frequenz abhängig; je höher die Frequenz, um so geringer ist die Eindringtiefe: bei 8 MHz maximal 3,5 cm. Dies muß ggf. bei der Beschallung tiefliegender Gefäße, z.B. der A. vertebralis, A. poplitea oder der V. cava inferior, beachtet werden. Je höher die Ultraschallfrequenz, um so langsamere Blutströmung kann andererseits nachgewiesen werden: bei 8 MHz ca. 3 cm/s; dies kann bei extremer Verlangsamung der Blutstromgeschwindigkeit, z.B. bei peripherer Ischämie, von Bedeutung sein. Die blutströmungsanzeigende Frequenzänderung wird über einen Lautsprecher oder Kopfhörer hörbar gemacht oder – bei den direktiona-

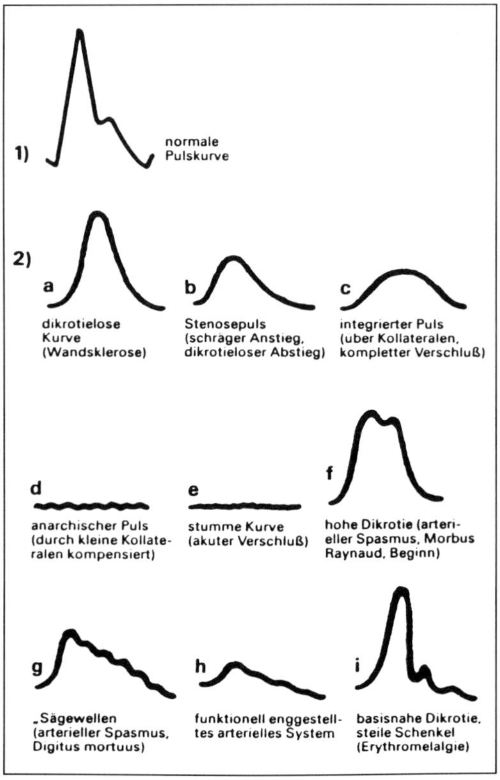

Abbildung 4: Typische Kurvenformen des akralen elektronischen Oszillogramms. 1) Normalkurve 2) pathologische Kurvenformen a–i.

len Geräten – auch als Hämotachygramm (HTG, Abbildung 6) aufgezeichnet. Ein hoher Ton entspricht einer schnellen Blutströmung und umgekehrt. Das beste Doppler-Signal wird empfangen, wenn der Winkel der Doppler-Sonde zur Längsachse des untersuchten Gefäßes um 45° ist. Beträgt er 90°, kann kein bzw. nur ein schwaches Signal empfangen werden.

Periphere Blutdruckmessung mit der nicht-direktionalen USD-Sonde

Die für die Hämodynamik wichtigsten quantitativen Parameter sind Druck und Stromzeitvolumen. Mit der USD-Technik läßt sich auch in ganz peripheren Gefäßen die Blutströmung nachweisen und damit der Blutdruck exakt messen, so an den Fuß-, Hand- und Digitalarterien. Mit der Duplex-Sonographie sind neuerdings auch quantitative Aussagen über das Stromzeitvolumen möglich (5).

Normalerweise ist der systolische Knöchelarteriendruck – nicht der arterielle Mitteldruck – in Ruhe gleich hoch oder höher als der Druck am Oberarm, so daß der Quotient Knöcheldruck : Oberarmdruck ≥ 1 ist (zusätzlich sollte auch der Druckgradient Knöcheldruck – Oberarmdruck angegeben werden). Bei arterieller Minderdurchblutung eines Beines liegt der Quotient auf der betroffenen Seite deutlich unter 1. Korrekte Druckwerte am Oberarm vorausgesetzt (beidseitige Messung mit der USD-Sonde, ggf. höheren Wert berücksichtigen), spricht eine Druckdifferenz zugunsten der oberen Extremität von mehr als 30 mmHg (4 kPa) für eine Stenose oder

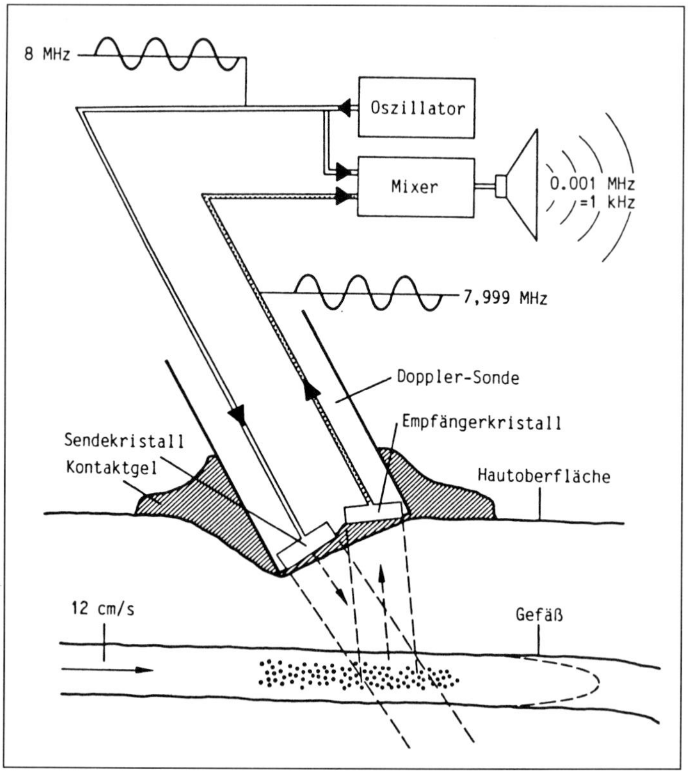

Abbildung 5: Prinzip der Ultraschall-Doppler-Untersuchung (aus 5).

einen Verschluß im Bereich der arteriellen Versorgung des betroffenen Beins. Werte um 10% unter dem Systemdruck, entsprechend einem Quotienten $\leq 0{,}9$, gelten bereits als pathologisch. Ruhedruckwerte im Knöchelbereich um 40 mmHg (5,3 kPa) bedeuten akute Gefährdung des Fußes, und poststenotische systolische Druckwerte unter 30 mmHg (4,0 kPa) bedeuten Gangrängefahr.

Die Knöcheldruckmessung nach Belastung (z.B. 20 Zehenstände) oder postischämisch (3–5 min. arterielle Okklusion am Oberschenkel) erlaubt die Beurteilung der funktionellen Kapazität der Arterien bzw. des Kollateralsystems. Beurteilungskriterien sind dabei das Ausmaß des Druckabfalls nach Belastung und die Dauer des Wiederanstiegs zu den Ausgangswerten = »Rückkehrzeit«. Normalerweise liegt die Rückkehrzeit unter zwei Minuten. Werte von fünf bis sechs Minuten sprechen z.B. für eine ausreichende kollaterale Funktion. Zur Beurteilung ist auch der Seitenvergleich heranzuziehen. Mit der Knöcheldruckmessung nach Belastung lassen sich bereits vor der typischen klinischen Symptomatik pathologische Veränderungen erfassen, so daß in gewissem Umfang eine Frühdiagnostik betrieben werden kann.

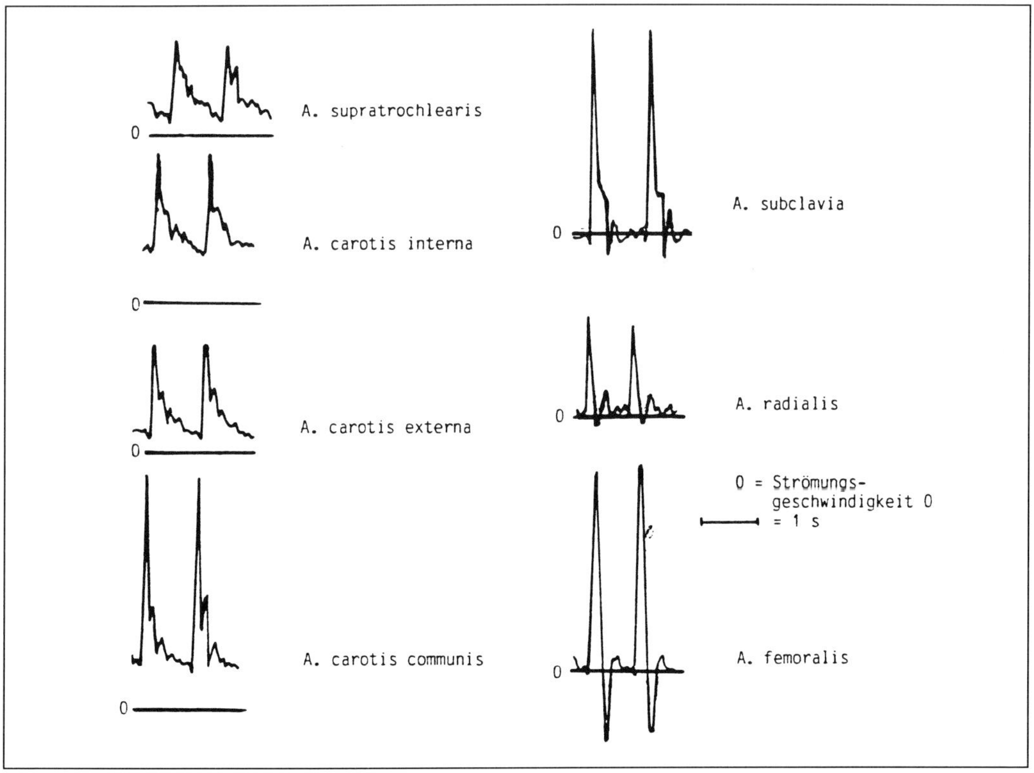

Abbildung 6: Charakteristische Doppler-Kurven einiger Arterien, die der Doppler-Sonde zugänglich sind. Positive Ausschläge bedeuten orthograde, negative retrograde Blutströmung; bei den Venen umgekehrt. Die Extremitätenarterien zeigen demnach in der frühen Diastole einen Blutrückstrom (»Dip«). Die Venen zeigen ein wesentlich gleichmäßigeres Strömungsverhalten. Die Amplitudenhöhe entspricht der Blutströmungsgeschwindigkeit (aus 5).

Methodisches Vorgehen

Zur Messung des Blutdrucks am Fuß wird die Staumanschette eines üblichen Blutdruckgeräts am liegenden Patienten oberhalb des Knöchels angelegt und die Doppler-Sonde nach Aufbringen von ausreichend Kontaktgel etwa im 45°-Winkel zur Längsrichtung des Gefäßes ohne Druck, z.B. über der A. tibialis posterior, aufgesetzt. Beim langsamen Ablassen des Drucks der aufgeblasenen Manschette gibt das erste hörbare Doppler-Signal den systolischen Perfusionsdruck in der jeweiligen Arterie wieder. Entsprechend wird an der A. dorsalis pedis und ggf. an der A. fibularis am unteren Rand des Außenknöchels vorgegangen bzw. an der A. radialis und A. ulnaris und ggf. an der A. poplitea (seitengleicher Druckabfall ist als Hinweis auf Aortenstenose oder -verschluß zu werten). Durch getrennte Messungen an Ober- und Unterschenkel bzw. Ober- und Unterarm kann eine Etagenlokalisation des Strombahnhindernisses durchgeführt werden. Dabei werden zur Kompression des Oberschenkels zirka 17 cm breite Manschetten benötigt. Mit entsprechend kleinen Manschetten ist auch eine Druckmessung an den Fingern möglich.
Die USD-Methode eignet sich gut zur Bestimmung niedriger Druckwerte und zeigt gute Übereinstimmung mit simultan blutig gemessenen Druckwerten. Auch der Nachweis von arterieller Blutströmung in Digitalarterien ist üblicherweise einfach und zuverlässig möglich und damit die Feststellung peripherer Verschlüsse beim akralen Ischämiesyndrom. Im übrigen können Verschlüsse all derjenigen Arterien nachgewiesen werden, die einer Ortung mit der Doppler-Sonde zugänglich sind.

Fehlerquellen

Bei Hypertonikern können sich trotz ausgeprägter Durchblutungsminderung relativ hohe periphere Druckwerte finden. Bei schweren Gefäßverkalkungen (z.B. *Mönckeberg*sche Mediaverkalkung bei Diabetikern) kann das Verfahren der peripheren Druckmessung versagen, da die Gefäße dann nicht mehr normal komprimierbar sind und sich falsch hohe, meist extreme Druckwerte ergeben (eine einfache Röntgenaufnahme klärt oft den Sachverhalt); ähnliches gilt auch für starke Ödeme. Schließlich können verminderte Druckwerte an beiden Armen zur Fehlbeurteilung führen (5).

Direktionale Ultraschall-Doppler-Untersuchung

Mit den aufwendigen richtungs- und frequenzdiskriminierenden USD-Geräten mit der Möglichkeit zur Aufzeichnung des eichbaren, von der Blutstromgeschwindigkeit abhängigen Doppler-Signals können allgemein Blutströmungsrichtungs- und Blutgeschwindigkeitsänderungen registriert werden. Man erhält dadurch »Hämotachygramme« der Gefäße, die für die verschiedenen Gefäßprovinzen ganz typische Formen zeigen (Abbildung 6). Bezüglich der peripheren Gefäßerkrankungen lassen sich damit weitreichende funktionelle Informationen gewinnen (z.B. Hyperzirkulation) und die Diagnostik um eine weitere Etage nach proximal zu Becken und Schultergürtel verschieben (5). Doch bedarf die direktionale USD-Untersuchung spezieller Einarbeitung und laufender Übung.

Duplex-Sonographie

Dabei handelt es sich um die Kombination aus schnellem sonographischem B-Bild mit der Doppler-Analyse der Blutströmung. Diese Geräte erlauben auch die Erkennung geringgradiger Gefäßwandveränderungen (Abbildung 8) und ermöglichen quantitative Untersuchungen. Sie bedeuten eine wesentliche Bereicherung der angiologischen Diagnostik (5). In einigen hochspezialisierten Zentren wird heute die Indikation zu invasiven Therapiemaßnahmen primär nur mit diesen nichtinvasiven Methoden gestellt.

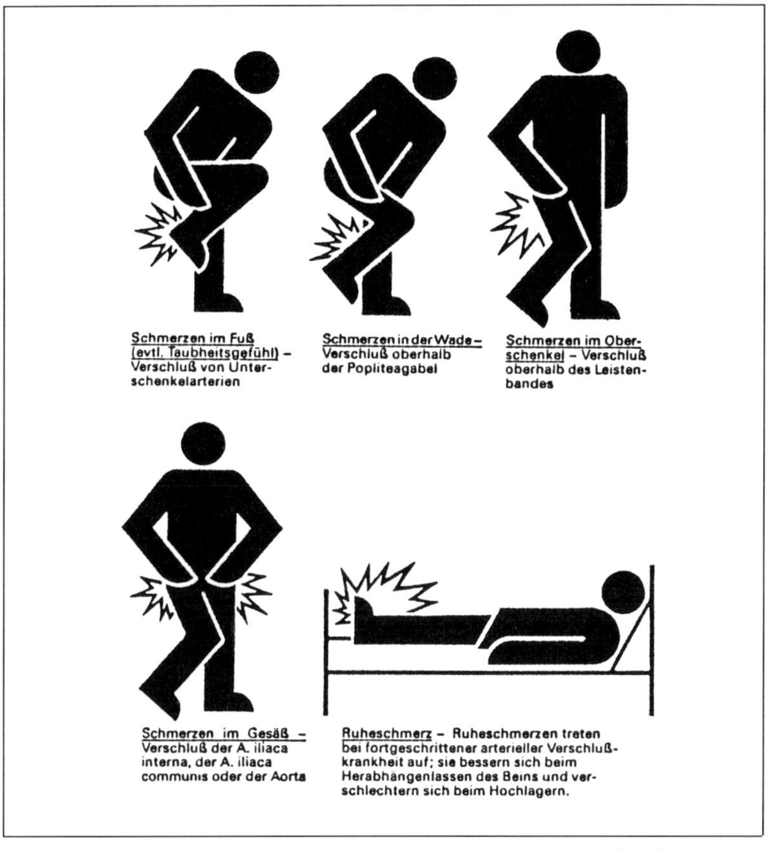

Abbildung 7:
Schmerzlokalisation bei arteriellen Verschlußprozessen.

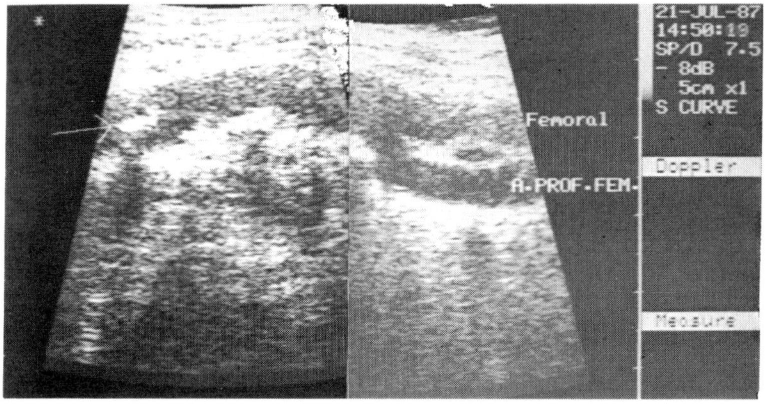

Abbildung 8:
Duplex-sonographische Untersuchung der Femoralisgabel rechts, hier schnelles B-Bild.

Zusammenfassung der wichtigen diagnostischen Methoden in der Angiologie

Auf die nur klinisch oder wissenschaftlich bedeutsamen angiologischen Methoden wurde nicht näher eingegangen. Sie werden lediglich im folgenden erwähnt und ggf. kurz erläutert.
Entscheidend sind Anamnese und körperliche Untersuchung.
Die apparativen Methoden dienen der weiterführenden Beurteilung. In der qualitativ-morphologischen Aussage unübertroffen ist die Angiographie. Sie ist die entscheidende wissenschaftliche Referenzmethode und für eingreifende therapeutische Maßnahmen meist Voraussetzung. In speziellen Fällen kann sie durch die Duplex-Sonographie ersetzt werden. Zum Nachweis von Aortenaneurysmen oder Gefäßwandzysten hat sich die Ultraschall-Tomographie als unbelastende und rasche Untersuchungsmethode bewährt. Quantitative Methoden besonders für wissenschaftliche Fragestellungen sind die Venenverschlußplethysmographie (Messung der Volumenzunahme einer Extremität nach Unterbrechung des venösen Abflusses bei erhaltenem arteriellem Einstrom) und die Xenon-133-Clearance (Bestimmung der nutritiven Mikrozirkulation anhand der Auswaschung eines radioaktiven Depots im Muskel), außerdem perfusionsszintigraphische Verfahren.
Für die Praxis hervorragend bewährt hat sich die Ultraschall-Doppler-Methode. Sie erlaubt eine exakte periphere Blutdruckmessung und den Nachweis der Blutströmung in Digitalarterien. Mit den direktionalen USD-Geräten kann das diagnostische Repertoire eindrucksvoll erweitert werden. Die Oszillographie zeichnet pulsatile Volumenschwankungen auf. Am häufigsten angewandt wird das einfache Verfahren nach *Gesenius-Keller,* das aber durch die USD-Methode inzwischen überholt ist. Verbesserungen und Erweiterungen ergeben sich durch die Belastungsoszillographie und die elektronische Oszillographie. Die Rheographie macht sich die pulssynchronen Änderungen der elektrischen Leitfähigkeit blutdurchströmter Körperabschnitte zunutze. Veränderungen der Hauttemperatur bei arteriellen Durchblutungsstörungen können mit der Hautthermometrie und mit der Flächenbilder der Hauttemperatur liefernden Infrarotthermographie erfaßt werden. Quantitative Blutflußmessungen sind plethysmographisch möglich, neuerdings auch mit der Duplex-Sonographie, die der gesamten angiologischen Diagnostik neue Perspektiven eröffnet.

Zusätzliche wichtige Untersuchungen bei Arteriopathien

Humorale Untersuchungen

Sie haben zum Ziel, über die anamnestischen Angaben hinaus vor allem die Risikofaktoren der AVK zu erkennen, da deren Ausschaltung einen grundsätzlichen und vorrangigen Teil der Behandlung darstellt. Daher sollten folgende Parameter bei jedem Patienten mit AVK bestimmt werden: Blutbild, eventuell Hämatokrit (Polyglobulie, Polyzythämie, Anämien); Thrombozytenzahl (Polyzythämia vera; Thrombozytosen); Blutglukose (und Uringlukose) – ggf. oraler Glukose-Toleranztest; Cholesterin und Triglyzeride mit HDL- und/oder LDL-Bestimmung; Harnsäure. Zusätzlich sind Thrombozytenfunktionstests und hämorheologische Parameter (Blut- und Plasmaviskosität u.a.) von Interesse.

Physikalische Untersuchungen

Die Blutdruckmessung an *beiden* Armen ist selbstverständlich; Seitendifferenzen bis 15 mmHg (2 kPa) sind noch als normal zu bewerten. Schließlich ist von jedem Patienten mit peripherer AVK ein Elektrokardiogramm, ggf. mit Belastung, anzufertigen,

da diese Patienten eine hohe Inzidenz an koronarer Herzkrankheit aufweisen, was u.a. auch bezüglich der therapeutischen Maßnahmen zu berücksichtigen ist.
Weitere humorale und physikalische Untersuchungen ergeben sich aus den jeweiligen Untersuchungsbefunden, z.B. Röntgenaufnahme der Thoraxorgane und Lungenfunktionsprüfung, Ausschluß von sekundären Hypertonieformen und diabetischen Sekundärkomplikationen, zusätzliche fachärztliche – ophthalmologische, neurologische, orthopädische – Untersuchungen.

Einteilungsprinzipien der arteriellen Verschlußkrankheit

Bereits anhand der einfachen diagnostischen Untersuchungsmethoden ist in der Mehrzahl der Fälle eine Einteilung der Arteriopathien nach Schweregrad und/oder Lokalisation des Gefäßschadens möglich. Neben der einfacheren Informationsübermittlung sollen diese Einteilungsprinzipien Entscheidungshilfen für die Therapie bringen.

Einteilung der peripheren AVK nach der Lokalisation

An der unteren Extremität kann eingeteilt werden in: Beckentyp, Oberschenkeltyp, Unterschenkeltyp, peripheren Typ; dazu kommt noch der prognostisch besonders ungünstige Mehretagenprozeß. Eine analoge Einteilung kann auch für die obere Extremität getroffen werden. Dabei ist immer zu beachten, daß der Ischämieschmerz immer im Gliedmaßenabschnitt *peripher* der Obliteration oder Stenose auftritt; also beim Beckentyp im Gesäß-Hüft-Oberschenkel-Bereich, beim Oberschenkeltyp in der Wade, beim peripheren Typ im Fuß (Abbildung 7).
Die periphere AVK betrifft in rund 15% der Fälle die obere und in 85% die untere Körperhälfte; bei letzterer ist das Aortoiliacalsegment zu etwa 30%, das Femoropopliteasegment zu 50% und das Cruralsegment zu 20% klinisch führend betroffen.

Einteilung nach dem klinischen Schweregrad der AVK

Besonders häufig wird die Stadieneinteilung nach *Fontaine* vorgenommen:

Stadium I: Klinisch symptomfrei (eventuell atypische Mißempfindungen im Bein; unter Umständen Nachweis eines Strömungsgeräusches).

Stadium II: Latenzschmerz in Form der Claudicatio intermittens bzw. Dyspraxia intermittens. Je nach Länge der schmerzfreien Gehstrecke wird mitunter

Tabelle III. Differentialdiagnose des arteriellen und venösen Verschlusses.

	Arterieller Verschluß	Venöser Verschluß
Beginn	Meist plötzlich	Verzögert
Farbe	Blaß	Leicht zyanotisch (Blaustich)
Hauttemperatur	Kühl	Etwas überwärmt
Oberflächliche Venen	Kollabiert	Prall gefüllt (z.B. »*Pratt* Warnvenen«)
Umfang	Normal	Vergrößert
Puls	Fehlend	Normal tastbar (außer bei starkem Ödem)
Ratschow-Probe oder Hochlagerung des Beines	Positiv (Zunahme der Beschwerden)	Negativ (*cave:* Emboliegefahr bei intensiven Manipulationen)

Tabelle IV. Differentialdiagnostische Erwägungen bei Beinbeschwerden.

Ursache und Leitsymptome	Diagnostik in der Praxis		Spezialuntersuchungen und wichtige Maßnahmen
	primär	weiterführend	
Vaskulär			
Arteriell: Kältegefühl, Blässe; typische Claudicatio intermittens mit imperativem Schmerz, der beim Stehenbleiben rasch aufhört; Ruheschmerz bes. im Liegen; schmerzhafte akrale Nekrosen; peitschenhiebartig einschließender Schmerz bei Embolie.	Gefäßpalpation und -auskultation; Ratschow-Probe; Risikofaktorfahndung; kardiale Untersuchung (Vitium, Arrhythmie)	Ultraschall-Doppler: nichtdirektional und direktional; elektronische Oszillographie; Röntgen; Weichteilaufnahme (Kalk), Herz	Bei Gehstrecke < 400 m angiographische Abklärung anstreben (Angiologen konsultieren); bei Ruheschmerz und Gangrän (Stadium III und IV) stat. Einweisung; bei Embolieverdacht umgehend stationäre Einweisung.
Venös: allgemein Zunahme der Beschwerden unter Orthostase und Besserung im Liegen und beim Gehen; manchmal krampfartige Wadenschmerzen in Ruhe; strangartig angeordnete Entzündung bei Thrombo-/Varikophlebitis; *Thrombose:* »Blaustich«, Überwärmung, Schwellungsgefühl bis Berstungsschmerz, Schmerz beim Auftreten und evtl. beim Husten; *venöses Ulkus:* meist an der Innenseite des Unterschenkels und schmerzlos	Bei Thromboseverdacht ruhigstellen, typische Schmerzdruckpunkte prüfen, Umfangsdifferenz; auf Fernsymptome einer Lungenembolie achten. Sonst bei Venenerkrankungen immer im Liegen *und* Stehen untersuchen; ggf. Trendelenburg-, Perthes-Test.	Ultraschall-Doppler (direktional); Phlebodynamometrie, ggf. mit Pelottentests; andere Ödemursachen ausschließen (intern, lymphogen); ggf. Phlebographie	Bei Verdacht auf Thrombose im Poplitea-, Oberschenkel-, Beckenbereich umgehend stationäre Einweisung (schonendster Transport). Bei Phlebitiden und Thrombose unklarer Ursache immer auch an Malignome denken!
Lymphogen: Schweregefühl, schmerzlose Schwellung (Fußrücken)	Andere Ödemursachen ausschließen (s. oben); sorgfältige internistische Untersuchung.		Immer an sekundäre Lymphödeme infolge von Neoplasien denken (ggf. Lymphangiographie)!
Orthopädisch – rheumatisch			
Arthrogen: gelenkbezogener Anlauf- und Ermüdungsschmerz evtl. mit Ausstrahlung; Beweglichkeitseinschränkung; gelenkbezogene Entzündungszeichen (Dolor, Tumor, Kalor, Rubor); belastungsabhängige Fußschmerzen	Inspektion, Palpation und Funktionsprüfung von Wirbelsäule und Gelenken	*Röntgen:* Gelenke *Labor:* BKS, BB, Elektrophorese, Fe, Rheumafaktor, Harnsäure	Ggf. Überweisung zum Orthopäden und/oder Rheumatologen; Myelographie bzw. CT; EMG
Vertebragen: segmental von proximal nach distal ausstrahlender Schmerz, segmentale Sensibilitätsstörungen, Reflexausfälle, Paresen	Neurologische Prüfungen: Muskeleigenreflexe, Sensibilität, Lasègue	*Röntgen:* LWS und Beckenring, CT	Bei Diskusprolaps mit Parästhesien und Paresen ist Op-Indikation gegeben
Claudicatio intermittens entlang einem Dermatom, die beim Stehenbleiben anhält (Cauda-equina-Syndrom)	Gefäßstatus		Auch an Kompressionssyndrome durch Tumoren denken.

Neurologisch *Zentral:* wechselnde, in der Tiefe empfundene Schmerzen nach Insult (»Thalamus-Syndrom«); s. auch orthopädisch-vertebragen. *Peripher:* Schmerzen in best. Versorgungsgebiet (Dermatom) oder strumpfförmig, evtl. kombiniert mit Parästhesien, Paresen, Muskelatrophien	Orthopäd. und neurologische Untersuchungen, einschließlich Vibrationsempfinden (Erkrankungen: Myelitiden, Polyradikulopathien, Polyneuropathien; periphere Engpaßsyndrome: N. ischiadicus, N. saphenus, N. patellaris, Tarsaltunnelsyndrom u.a.). Spezielle Anamnese: Alkohol, Diabetes mellitus, Berufsgifte, Medikamente	*Röntgen:* LWS und Becken, ggf. CT *Labor:* »Leberwerte«, Glukosetoleranztest u.a.	Ggf. Überweisung zum Neurologen: EMG; Nervenleitgeschwindigkeit. Auch an paraneoplastische Syndrome und immunologische Erkrankungen denken!
Myogen Muskelschmerzen und Schwäche nicht oder kaum belastungsabhängig	Umfangreiche internistische und neurologische Untersuchung (Myositiden und Myopathien)	Umfangreiche Laboruntersuchungen einschließlich Muskelenzyme (CPK), Glukosetoleranztest und immunologische Untersuchung.	Ggf. Überweisung zum Internisten/Neurologen (EMG)
Crampi (vielfältige Ursachen)			

Besonderheiten und Raritäten

Vaskulär: Tibialis-anterior-Syndrom (ischämische Muskelnekrose); druckschmerzhafte, meist akrale Glomustumoren; Phlebalgien bei av-Fisteln; Phlegmasien mit starken Schmerzen im gesamten Bein, evtl. mit schweren Allgemeinsymptomen; Erythromelalgie mit Schmerzen besonders bei Wärme; Arteriitiden und Phlebitiden bei immunologisch bedingten Erkrankungen.

Neurogen: Kausalgie: brennender Dauerschmerz nach partieller Nervenschädigung, Phantomschmerz.
Unklare Ursache (metabolisch/neurogen): »restless legs« mit Unruhe in den Beinen besonders in Ruhe; »burning feet« – verstärkt durch Wärme.

noch weiter unterteilt, was für die Indikation zu gefäßchirurgischen Maßnahmen wichtig ist, z.B.: IIa = Gehstrecke > 200 m, IIb = Gehstrecke ≤ 200 m.

Stadium III: Ruheschmerz (eventuell beginnende trophische Störungen).

Stadium IV: Gangrän, meist mit sehr starken Ruheschmerzen, die bei Patienten mit Diabetes mellitus aber fehlen können.

Eine ähnliche Einteilung in vier Stadien gibt es auch für die zerebralen Durchblutungsstörungen (4).

Schlußwort

Mit den hier geschilderten Untersuchungsverfahren gelingt in der Praxis zuverlässig die Erkennung und Beurteilung einer peripheren AVK. Auch die primäre differentialdiagnostische Abklärung der wichtigsten angiologischen Notfälle – der akute arterielle und venöse Verschluß – ist in der Praxis einfach möglich; die entscheidenden Punkte sind in Tabelle III zusammengestellt.

Die wichtigsten differentialdiagnostischen Erwägungen bei Beinbeschwerden betreffen orthopädische, rheumatische, neurologische und myogene Erkrankungen (Tabelle IV).

Eine fachgerechte Diagnostik ist immer die Voraussetzung für eine rationale, verantwortungsbewußte Therapie. Abschließend sei daher in Tabelle V eine Übersicht über die modernen Behandlungsmöglichkeiten der peripheren AVK gegeben. Ebenso wie die fachgerechte Diagnostik ist ein Großteil dieser therapeutischen Verfahren in der Praxis durchführbar, ggf. in Zusammenarbeit mit einer angiologischen Spezialabteilung.

Zusammenfassung

Die Herz-Kreislauferkrankungen sind außerordentlich häufig und zeigen bereits in den mittleren Altersgruppen eine hohe Morbidität und Mortalität.

Eine Basis der modernen Angiologie ist die Orientierung auf die funktionelle Einheit aus Gefäßwand und strömendem Blut. Aus dieser Betrachtungsweise haben sich neue und fruchtbare Erkenntnisse bezüglich der Ätiologie, Diagnostik, Prophylaxe und Therapie der arteriellen Verschlußkrankheit (AVK) ergeben, die auch und besonders der Praxis zugute kommen.

Die Möglichkeiten einer modernen, praxisgerechten Diagnostik der arteriellen Durchblutungsstörungen werden dargestellt. Der Schwerpunkt liegt dabei auf der in der Allgemeinpraxis besonders häufigen peripheren AVK, wenn auch nie vergessen werden darf, daß es sich um eine Systemkrankheit handelt. Neben der Anamnese und der klinischen Untersuchung steht heute dabei die nichtdirektionale und die direktionale Ultraschall-Doppler-Untersuchung immer am Anfang jeder apparativen Diagnostik. Dieses nichtinvasive, funktionell orientierte Untersuchungsverfahren kann in Zukunft durch die Duplex-Sonographie noch um eine detaillierte morphologische Beurteilung erweitert werden.

Mit den geschilderten Untersuchungsverfahren gelingt in der Praxis zuverlässig die Erkennung und Beurteilung einer AVK. Auch die primäre differentialdiagnostische Abklärung der wichtigsten angiologischen Notfälle – der akute arterielle und venöse Verschluß – ist in der Praxis damit immer möglich.

Die wichtigsten differentialdiagnostischen Erwägungen bei Beinbeschwerden betreffen orthopädische, rheumatische, neurologische und myogene Erkrankungen.

Eine fachgerechte Diagnostik ist immer die Voraussetzung für eine rationale, verantwortungsbewußte Therapie. Ebenso wie die fachgerechte Diagnostik ist ein Großteil

Tabelle V. Konservative Therapiemöglichkeiten bei arterieller Verschlußkrankheit.

	Arterio-sklerose-gefährdung	Stadium nach *Fontaine*				
		I	IIa	IIb	III	IV
Basisbehandlung Risikofaktoren eliminieren	+ +	+ +	+ +	+ +	+ +	+ +
Zusätzliche Behandlungsmaßnahmen (evtl. kombinieren)						
Physikalische bzw. Übungsbehandlung Gehtraining	(+ +)*	+ +*	+ +	+ +	sobald und soweit möglich	
Medikamentöse Behandlung						
a) Thromboseprophylaxe						
Thrombozytenaggregationshemmer	(+)	(+)	+	+	+	+
Indirekte Antikoagulation			+	+	+	+
b) Steigerung der Vis a tergo bzw. der Schubspannung						
Digitalisierung			– immer, wenn indiziert –			
Schräglagerung					+ +	+ +
Induzierte Hypertonie					+ +	+ +
c) Verbesserung der Blutrheologie						
Beeinflussung der Erythrozytenflexibilität und -aggregation			+	+	+ +	+ +
Hämodilution				+	+ +	+ +
Fibrinogensenkung (mit Ancrod)				(+)	(+)	(+)
d) Kurzlebige Vasodilatatoren (intraarteriell)				(+)	(+)	(+)
e) Wirkungskombination Prostazyklinanaloga				(+)	+	+

(+) = Indikation umstritten (oder nicht eindeutig erwiesen); + = Indikation gegeben; + + = klare Indikation; *intensives Training ggf. sinnvoll der modernen therapeutischen Verfahren in der Praxis durchführbar, ggf. in Zusammenarbeit mit einer angiologischen Spezialabteilung.

Literatur

1 Assmann G (1981) Früherkennung von Krankheiten als Schlüssel zur Kostendämpfung. Münch med Wschr 123:109
2 Franke H, Chowanetz W, Gerhardt KH, Schramm A (1981) Die Besonderheiten der Herz- und Kreislauferkrankungen im Alter. Internist Prax 21:1
3 Grossmann W (1978) Die akute Therapie des Schlaganfalls. Pharmakotherapie 1:129
4 Marshall M (1983) Angiologie. Springer, Berlin Heidelberg New York
5 Marshall M (1984) Praktische Doppler-Sonographie. Springer, Berlin Heidelberg New York

Anschrift des Verfassers:
Prof. Dr. M. Marshall
Spengerweg 8
D-8180 Tegernsee

Hämorheologische Gesichtspunkte bei der peripheren arteriellen Verschlußkrankheit

E. Ernst und A. Matrai†
Hämorheologisches Forschungslabor, Klinik für Physikalische Medizin,
Universität München

Einleitung

Prinzipiell kann die Perfusion durch Veränderung von drei Einflußgrößen modifiziert werden:

1. Erhöhung des treibenden Druckes (= Optimierung der Pumparbeit des Herzens)
2. Vergrößerung des effektiven Radius im perfusionslimitierenden Segment (z.B. durch Wiederherstellen einer vormals verschlossenen Strombahn oder Kollateralisation um ein Strömungshindernis herum)
3. Veränderung der rheologischen Eigenschaften des Blutes

Auf den letztgenannten Punkt soll im folgenden eingegangen werden. Als therapeutisches Prinzip ist er dann zu diskutieren, wenn (wie es häufig vorkommt) die o.g. Möglichkeiten erfolglos waren oder von vornherein aussichtslos sind.

Die Rheologie des Blutes

Da Blut eine Suspension aus Plasma und Zellen ist, sind seine rheologischen Qualitäten komplex und weichen erheblich von dem *Newton*ischer Fluide ab. Neben der Viskosität des Plasmas hängt die Blutviskosität vom Hämatokrit, der Erythrozyten-Verformbarkeit und der Erythrozyten-Aggregation ab. Der letztgenannte Begriff beschreibt die Fähigkeit der roten Zellen, durch Protein-(Fibrinogen-)vermittelte Brückenbildung reversible Aggregate aufzubauen. Diese stellen dann eine Struktur im Blut dar und erhöhen so seine innere Reibung, sprich Viskosität. Die Erythrozyten-Verformbarkeit (oder -Flexibilität) bezeichnet die für die Funktion der Endstrombahn wichtige Fähigkeit zur passiv den Strömungskräften folgenden Deformation. Der Blutzellgehalt, der meist mit dem Hämatokrit gleichzusetzen ist, stellt die wesentlichste Einflußgröße der Blutviskosität dar. Ein linearer Hämatokritanstieg hat einen exponentiellen Viskositätszuwachs zur Folge. Die Plasmaviskosität wird im wesentlichen durch die Konzentration der gelösten Makroproteine bestimmt. Interessanterweise sind die gleichen Moleküle (u.a. Fibrinogen), die bei der Aggregation eine Rolle spielen, auch hier von Bedeutung.

Diese Determinanten interagieren auf mannigfache Weise in Abhängigkeit von den Strömungsbedingungen (Abbildung 1). Vereinfachend kann man sagen, daß der globale Parameter »Blutviskosität« in den großen Transportgefäßen die wesentlichste rheologische Variable darstellt, während in der Mikrozirkulation die rheologischen Eigenschaften der roten und weißen Blutzellen und die Plasmaviskosität die Qualität und Quantität der Perfusion determinieren. Bezüglich einer detaillierten Einführung in die Hämorheologie sei auf eine deutschsprachige Monographie neueren Datums verwiesen (7).

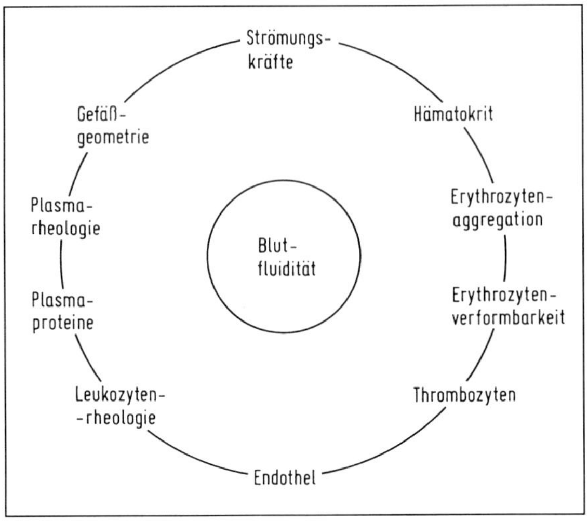

Abbildung 1. Faktoren, die direkt oder durch Interaktionen mit anderen Variablen die Fluidität des Blutes bestimmen.

Diese komplexen rheologischen Gegebenheiten und ihre Interaktionen bewirken, daß die Viskosität von Blut nicht nur von der Temperatur, wie z.B. bei Wasser oder Öl, sondern von den jeweiligen Strömungsbedingungen abhängt. So kann es einmal hochfluide, ein andermal hochviskös sein. Wiederum vereinfachend kann man sagen, daß Blut bei langsamem Fluß zäh, bei schnellem Fluß dagegen dünnflüssig ist. Dies gilt für gesundes Blut. Wie wir im folgenden Abschnitt sehen werden, liegt bei der AVK eine ausgeprägte Störung der Fließeigenschaften des Blutes vor, wodurch dieses Phänomen erheblich verstärkt wird.

Pathophysiologie

Das hämorheologische Defizit bei AVK umfaßt alle Determinanten der Blutviskosität (Übersicht bei 2): Der Hämatokrit ist gemäß einiger, jedoch nicht aller Literaturdaten im Mittel mäßig erhöht. Die Plasmaviskosität ist deutlich angestiegen. Die Erythrozyten-Verformbarkeit ist meist reduziert. Die Erythrozyten-Aggregation ist laut Literatur häufig vermehrt. In ihrer Gesamtheit bewirken diese Veränderungen einen erheblichen Anstieg der Blutviskosität (Abbildung 2). Es wird heute angenommen, daß diese Veränderungen bei der besonderen hämodynamischen Situation der AVK vor allem auf mikrozirkulatorischer Ebene zur Inhomogenität und Reduktion der Sauerstoffversorgung beiträgt (2). Kürzlich wurde tierexperimentell belegt, daß eine deutliche rheologische Störung auch in Abwesenheit von Gefäßveränderungen ausreicht, die Durchblutung der Wadenmuskulatur zu behindern (17).

Es ist häufig gefragt worden, ob dieses rheologische Defizit bei AVK Ursache oder Folge der Hypoperfusion sei. Möglicherweise trifft beides zu: Bedingt durch Hypoperfusion und generalisierte Arteriosklerose kommt es zur Veränderung hämorheologischer Meßgrößen. Diese Einschränkung der Blutfluidität behindert dann wiederum die Perfusion, vor allem in der Endstrombahn (Abbildung 3).

Aus mehreren Gründen kann diese rheologisch bedingte Perfusionslimitierung bei der besonderen hämodynamischen Situation einer AVK erheblich sein. In der Regel liegt hier ein arteriosklerotisch bedingtes Hindernis in Form einer Stenose oder Ok-

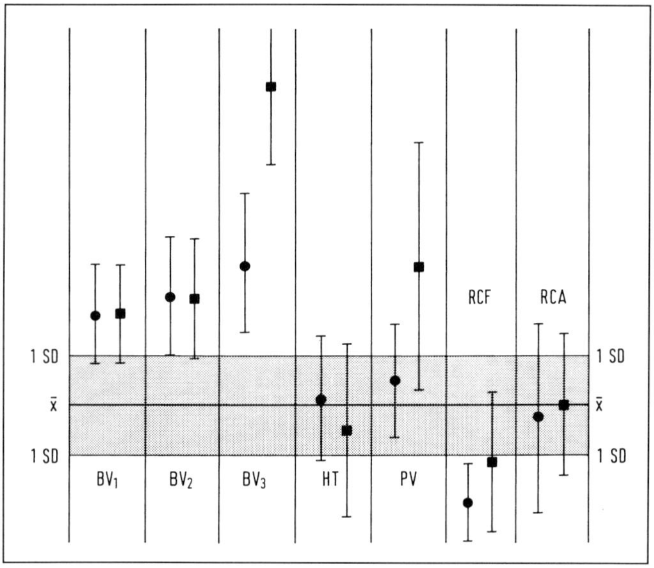

Abbildung 2. Hämorheologische Daten bei AVK-II und AVK IV ausgedrückt relativ zu den Mittelwerten ($\bar{x}$) einer Kontrollgruppe und deren Standardabweichungen (SD). BV = Blutviskosität, 1 = 94,5 s–1, 2 = 2,4 s–1, 3 = 0,7 s–1, HT = Hämatokrit, PV = Plasmaviskosität, RCF = Erythrozyten-Flexibilität, RCA = Erythrozyten-Aggregation. BV_3 und PV sind erstens bei Patienten erhöht und zeigen zweitens bei zunehmender klinischer Verschlechterung einen weiteren Anstieg.

klusion in der arteriellen Strombahn vor. Als Antwort auf den hypoxischen Reiz kommt es distal der Stenose zur Vasodilatation. Auf diese Weise und durch Kollateralenbildung kann der Sauerstoffbedarf entweder in jedem Fall (Stadium I, keine eindeutigen Symptome) oder nur unter Ruhebedingungen (Stadium II, Gehstreckenverkürzung) gedeckt werden, oder er ist bereits in Ruhe insuffizient (Stadium III Ruheschmerzen, Stadium IV Gangrän). Dadurch ergeben sich hämodynamische Besonderheiten mit wichtigen hämorheologischen Konsequenzen:

1. Die vasomotorische Reserve ist eingeschränkt oder limitiert.
2. Der treibende Druck ist erniedrigt.
3. Die Gefäßlänge in den Kollateralen ist gegenüber dem Normalzustand verlängert.

Ad 1: Näherungsweise kann dann die betroffene Blutbahn als System starrer Röhren angesehen werden. In dieser Situation ist zur Perfusionsverbesserung laut *Hagen-Poiseuille*'schem Gesetz (Abbildung 4) die Viskosität die einzige veränderbare Größe. Bei intakter Gefäßmotorik dagegen sind hämorheologische Veränderungen bezüglich der Durchblutung meist kompensiert. Anders ausgedrückt bedeutet das, daß eine systemische Störung der Blutrheologie dann die Perfusion beeinträchtigen kann (Abbildung 5).

Ad 2: Die Druckerniedrigung führt zur Verringerung der Strömungskräfte, was be-

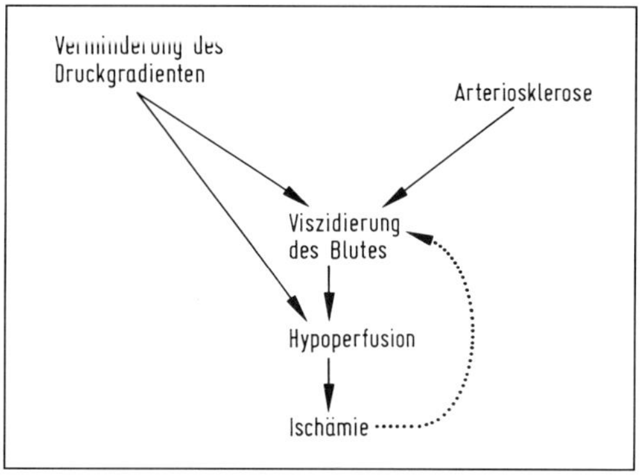

Abbildung 3. Es ist denkbar, daß die rheologische Störung der AVK zugleich Folge und Ursache der Durchblutungsstörung ist.

deutet, daß Blut (auch ohne zusätzliche rheologische Störung) in seinen hochviskösen Zustand überführt wird. Durch die bei AVK typischerweise eingeschränkte Blutfluidität verstärkt sich dieser Effekt (Abbildung 6). Dies kann gleichzeitig dazu führen, daß der sog. *Fahraeus*-Effekt (15), der normalerweise in vivo eine Blutviskositätserniedrigung in kleinen Gefäßen bewirkt, außer Kraft gesetzt wird. In diesem Bereich kann die Blutströmung dadurch zusätzlich behindert werden.

Ad 3: Da die Blutviskosität strömungs- (genauer schubspannungs-) abhängig ist, und die Schubspannung sich umgekehrt proportional zur Gefäßlänge verhält, trägt dieser Umstand ebenfalls dazu bei, daß Blut im hochviskösen Bereich fließen muß – d.h. der Widerstand im Kollateralkreislauf ist erhöht (27). Die drei letztgenannten Punkte führen zu einer Einschränkung der Blutfluidität, die weit größer ist, als ex-vivo-Messungen es vermuten lassen.

Ein weiterer Faktor tritt noch hinzu: In der hypoxischen Endstrombahn kommt es zu pH-Verschiebung und Anreicherung von Stoffwechselprodukten. Dies, so nimmt man an (2), führt lokal zur Beeinträchtigung des rheologischen Verhaltens von Erythrozyten (16) und wahrscheinlich auch der Leukozyten (12), was wiederum die mikrozirkuläre Funktion behindert (Abbildung 7). Diese Störung ist lokal begrenzt und bei Austritt der Zellen aus der Mikrozirkulation reversibel. Mit anderen Worten, auch dieser Mechanismus bedingt eine rheologi-

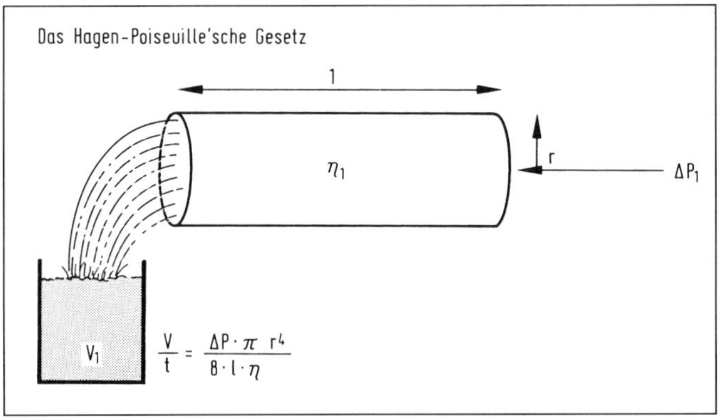

Abbildung 4: Die Perfusion (Volumen V pro Zeiteinheit t) wird durch die Druckdifferenz (P), die Gefäßgeometrie (Radius r und Länge l) sowie durch die Viskosität des Gefäßinhalts bestimmt.

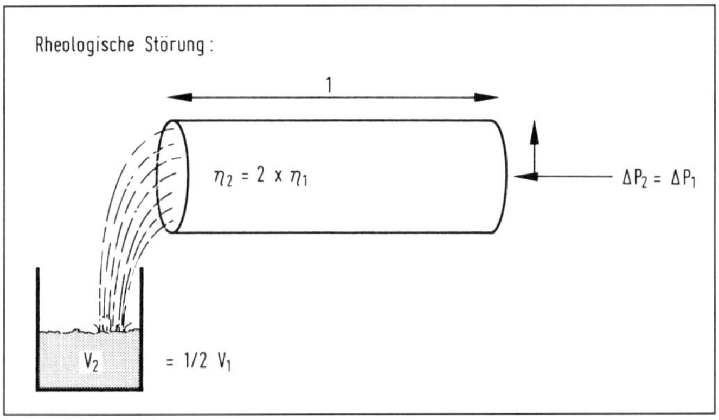

Abbildung 5: Bei Konstanz aller weiteren Variablen (wie bei AVK näherungsweise gegeben) führt eine Verdoppelung der Blutviskosität zu einer Halbierung der Perfusion.

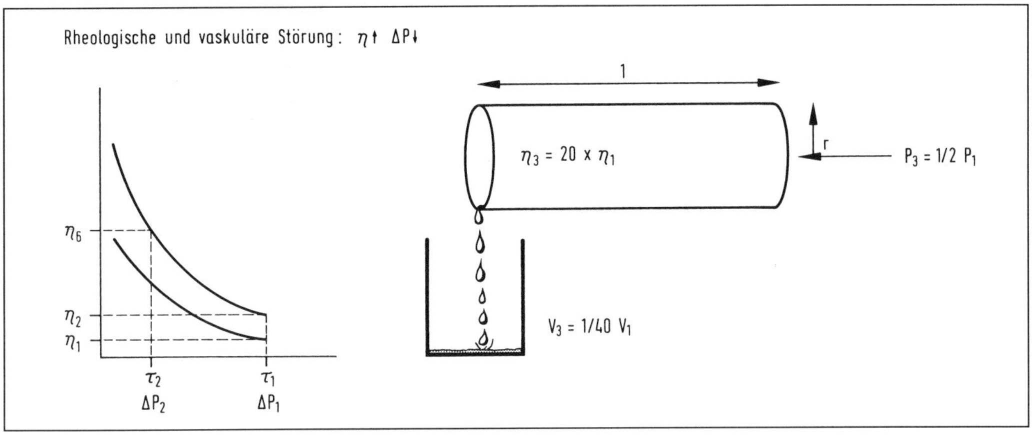

Abbildung 6: Druckerniedrigung und Viskositätserhöhung wirken zusammen und können zu einer drastischen Perfusionserniedrigung führen. Ein Zahlenbeispiel: Die Halbierung des Druckes führt bei einer *Newton*'schen Flüssigkeit zu einer Halbierung der Perfusion. Bei Blut wird dadurch gleichzeitig die Schubspannung erniedrigt (linke Graphik), wodurch sich die normale (untere Kurve), besonders aber die gestörte Blutviskosität (obere Kurve) drastisch erhöht (in letzterem Fall z.B. um den Faktor 20). Rein theoretisch folgt daraus, daß die Perfusion um den Faktor 40 vermindert wird. Praktisch ist dieser Effekt durch noch erhaltene Kompensationsmechanismen des Kreislaufs jedoch deutlich geringer.

sche Störung, die die Sauerstoffversorgung vermindert, und dies in vivo weit deutlicher ist als ex vivo meßbar.

Es läßt sich also sagen, daß bei der AVK sowohl systemisch als auch lokal eine Störung der Fließeigenschaften des Blutes vorliegt (Tabelle I). Sie ist Folge der Grundkrankheit, behindert aber sekundär die Durchblutung. Die besondere hämodynamische Situation verschlechtert auch die rheologischen Eigenschaften des Blutes erheblich. Diese Effekte wirken zusammen und stellen einen der Faktoren dar, die zur Sauerstoffnot im Gewebe führen.

Tabelle I. Faktoren, die bei der AVK zur Viszidierung des Blutes in vivo beitragen können.

1. Systemische rheologische Störung (dadurch Verstärkung der lokalen Effekte (2–4))
2. (Lokale) Druckerniedrigung
   – Blut fließt im hochviskösen Bereich
   – *Fahraeus*-Effekt außer Kraft
3. Perfusion in Kollateralen
   – relativ länger
   – Blut fließt im hochviskösen Bereich
4. Lokale Rigidifizierung in Endstrombahn.

Therapeutische Aspekte

Aus den obigen Ausführungen folgt, daß prinzipiell über die Modifikation der Blut-

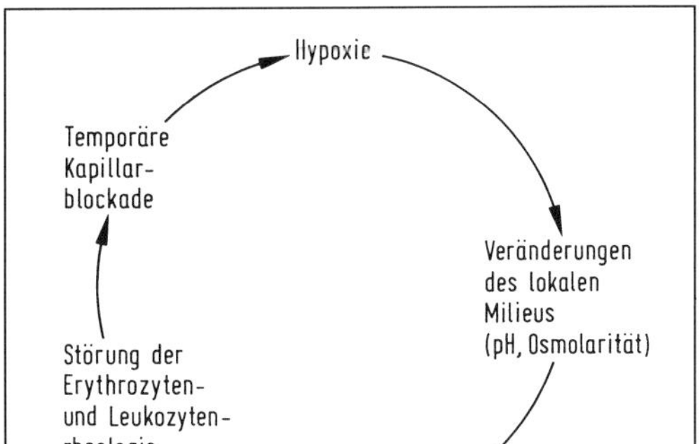

Abbildung 7: Zusammenhang zwischen Hypoxie und Blutzellrheologie.

rheologie eine Durchblutungsverbesserung bei der AVK zu erreichen sein müßte. Heute stehen uns zu diesem Zweck Hämodilution, Defibrinogenierung, orale Medikamente und nicht-pharmakologische Ansätze zur Verfügung. Die rheologischen Mechanismen dabei sind:

1. Senkung der Zellzahl (Hämodilution)
2. Senkung des Fibrinogenspiegels (Defibrinogenierung)
3. Normalisierung der Erythrozyten-Verformbarkeit (sog. »Rheologika«)

Hämodilution

Diese Therapieform geht auf den alten Aderlaß zurück. Die Blutviskosität wird deswegen erniedrigt, weil die Zellzahl im strömenden Blut vermindert wird. Dadurch wird jedoch auch die Sauerstofftransportkapazität reduziert. Trotzdem kann die Sauerstofftransportrate erhöht werden, da der erste Effekt (in bestimmten Grenzen) stärker ist als der zweite. Das heißt, bezüglich der Sauerstofftransportrate gibt es ein Hämatokritoptimum; dieses liegt bei hohen Schubspannungen (Normalzustand) im physiologischen Bereich (etwa bei 45%), bei reduzierten Schubspannungen (AVK) jedoch deutlich darunter (Abbildung 8).

Praktisch geht man bei der isovolämischen Hämodilution so vor, daß ein Aderlaß durchgeführt wird und das entnommene Volumen durch das gleiche Volumen niedermolekularen Dextrans oder Hydroxyäthylstärke ersetzt wird. Zahlreiche Arbeiten belegen die Wirksamkeit der Therapie bei AVK. Obschon fortgeschrittenere Stadien wohl besser ansprechen, wurde kürzlich die Effizienz der Hämodilution bei AVK II auch im Plazebo-kontrollierten Doppelblindversuch belegt (14). Gemäß dieser Daten sind vor allem langstreckige, kollateralisierte Verschlüsse dieser Behandlungsart zugänglich, was aufgrund theoretischer Überlegungen (14) verständlich ist.

Defibrinogenierung

Die enzymatische Erniedrigung des Fibrinogenspiegels durch Injektionen mit Schlangengiftextrakten (Arwin®, Defibrase®) führt zu einem deutlichen Fluiditätsgewinn. Diese Therapie ist jedoch mit der Möglichkeit z.T. erheblicher Nebenwirkungen belastet, so daß sie in der Regel statio-

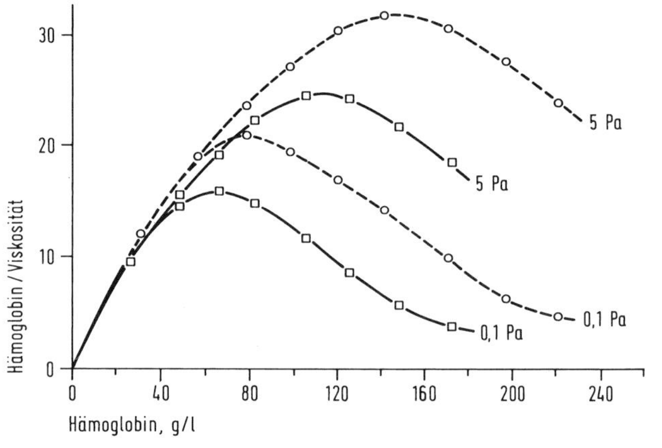

Abbildung 8: Das Hämoglobin-Optimum in Abhängigkeit der Schubspannung. Die maximale Sauerstofftransportrate, hier als Quotient von Hämoglobin/Viskosität ausgedrückt, erreicht bei keinem bestimmten Hämoglobingehalt ein Maximum, welches bei niedrigen Schubspannungen deutlich unter dem physiologischen Hämoglobinwert liegt (Hämoglobin ist hier mit dem Hämatokrit austauschbar).

när erfolgen muß. Für den Praktiker ist sie deswegen von nur untergeordneter Bedeutung, zumal ihr letztlich überzeugender Wirksamkeitsnachweis noch aussteht (5).

Orale Medikamente, sog. »Rheologika«

Eine Reihe von oral verabreichbaren Pharmaka nimmt für sich in Anspruch »rheologisch aktiv und effektiv« zu sein (7). Dieses Postulat ist u.a. deswegen optimistisch, weil im Einzelfall oft nicht klar ist, welcher der meist zahlreichen pharmakologischen Effekte die Wirksamkeit (sofern nachgewiesen) bedingt. Die in diesem Zusammenhang zweifelsohne bestuntersuchte Substanz ist Pentoxifyllin. Sie führt beim AVK-Kranken nicht nur zu einer signifikanten Normalisierung aller hämorheologischen Parameter, sondern auch zu einer deutlichen Verbesserung der klinischen Symptomatik, die auch der Prüfung in einigen (jedoch nicht allen) Doppelblindstudien standhält (Tabelle II). Vielversprechend scheint ein Pentoxifyllin-Abkömmling zu sein, der neuesten Berichten zufolge eine im Vergleich zur Muttersubstanz 10–100fach stärkere Wirkung auf die Blutzellverformbarkeit haben soll (19).
An weiteren Pharmaka mit rheologischer Wirkung sind zu nennen:

Buflomedil (22)
Cinnarizin/Flunarizin (18)
Benzyclan (26)
Naftidrofuryl (25)
Ginkgo biloba (24)
Isoxuprin (1) etc.
(vollständige Übersicht bei 7)

Daneben gibt es eine Reihe von Substanzen (7), die neben ihren bekannten (nicht-rheologischen) auch rheologische Aktivitäten aufweisen:

Ca-Antagonisten (10)
Beta-Blocker (21)
Nitrate (11)
Antikoagulantien (4)
Lipidsenker (3).

Hochinteressante Substanzen sind in diesem Zusammenhang die Omega-3-Fettsäuren, die pharmakologische Effekte (z.B. Senkung der Lipide, Hemmung der Thrombozyten-Aggregation) bei Mensch und Tier induzieren (20), welche in ihrer Gesamtheit eine bedeutende, nebenwirkungsfreie (!) anti-arteriosklerotische Potenz besitzen. Gleichzeitig führen sie auch zu einer deutlichen Blutfluidifizierung (23). Eine Fülle von Daten impliziert, daß durch Omega-3-Fettsäuren die Atherogenese verzögert werden kann. Eine günstige Wirkung ist daher sowohl bei der Therapie als auch bei der Prophylaxe der AVK denkbar, derzeit jedoch noch nicht bewiesen.
Überblickt man das Gebiet der pharmakologischen Modifikation reduzierter Erythrozyten-Verformbarkeit, so muß man feststellen, daß ein »Golden Standard« heute (noch?) nicht existiert. Ferner weist die Beweiskette, die belegen soll, daß die therapeutische Normalisierung dieses Faktors tatsächlich die klinische Wirksamkeit bedingt, erhebliche Lücken auf (7).

Nicht-pharmakologische Möglichkeiten

In den letzten Jahren hat unsere Arbeitsgruppe zahlreiche Belege für die These erstellt, daß auch physikalische Reize die Blutfluidität modifizieren. Im einzelnen ist jedoch derzeit die therapeutische Bedeutung dieser Befunde noch nicht klar. Dies trifft nicht für die Fluiditätsverbesserung durch regelmäßige Aktivität zu, welches in diesem Zusammenhang am intensivsten untersucht wurde. Sowohl Gesunde (6) als auch AVK-II-Patienten (13) erfahren durch ein regelmäßiges (Geh-) Training eine signifikante Verbesserung rheologischer Meßgrößen. Aufgrund dieser Daten wurde postuliert, daß die hämorheologischen Effekte eine Teilursache für die Gehstrecken-

verlängerung durch Training bei AVK II darstellen (9).
Schließlich sei erwähnt, daß die Elimination von Risikofaktoren stets auch mit einer Normalisierung hämorheologischer Meßgrößen einhergeht (8). Dies ist für die Einstellung einer Hypertonie oder eines Diabetes mellitus ebenso belegt, wie für die Aufgabe des Rauchens, die Beseitigung von Streß oder Übergewicht. Somit ist der dringende Rat, Risikofaktoren zu bekämpfen, auch aus rheologischer Sicht gerechtfertigt.

Fazit

Die Blutfluidität beeinflußt die Perfusion, dies inbesondere unter den spezifischen

Tabelle II. Plazebokontrollierte Studien mit Pentoxifyllin bei AVK.

Autor (Jahr)	Erkrankungsstadium	Fallzahl	Dosis Dauer	Zielgrößen	Ergebnis	Kommentar
Kellner (1976)	II–IV	40	1200 mg 7–8 Wochen	Gehstrecke Ruheschmerz	Verum signifikant besser	Alle symptomatischen Stadien der AVK in einer Studie
Schubotz (1976)	I–III	50	800 mg 6–8 Wochen	Gehstrecke Dopplerdrucke	Verum signifikant besser	Es handelte sich um Diabetiker
Bollinger (1977)	II	19	600 mg 8 Wochen	Gehstrecke Dopplerdrucke	Verum signifikant besser	Niedrigdosierung
Tonak (1977)	II–III	55	600 mg 4 Wochen	Gehstrecke	Verum signifikant besser	Niedrigdosierung
Weitgasser (1977)	III–IV	59	1200 mg 4 Wochen	Ruheschmerz Heilungstendenz der Ulzera	Verum signifikant besser	
Völker (1978)	II	50	1200 mg 4 Wochen	Gehstrecke	Verum signifikant besser	33 KHK-Patienten
Donaldson (1981)	II	2x40	600 mg 8 Wochen	Gehstrecke Plethysmographie Dopplerdrucke	Verum nicht dem Plazebo überlegen	Nur Abstract publiziert, geringe Dosis, kein Effekt auf Blutviskosität
Porter (1982)	II	128	600–1200 mg 24 Wochen	Gehstrecke	Verum signifikant besser	Multizenterstudie, Langzeitmedikation
Acetto (1982)	II/III	47	1200 mg 8 Wochen	Gehstrecke Plethysmographie	Verum signifikant besser	
DiPerri (1983)	II	24	1200 mg 8 Wochen	Gehstrecke	Verum signifikant besser	
Strano (1984)	II	18	800 mg 90 Tage	Gehstrecke	Verum signifikant besser	
Rockaerts (1984)	II–III	36	1200 mg 3 Monate	Gehstrecke	Verum signifikant besser	Teils cross-over (n = 20) teils parallel (n = 16) Patienten aus Altersheim
Gallus (1985)	II	38	800 mg 1 Woche 1200 mg 2 Wochen	Gehstrecke Plethysmographie	Verum nicht dem Plazebo überlegen	Keine Effekte auf Rheologie; Cross-over-Studie, hohe Gehbelastung

hämodynamischen Bedingungen einer AVK. Ihre therapeutische Normalisierung ist mit einer symptomatischen Besserung vergesellschaftet. Neben pharmakologischen Wegen, die Blutfluidität zu modifizieren, sollten physikalische Möglichkeiten nicht vergessen werden. Nicht nur vom hämorheologischen Gesichtspunkt hat ferner die Elimination kardiovaskulärer Risikofaktoren eine eminente Bedeutung. Die Kombination dieser Möglichkeiten (Tabelle III) stellt möglicherweise den optimalen Weg dar, bei durchblutungsgestörten Patienten die Blutrheologie zu normalisieren. Auf diese Weise kann es auch in Fällen, bei denen eine Wiederherstellung der arteriellen Strombahn nicht möglich ist, gelingen, die Perfusion und damit das klinische Beschwerdebild zu bessern.

Tabelle III. Stufenschema zur therapeutischen Beeinflussung der Fließeigenschaften des Blutes.

1.	Risikofaktoren eliminieren
	Rauchen aufgeben
	Diabetes, Hypertonus, Hyperlipidämie einstellen
	Streß, Übergewicht abbauen
2.	Körperliche Aktivität
	regelmäßig
	Vermeidung maximaler Belastungen
3.	Medikamentöse Therapie
	z.B. Pentoxifyllin

Zusammenfassung

Bedingt durch das Zusammenspiel mehrerer Faktoren ist die Fluidität des Blutes bei peripherer arterieller Verschlußkrankheit (AVK) derart gestört, daß daraus eine Limitierung der Perfusion entstehen kann. Durch Modifikation der Blutfließeigenschaften kann die Perfusion im hypoxischen Stromgebiet insbesondere auf mikrozirkulatorischer Ebene verbessert werden. Heute stehen dazu Hämodilution, Defibrinogenierung und orale Medikamente zur Verfügung. Die Hämodilution verbessert die Blutfluidität durch Reduktion des Blutzellgehalts und ist in bestimmten Situationen erwiesenermaßen wirksam. Bezüglich der Defibrinogenierung steht der letztliche Effektivitätsnachweis noch aus. Orale Medikamente zielen meist auf eine Normalisierung der bei AVK pathologischen Erythrozyten-Verformbarkeit ab. Sie sind differenziert zu sehen. Häufig ist unklar, welcher pharmakologische Effekt die klinische Wirksamkeit (falls eine solche nachgewiesen ist) bedingt. Am gründlichsten ist hier ohne Zweifel Pentoxifyllin untersucht, welches sich in zahlreichen Doppelblindstudien als effektiv erwiesen hat und eine Reihe von hämorheologischen Variablen positiv beeinflußt. Das Gehtraining stellt die Basistherapie bei Claudicatio intermittens dar. Möglicherweise ist es mit deswegen so wirksam, weil es bei regelmäßiger Anwendung auch rheologische Parameter normalisiert. Schließlich ist die Bedeutung der Elimination kardiovaskulärer Risikofaktoren aus hämorheologischer Sicht zu betonen. Die optimale hämorheologische Therapie sollte von drei Möglichkeiten zur Blutfluiditätsverbesserung gleichzeitig Gebrauch machen: 1. Elimination von kardiovaskulären Risikofaktoren. 2. Gehtraining (soweit es das Krankheitsstadium erlaubt). 3. Medikamentöse Therapie. Rheologische Behandlungsmöglichkeiten stehen nicht in Konkurrenz zu anderen Therapieformen, sondern ergänzen sie.

Literatur

1 Aarts P, Bang JD, van Houwelingen HC, Heethaar RM, Sixma JJ (1986) Increased red cell deformability due to isoxyprine administration decreases platelet adherence in a perfusion chamber: a double-blind cross-over study in patients with intermittent claudication. Blood 67:1474–1481

2 Dormandy JA (1987) Cardiovascular diseases. In: Chien S, Dormandy J, Ernst E, Matrai A (eds) Clinical Hemorheology. M. Nijhoff, Dordrecht, Boston pp 165–194

3 Dormandy JA, Gutteridge JMC, Hoare E, Dormandy TL (1974) Effect of clofibrate on

viscosity in intermittend claudication. Br Med J 4:259–262
4 Erdi A, Kukkar V, Thomas DP, Lane DA, Dormandy JA (1976) Effect of low dose subcutaneous heparin on whole blood viscosity. Lancet II:342–344
5 Ernst E (1985) Therapeutic defibrinogenation in peripheral vascular disease. Int Angiology 4:3
6 Ernst E (1985) Changes in blood rheology produced by exercise. JAMA 253:2962–2963
7 Ernst E (1986) Hämorheologie für den Praktiker. Zuckschwerdt Verlag, München Bern Wien San Francisco
8 Ernst E (1987) Kontrolle kardiovaskulärer Risikofaktoren als hämorheologisches Therapieprinzip. Herz Gefäße 7:18–26
9 Ernst E (1987) Physical exercise for peripheral vascular disease – a review. VASA 16:227–231
10 Ernst E (1987) Hämorheologische Effekte von Kalzium-Antagonisten. Herz Gefäße 7:878–884
11 Ernst E, Matrai A (1986) Neuere Ergebnisse zur Wirkung von Nitroglycerin auf die Hämorheologie. In: Strauer BE (ed) Nitroglycerin. W. de Gruyter Berlin, New York pp 35–40
12 Ernst E, Matrai A (1987) Leukocyte rheology in claudicants. Clin Hemorheol 7:457
13 Ernst E, Matrai A (1987) Intermittent claudication, exercise, and blood rheology. Circulation 5:1110–1114
14 Ernst E, Matrai A, Kollar L (1987) Placebo-controlled study of haemodilution in peripheral arterial disease. Lancet II:1449–1451
15 Fahraeus R, Lindquist T (1931) The viscosity of blood in narrow capillary tubes. Am J Physiol 96:562–568
16 Forconi S, Basini G, Guerrini M et al. (1979) Arterial and venous blood viscosity in ischemic lower limbs of peripheral obliterative arterial disease patients. J Cardiovasc Surg 20:379–393
17 Gustafsson L (1987) Effect of plasma hyperviscosity on skeletal muscle bood flow and blood viscosity in vivo. Int J Microcirc Clin Exp 6:169–177
18 Heilmann L (1980) Hämorheologische Veränderungen bei Risikoschwangerschaften unter der Therapie mit Flunarizin. VASA 9:338
19 Jukna JJ, Nicholson CD (1987) The effect of denbufylline on the viscosity of rat whole blood and on the deformability (filterability) of rat blood cell suspensions. Arch Pharmacol 335:445–448
20 Kromhout D, Bosschieter BE, De Lezenne Coulander C (1985) The inverse relation between fish consumption and 20 year mortality from coronary heart disease. N Engl J Med 312:1205
21 Matrai A, Ernst E, Dormandy JA (1984) Die Rolle der Hämorheologie in der Medizin unter besonderer Berücksichtigung der Therapie mit Beta-Blockern. In: Heilmann E, Kiesewetter H, Ernst E (eds) Klinische Rheologie und Beta-1-Blockade. Zuckschwerdt, München Bern Wien San Francisco, pp 140–148
22 Messmer K (1983) Treatment of disorders of the microcirculation: focus on buflomedil. ADIS Press, New York
23 Miller ME, Anagnostou A, Ley B, Marshall P, Steiner M (1987) Effect of fish oil concentrates on hemorheological and hemostatic aspects of diabetes mellitus: a preliminary study. Thromb Tes 47:201–214
24 Rudofsky G (1987) Die Effekte von Ginkgobiloba-Extrakt bei peripherer arterieller Verschlußkrankheit. Fortschr Med 105:397–400
25 Savi L, Dallago A, Serricchio H, Pola P (1979) The effect of naftidrofuryl upon blood and plasma viscosity and upon fibrinogen levels. La Vie Med 4:285–287
26 Schmid-Schönbein H, Weiß J, Brandhuber M (1975) Der Einfluß von Benzyclan auf das Fließverhalten von Erythrozyten und Vollblut. Herz Kreislauf 7:475–480
27 Sunder-Plassmann L (1983) Bedeutung des Kollateralwiderstandes bei arterieller Verschlußkrankheit. Therapiewoche 33:93–100

Anschrift des Verfassers:
Priv.-Doz. Dr. E. Ernst
Hämorheologisches Forschungslabor
Klinik für Physikalische Medizin
der Universität München
Ziemssenstraße 1
D-8000 München 2

Gutachterliche Fragen aus der Sicht des Rentenversicherungsträgers

K. W. Kertzendorff
Bundesversicherungsanstalt für Angestellte, Berlin

Beratung durch den niedergelassenen Arzt

Der Kranke, der an den Symptomen der arteriellen Verschlußkrankheit (AVK) leidet, wird sich zunächst hilfesuchend an seinen Hausarzt wenden. Um den Patienten optimal beraten und führen zu können, erscheint es zweckmäßig, neben dem Therapiekonzept der Akutmedizin die unterschiedlichen Aufgaben und Zielvorstellungen der Sozialleistungsträger zu kennen. Im folgenden soll darauf eingegangen werden:

Krankenkasse

Einfach ist noch die Abwägung, ob es dem Patienten zugemutet werden kann, zur Arbeit zu gehen oder nicht. Im letzteren Falle genügt die Bestätigung, daß der Patient krank sei. Damit besteht *Arbeitsunfähigkeit.* Arbeitsunfähigkeit liegt vor, wenn der Patient infolge Krankheit nicht mehr oder nur noch mit der Gefahr, seinen Zustand zu verschlimmern, seiner zuletzt ausgeübten Tätigkeit nachgehen kann.
Beim Begriff der Arbeitsunfähigkeit besteht immer eine unmittelbare Verknüpfung mit dieser zuletzt ausgeübten beruflichen Tätigkeit. Eine Verweisung auf andere vergleichbare Tätigkeiten ist grundsätzlich nicht zulässig, selbst dann, wenn dies den Kräften und Fähigkeiten des Versicherten zumutbar wäre = *»Alles-oder-Nichts-Gesetz«.*

Ein weiterer Gesichtspunkt ist die zeitliche Dauer. Arbeitsunfähigkeit ist etwas Vorübergehendes: Niemand käme auf den Gedanken, für den Zeitraum einer klinischen Behandlung Rente zu beantragen.

Rentenversicherung

Die AVK ist ein chronisches Leiden, das regelmäßig und oft schon frühzeitig die *Leistungsfähigkeit* im Erwerbsleben erheblich gefährdet oder einschränkt. Die Leistungsfähigkeit ist erwerbsbezogen. Dabei bedeutet *Erwerbsfähigkeit* jene Fähigkeit, die Arbeitskraft im Erwerbsleben wirtschaftlich zu verwerten. Im Gegensatz zur Arbeitsunfähigkeit muß es sich bei der Erwerbsunfähigkeit um einen Dauerzustand handeln.

Schwerbehindertenrecht

Von der Leistungsfähigkeit im Erwerbsleben im Sinne der Rentenversicherung streng abzugrenzen ist die »Minderung der Erwerbsfähigkeit« im Sinne des Schwerbehindertengesetzes. Durch das Gesetz vom 24.07.1986 ist der Begriff »Minderung der Erwerbsfähigkeit« durch *»Grad der Behinderung«* ersetzt worden. Damit sollte der Gefahr der Verwirrung durch gleichlautende Worte bei unterschiedlichen Gesetzesgrundlagen Einhalt geboten werden.
Der Grad der Behinderung gibt in Prozenten den Integritätsverlust eines Versicher-

ten gegenüber einem gleichaltrigen Gesunden wieder. Daraus darf aber kein Rückschluß auf die tatsächliche Leistungsfähigkeit im Erwerbsleben gezogen werden. Folglich ist es falsch zu sagen: »Wer als Schwerbehinderter mit einem Grad der Behinderung von 70% bis 100% anerkannt ist, besitzt nur noch einen für das Erwerbsleben nutzbaren Leistungsrest von 30%«. Beispiel: Ein wegen einer Arteriosklerosis obliterans beidseits oberschenkelamputierter, auf den Rollstuhl angewiesener Molekularbiologe mit einem Grad der Behinderung von 100% verfügt bei leidensgerechtem Arbeitsplatz über eine vollschichtige Leistungsfähigkeit.

Rehabilitationskonzept der Rentenversicherungsträger

Seit der Rentenreform von 1957 gilt der Grundsatz: »Rehabilitation vor Rente«. Dieser Grundsatz wurde im Rehabilitationsangleichungsgesetz vom 07.08.1974 bekräftigt. Es ist somit die besondere Aufgabe des Hausarztes, seinen Patienten bei aussichtsreicher Rehabilitationsprognose nicht von vornherein zum Rentenbezug, sondern zur stationären *Heilbehandlung* zu motivieren.
Ziel der Rehabilitation ist es, getreu dem spätlateinischen Wort »rehabilitatio« (von re = wieder und habilitare = geschickt, fähig machen), einen Behinderten zu befähigen, seine Rolle in »Arbeit, Beruf und Gesellschaft« in bestmöglicher Weise und möglichst auf Dauer ausfüllen zu können.
Dabei ist das Rehabilitationsziel in der Rentenversicherung auf die Wiedereingliederung in das Erwerbsleben bzw. die Verhinderung des vorzeitigen Ausscheidens aus dem Berufsleben ausgerichtet. Jedoch ist die Rehabilitation nicht an die konkret drohende Berufs- oder Erwerbsunfähigkeit gebunden. Sie beinhaltet nach der Früherkennung auch die Frühbehandlung von Gesundheitsstörungen, z.B. des Diabetes mellitus, mit dem Ziel, sich entwickelnde diabetogene Angiopathien aufzuhalten oder gar zurückbilden zu lassen. Sekundär- und Tertiärprävention im Vorfeld der Berufs- und Erwerbsunfähigkeit sind also ganz entscheidende Aufgaben der Rehabilitation. Daraus ergeben sich sehr hohe praktische Anforderungen, wenn das Ziel der vom Gesetzgeber geforderten Verhütung des Verlustes der personalen und sozialen Integration bzw. der Reintegration erreicht werden soll: Vor der Bewilligung einer Rehabilitationsmaßnahme muß eine wesentliche Besserung oder Wiederherstellung der Leistungsfähigkeit im Erwerbsleben erwartet werden können. Eine bloße Linderung des Leidens oder eine sonstige Erleichterung der Lebensumstände ist aus der Sicht des Rentenversicherungsträgers kein Ziel der Rehabilitation. Damit unterscheidet sich die moderne Rehabilitation grundlegend von den überkommenen Vorstellungen einer »Kur« als einer angenehm-geselligen Unterbrechung des Alltagslebens mit vorwiegend passiven Anwendungen. Rehabilitation kann niemals passiv-konsumierend verstanden werden, sondern immer nur aktiv und getragen von der Motivation und der Eigenverantwortung des Patienten. Nur so können die Erwartungen an Rehabilitationsmaßnahmen erfüllt werden, die im Wiedererlernen und Einüben verlorengegangener Funktionen bei Anpassung und Gewöhnung an verbleibende Behinderungen zu sehen sind.
Zur Verwirklichung von Rehabilitationsmaßnahmen bedarf es eines *Antrages* des *Versicherten* bei seinem zuständigen Rentenversicherungsträger. Dieser wird nur insoweit aktiv, als er zum Beispiel bei aufgehobener oder weitgehend eingeschränkter Leistungsfähigkeit im Erwerbsleben ein Rentenangebot statt der vom Versicherten begehrten Heilbehandlung macht. Immer muß der Versicherte hierzu durch den von ihm unterschriebenen Antrag seine Zustimmung geben.

Stellung des Gutachters

Der Rentenversicherungsträger bedient sich *nicht* des Hausarztes als dem Anwalt seines Patienten, sondern eines *neutralen Gutachters.* Aufgabe dieses Sachverständigen ist es, in der Abgabe seiner begründeten Stellungnahme die medizinische Wahrheit offenzulegen oder ihr doch möglichst nahe zu kommen. Dabei hat er die Stellung eines medizinischen Beraters. Er entscheidet also nicht selbst, trägt aber mit seinem medizinischen Fachwissen und seinen gewonnenen Erfahrungen dazu bei, daß die Verwaltung – oder im Streitfall das Gericht – die richtige und gerechte Entscheidung findet. Diese auf das vorbereitende Stadium des Verfahrens beschränkte Funktion läßt erkennen, wo die Grenzen ärztlicher Kompetenz verlaufen. Das Reichsversicherungsamt hat diese Grenzen bereits in seinem Rundschreiben vom 31.12.1901 klar und eindeutig gezogen: »Die ärztlichen Gutachten haben den Zweck, daß mit Hife der ärztlichen Wissenschaft festgestellt wird, woran der Rentenbewerber leidet und inwiefern er durch diese Leiden an dem freien Gebrauch seiner körperlichen und geistigen Kräfte behindert wird. Die alsdann noch offene Frage, ob die festgestellten Leiden und deren Auswirkungen auf den Kräftegebrauch die Fähigkeit zu einem hinreichenden Arbeitsverdienst zulassen, liegt nicht auf ärztlichem Gebiet. Hierüber haben die rechtsprechenden Instanzen nach ihrer freien richterlichen Überzeugung zu entscheiden.«

Im Gutachten kommt es somit nicht allein darauf an, welche Krankheit besteht. Der Versicherungsträger erkennt die ärztliche Diagnose nicht als Grundlage für seine Entscheidungen an, sondern einen Leidenszustand und möchte somit dargelegt haben, in welchem Ausmaß und in welchem Schweregrad sich die Leiden individuell bei dem Versicherten auswirken. Er erwartet also eine Funktions- oder Leistungsdiagnose.

Sozialmedizinische Aussagen des Gutachtens

Der sozialmedizinische Gesichtspunkt sollte schon bei der *Anamneseerhebung* zur Begutachtung der AVK beachtet werden. Die Krankengeschichte muß auch Antworten auf solche Risikofaktoren enthalten, die eine AVK auslösen bzw. ihre Entstehung begünstigen können: Nikotinabusus, Diabetes mellitus, Hypertonie, Fettstoffwechselstörungen, Hyperurikämie.

Bekanntlich wird die Bedeutung des Zigarettenrauchens selbst von Ärzten bagatellisiert, obwohl in kaum einem anderen Gebiet der Medizin derart erdrückende Erkenntnisse über schädigende Faktoren vorliegen wie beim Rauchen. Somit bleibt festzustellen: Jede Rehabilitation eines an AVK Leidenden ist dann sinnlos, wenn während der stationären Heilbehandlung *kein* konsequentes Nichtrauchertraining mit dem Ziel der strikten Nikotinabstinenz durchgeführt wird. Das aber erfordert einen hohen verhaltenstherapeutischen Aufwand, den nicht jede Kurklinik bieten kann! Um hier dem Rentenversicherungsträger die Auswahl aus den in Betracht kommenden Rehabilitationskliniken zu erleichtern, bedarf es entsprechender Hinweise des Gutachters.

Der Sachverständige darf auch nicht vergessen, nach *Medikamenteneinnahmen,* besonders nach Ergotaminabusus und oralen Kontrazeptiva, zu fragen, die zusätzlich gefäßschädigend sein können. Die Kombination aus Nikotin plus Hypertonie plus Kontrazeptiva-Einnahme steigert das vaskuläre Morbiditätsrisiko einer Frau im dritten Dezenium gegenüber einer gesunden derselben Altersgruppe um das Zweihundertfache!

Berufsbedingte, gefäßtraumatisierende Belastungen wie das Arbeiten an sogenannten Anklopfermaschinen sind besonders sorgfältig darzustellen. In diesen Fragenkomplex gehört auch die Aufzählung weiterer gefäßschädigender Faktoren:

- Kälteeinwirkungen,
- Arbeiten in Überdruck,
- chemisch-toxische Belastungen durch Blei, Quecksilber, Cadmium, Kohlenwasserstoff, Schwefelkohlenstoff oder Vinylchlorid.

Der Arzt sollte sich jedoch hüten, Beurteilungen über *Berufe* und deren Belastungen abzugeben, von denen er weder Erfahrung noch Kenntnisse hat. Er läuft Gefahr, daß ihm entgegengehalten wird, daß selbst ein Dutzend Betriebsbesichtigungen kein Studium der Arbeitsmedizin ersetzt, wie es das Bundessozialgericht in einer Urteilsbegründung formuliert hat.
Somit kann sich ein Gutachterauftrag nie in der – irrigen! – Beantwortung folgender Frage erschöpfen: »Kann der Versicherte noch als Schlosser tätig sein?« Von ärztlicher Seite ist allein festzustellen, ob beispielsweise bei diesem Schlosser ein Verschluß der armversorgenden Arterien bei feuchtkalter Umgebung noch mit feinmotorischen Fingerbewegungen über längere Zeit vereinbar ist oder nicht.

Sozialmedizinische Konsequenzen

Wenn der Arzt im Entschädigungsrecht gefragt wird, was der Rentenbewerber an Integrität verloren habe, so lautet die gleiche Frage in der Rentenversicherung: »Was kann der Versicherte aufgrund der ihm verbliebenen Kräfte noch leisten?«
Auf das Beispiel des chronischen Armarterienverschlusses angewandt heißt das: Im Gutachten müssen die krankheitsbedingt eingeschränkte und die verbliebene Leistungsfähigkeit mit der Beantwortung der Frage dargelegt werden, was der Versicherte als Arbeit noch leisten kann und was nicht mehr. Dieses konkrete Leistungsbild muß auf das berufliche Anforderungsprofil – feinmotorische Bewegungen über längere Zeit in kalter Witterung – übertragen werden. in dieser Beurteilung fließen quantitative und qualitative Leistungskriterien zusammen.

Qualitatives Leistungsbild

Gutachtlich muß zur Frage Stellung genommen werden, für welche Arbeitszeit das Restleistungsvermögen höchstens ausreicht, bzw. ab wann für den Versicherten die Überforderung beginnt. Häufig ist es sehr schwer, hier eine zutreffende Antwort zu finden. Relativ einfach ist das Problem noch zu lösen, wenn die noch verbleibende Leistungsfähigkeit Tätigkeiten mit voller Arbeitszeit zuläßt oder die Leistungsfähigkeit ganz erloschen ist. Bei allen dazwischenliegenden Angaben über die quantitative Leistungsfähigkeit ist die Gefahr *fehlerhaften Ermessens* sehr groß. Deshalb ist besondere Sorgfalt geboten, damit aus einer unzutreffenden ärztlichen Antwort juristisch nicht auf eine Berufs- oder Erwerbsunfähigkeit geschlossen wird.
Um bei deutlicher Einschränkung der quantitativen Leistungsfähigkeit während der letzten versicherungspflichtigen Tätigkeit den Weg in die Berentung zu vermeiden, ist der medizinische Sachverständige aufgerufen, im *qualitativen Leistungsbild* zu beschreiben, welchen Anforderungen der Versicherte noch gewachsen ist, welche Belastungen er auf sich nehmen kann und welche Arbeitszeit er voraussichtlich durchhalten wird. In diesem zwischen positiven und negativen Elementen abwägenden Leistungsbild ist auch darzulegen, ob die geistige Leistungsfähigkeit eingeschränkt ist. Körperliche und geistige Leistungsfähigkeit müssen – so verlangt es das Gesetz! – im Vergleich mit einem gleichaltrigen, körperlich und geistig Gesunden mit ähnlicher Ausbildung, gleichwertigen Kenntnissen und Fähigkeiten beurteilt werden.

Führen die Verschlüsse der arm- und fingerversorgenden Arterien beim Patienten unseres Beispiels nur bei Arbeiten in feuchtkalter Umgebungstemperatur zu Mißempfindungen oder Schmerzen und zeigen sich darüber hinaus im positiven und negativen Leistungsbild keine qualitativen Einschränkungen, so kann eine Versetzung des Arbeitsplatzes in einen trockenen, temperierten Raum die volle Erwerbsfähigkeit erhalten. Daneben sollte zur Verbesserung der körperlichen Leistungsfähigkeit so früh wie möglich eine stationäre Heilbehandlung in einer Einrichtung durchgeführt werden, die sich schwerpunktmäßig mit chronischen Gefäßerkrankungen befaßt. Das hat auch dann zu geschehen, wenn die rekonstruktive Operation nicht möglich oder von dem Patienten abgelehnt wurde. Der Gesundheitserziehung zur Ausschaltung von Risikofaktoren kommt während der stationären Rehabilitation große Bedeutung zu. Es sei nochmals an die Raucherentwöhnung erinnert. Besonderes Gewicht wird auf das gezielte Gefäßtraining gelegt. Sind die unteren Extremitäten betroffen, so erhält die noch schmerzfrei zurücklegbare Gehstrekke ein erhebliches sozialmedizinisches Gewicht. Bei einer Gehstrecke von nur noch 500 Metern besteht *Wegeunfähigkeit*.
Eine solche Gehbeschränkung muß gutachterlich beschrieben werden. Dabei ist nicht allein die Entfernung von der Wohnung zur nächsten Haltestelle eines öffentlichen Verkehrsmittels bedeutsam, sondern auch die Wegstrecke, die zum Erreichen des Arbeitsplatzes innerhalb eines Werksgeländes zurückgelegt werden muß. Hierauf hebt die Sozialrechtsprechung nicht ohne Grund ab. Man stelle sich vor, die Bushaltestelle liege 20 Meter von der Wohnung, sei also bei bestehender Claudicatio intermittens beschwerdefrei zu erreichen, der Gang von der Haltestelle zum Arbeitsplatz betrage aber 800 Meter. Diese Strecke kann also nicht ohne massiv einsetzende Belastungsschmerzen bewältigt werden. So stellen die Gerichte heute die sehr realistische Frage, ob eine Wegstrecke von viermal 500 Meter beschwerdefrei zurückgelegt werden kann. Wird diese Frage verneint, so ist das bei entsprechendem Antrag für die Verwaltung Anlaß zu prüfen, ob Hilfen zur Beschaffung eines Kraftfahrzeuges und zum Erwerb der Fahrerlaubnis gewährt werden können, wenn der Versicherte auf ein Fahrzeug angewiesen ist. Hat er aber keinen Arbeitsplatz inne, so wird wegen der bestehenden Wegeunfähigkeit verwaltungsseitig Rente wegen Erwerbsunfähigkeit zuerkannt.
Soll das vorzeitige Ausscheiden aus dem Berufsleben und damit auch die Gefahr der sozialen Isolierung abgewendet werden, so müssen wiederum alle therapeutischen Möglichkeiten einschließlich der gezielten medizinischen Rehabilitation genutzt werden. Selbst dann, wenn eine suffiziente periphere arterielle Versorgung nicht mehr erreicht werden kann und die Amputation notwendig wird, ist diese nicht automatisch mit einer aufgehobenen Leistungsfähigkeit im Erwerbsleben gleichzusetzen. Folgendes Beispiel möge das verdeutlichen: Ein Maurerpolier verliert wegen eines durch chronischen Nikotinabusus begünstigten *Morbus Buerger* das rechte Bein. Bezüglich der letzten versicherungspflichtigen Tätigkeit als Maurerpolier ist seine Leistungsfähigkeit erloschen, da er sich einbeinig nicht mehr auf dem unebenen Boden eines Baugeländes bewegen kann und es ihm unmöglich ist, Leitern und Gerüste zu besteigen. Sitzende Tätigkeiten kann er hingegen bei fehlenden sonstigen gesundheitlichen Einschränkungen weiterhin vollschichtig ausführen. Damit kann diesem beinamputierten Polier ein vollschichtiger gleichwertiger Arbeitsplatz erhalten bleiben, an welchem er seine beruflichen Kenntnisse und langjährigen Erfahrungen verwenden kann.
Ist die Realisierung dieser günstigsten Lösung nicht möglich, dann sollte geprüft werden, inwieweit eine *Umschulung* in Be-

tracht kommt. Dem ärztlichen Gutachter obliegt hierbei eine besonders verantwortungsvolle Aufgabe: Er muß neben der psychischen Belastbarkeit die nicht gering einzuschätzenden Schwierigkeiten einer beruflichen Neuorientierung berücksichtigen, wenn er eine Umschulung empfiehlt. Das gilt besonders für ältere, weniger flexible Behinderte. Folglich muß der Arzt, der die spezifischen Merkmale der ins Auge gefaßten neuen beruflichen Tätigkeit ja nicht kennt und damit auch nicht werten kann, lediglich zu folgenden Fragen Stellung nehmen:

- Bestehen leistungsmindernde Folgeschäden, die sich auf andere Berufe als nur den zuletzt ausgeübten ebenfalls auswirken können? (Bei der Arteriosklerosis obliterans mit Gliedmaßenverlust ist beispielsweise davon auszugehen, daß der Gefäßprozeß generalisiert ist).
- Liegen Intelligenzdefekte und Verhaltensstörungen auf dem Boden eines hirnorganischen Psychosyndroms vor?
- Wie ausdauernd ist die Fähigkeit, fehlerfreie Leistungen zu erbringen und langdauernde psychische Belastungen zu ertragen?

Aus all diesen erschwerenden Gründen sollte immer geprüft werden, inwieweit mit möglichst wenig aufwendigen und belastenden berufsfördernden Maßnahmen eine Reintegration in das Erwerbsleben erreicht werden kann. Berufsfördernde Maßnahmen sind auch nur dann vertretbar, wenn die Leistungsfähigkeit mit den verbliebenen Funktionen vollschichtig möglich ist. Lassen die erhaltenen und eingeschränkten Funktionen noch eine reduzierte Tätigkeit zu, so sind Umschulungsmaßnahmen im allgemeinen wegen des gegenwärtig verschlossenen Teilzeitarbeitsmarktes sinnlos und bedeuten Rehabilitation in die Rente.

Jenseits des 40. Lebensjahres sind die Chancen, eine erfolgreiche berufliche Umschulung zu absolvieren und in einen Arbeitsplatz des neuen Berufes eingegliedert zu werden, als sehr gering anzusehen. Deshalb sollten ältere Versicherte möglichst an ihrem alten Arbeitsplatz oder wenigstens in ihrem alten Betrieb bleiben können.

Um dies zu ermöglichen, bedarf es der Kooperation zwischen Rehabilitationsklinik, Haus- und Betriebsarzt. Letztere dürfen niemals erst aus dem Entlassungsbericht über die erfolgreich durchgeführte Rehabilitation und über die Absicht der Rehabilitationsmediziner erfahren, daß der Patient seine bisherige berufliche Position zwar nicht mehr ausfüllen kann, weil er z.B. ein Bein verloren hat, daß er aber innerbetrieblich umgesetzt werden sollte. Der Arbeitgeber muß sich auf diese Situation vorbereiten können. Ist dies nicht der Fall, dann nimmt das Verfahren einen ganz anderen Verlauf.

Berufs-/Erwerbsunfähigkeits-Rentengewährung

Der Hausarzt glaubt, seinem Patienten am besten zu helfen, indem er ihn arbeitsunfähig schreibt. Hierauf reagiert die Krankenkasse, indem sie ihr Mitglied auffordert, gemäß § 183 Abs. 7 RVO einen (erneuten!) Antrag auf Rehabilitation zu stellen; die Krankenkasse hofft, der Rentenversicherungsträger betrachtet die (Anschluß-) Heilbehandlung als erfolglos durchgeführt und wandle diesen neuen Antrag auf Rehabilitation in einen solchen auf Rente um.

Hierzu sei folgendes erläutert: Nach § 183 RVO leistet die Krankenkasse Krankenhilfe und Krankengeld. Absatz 7 dieses Paragraphen besagt, daß ein Versicherter, der aufgrund eines ärztlichen Gutachtens der Krankenkasse für »erwerbsunfähig« gehalten wird, von der Kasse aufzufordern ist, innerhalb von zehn Wochen beim zuständigen Rentenversicherungsträger einen Antrag auf Rehabilitation zu stellen. Folgt der Versicherte dieser Aufforderung nicht, so erlischt der Anspruch auf Krankengeld. Die Umdeutung dieser nach § 183 Abs. 7 RVO gestellten Rehabilitationsanträge in ein Rentenangebot und – bei erfolgter Zustimmung des Versicherten – die weitere Bearbeitung bis zur Gewährung einer Rente wegen Berufs- und Erwerbsunfähigkeit führt der Rentenversicherungsträger durch. Er tut dies auf Vorschlag seines beratungsärztlichen Dienstes. Nach bereits durchgeführter Heilbehandlung entscheidet er sich in den folgenden Fällen für die Berentung:

- wenn die Leistungsbeurteilung im Entlassungsbericht unrealistisch vorgenommen wurde;
- wenn der Hausarzt aufgrund einer langen Arbeitsunfähigkeits-Schreibung die Krankenkasse anregte, das Verfahren nach § 183 Abs. 7 RVO einzuleiten;
- wenn seit der Entlassung aus der Rehabilitation lediglich Akten und medizinische Unterlagen in Form des genannten Gutachtens der Krankenkasse vorliegen.

In der Folge wird die Rehabilitation rückblickend als erfolglos durchgeführt angesehen. Unter Umständen muß ein weit zurückliegendes Datum des Beginns der letzten Arbeitsunfähigkeit oder der Leidensverschlechterung ärztlich angegeben werden. Dieser Zeitpunkt wird vom Juristen zur Festlegung des Versicherungsfalles benutzt. Möglicherweise aber hatte der Patient bis zum festgelegten Datum dieses Versicherungsfalles nur während relativ kurzer Zeit Beiträge entrichtet. Entsprechend gering fällt seine Rente aus. Die Annahme eines späteren Datums als Beginn des Versicherungsfalles und damit die Aussicht auf höhere Rente ist ärztlich nur dann zu vertreten, wenn eine akute Leidensverschlimmerung zu einem späteren Zeitpunkt genannt werden kann. Bei durchgehender Arbeitsunfähigkeit wegen desselben Leidens ist dies aber nie der Fall. Beginnt der Versicherungsfall nach dem 01.01.1984, so treffen den Patienten unter Umständen zusätzlich einschneidende Bestimmungen: Er muß in diesen Fällen in den fünf Jahren vor Beginn der Berufs-/Erwerbsunfähigkeit mindestens während 36 Monaten Pflichtbeiträge oder freiwillige Beiträge entrichtet haben. Für die Mindestanwartschaft von 60 Kalendermonaten werden Ersatz- und Arbeitsunfähigkeit nicht mehr angerechnet. Auf diese Weise kann ein Patient zum Sozialfall werden.

Welche Konsequenzen ergeben sich daraus? Der Hausarzt muß bei einem chronischen Leiden wie demjenigen der AVK mit seinem Patienten einen langfristigen Therapie- und Rehabilitationsplan entwerfen. Das kann er nur dann optimal, wenn er die Leistungsmöglichkeiten von Krankenkasse und anderen Versicherungsträgern ebenso kennt wie die Gefahren, die sich aus einer nicht optimalen, d.h. nicht rechtzeitigen Information der einzelnen Partner ergeben können. Das heißt, daß sich nur aufgrund eines frühzeitigen Kontaktes zwischen Haus- und Betriebsarzt ein langfristiges Rehabilitationskonzept entwickeln läßt, das auch dann noch trägt, wenn ein Verbleiben in den bisherigen beruflichen Tätigkeiten nicht mehr möglich sein sollte. Damit kann auch »eine Rehabilitation in die Rente« vermieden werden. Aus diesem Grunde sollte sich der ärztliche Sachverständige fragen, ob es aus medizinischer Sicht nicht doch noch eine Möglichkeit gibt, den Versicherten vollschichtig arbeiten zu lassen. Stellt sich nämlich heraus, daß nicht nur die Leistungsfähigkeit bezüglich der letzten versicherungspflichtigen Tätigkeit, sondern auch das verbliebene Restleistungsvermögen für in Frage kommende andere Tätigkeiten mit *weniger als vollschichtig* beurteilt werden muß, dann wirkt sich das in einer Rente wegen Erwerbsunfähigkeit aus, weil es wegen der derzeit schlechten Lage des Arbeitsmarktes an Teilzeit-Arbeitsplätzen fehlt. Die Frage nach Berufsunfähigkeit wird in diesen Fällen übersprungen; man spricht vom »Durchschlagen der Erwerbsunfähigkeitsrente«.

Nach § 1247 RVO, § 24 AVG ist derjenige Versicherte *erwerbsunfähig,* der infolge von Krankheit, anderen Gebrechen oder in-

folge schwacher körperlicher oder geistiger Kräfte auf unbestimmte Zeit seine Erwerbstätigkeit nicht mehr regelmäßig ausüben oder nur noch geringfügige Einkünfte erzielen kann.
Im Falle der *Berufsunfähigkeit* muß sich der Versicherte mit einem nur teilweisen Lohnausgleich begnügen: Seine Erwerbsfähigkeit hat zwar eine bestimmte Grenze unterschritten, es ist aber noch so viel Arbeitskraft vorhanden, daß dem Versicherten die Möglichkeit geblieben ist, zusätzlich einen Verdienst zu erzielen, der mehr als nur gering ist.

Zeitrente

In praxi werden heute überwiegend Erwerbsunfähigkeitsrenten zuerkannt. Diese können dann auch zeitlich befristet sein, wenn begründete Aussicht auf wesentliche Besserung oder völlige Wiederherstellung der Leistung besteht. Die alleinige Wahrscheinlichkeit einer Leidensbesserung reicht nicht aus. Derartige Renten werden auf drei Jahre mit einmaliger Verlängerungsmöglichkeit gewährt und enden, ohne daß es eines nochmaligen Bescheides bedarf. Im Vordergrund steht also die medizinisch begründete Aussicht, daß sich die Behinderungen, die zu einer Leistungseinbuße geführt haben, beseitigen oder wesentlich bessern lassen.
Diese geforderte Aussicht ist dann nicht begründet, wenn man zwar weiß, daß bei einem peripheren arteriellen Verschluß die Operation eine wesentliche, in Erwerb umzusetzende Leistungsbesserung bringen wird, aber unbekannt bleibt, ob sich der Patient auch tatsächlich operieren lassen wird. Auch der individuelle Operationserfolg ist ungewiß. Deshalb empfiehlt es sich, von einem aufgehobenen Leistungsvermögen im Erwerbsleben auszugehen, das als unbefristet angesehen wird. Wird bei der gesetzlich vorgeschriebenen Nachuntersuchung z.B. zwei Jahre später festgestellt, daß der Patient sich zwischenzeitlich einer Operation mit dem Erfolg einer wesentlichen Leistungsbesserung unterzogen hat, so kann der Jurist nach § 63 AVG eine Änderung der Verhältnisse geltend machen und den Rentenentzug erwirken. Dieser Weg ist praktikabler als jener der Zeitrentengewährung, die im Falle einer verbleibenden aufgehobenen Leistungsfähigkeit in eine Dauerrente einmündet. Der Versicherte geht zudem hier den Nachteil ein, daß bei einer Zeitrente die Rentengewährung erst in der 27. Woche einsetzt, während eine Dauerrente sofort wirksam wird.

Schlußbetrachtung

Nach dem klaren Gesetzesplan aller Zweige der Sozialversicherung herrscht der Grundsatz: Rehabilitation vor Rente. Es fällt dem ärztlichen Sachverständigen in jedem Fall die Aufgabe zu, Aussagen zu machen zur
- Rehabilitationsbedürftigkeit,
- Rehabilitationsfähigkeit und
- zu den Erfolgsaussichten einer Rehabilitationsmaßnahme.

Damit werden die ersten und häufig entscheidenden Weichen für das weitere Lebensschicksal eines Menschen gestellt. Sorgfalt ist geboten! Werden nicht alle sich bietenden Chancen zur Rehabilitation und zur Reintegration bedacht und zielstrebig ausgenützt, dann wird das gesamte weitere Verfahren entweder in die falsche Richtung geleitet oder unzumutbar verzögert. Damit aber ist dem Versicherten in keiner Weise geholfen.
Zum Schluß sei auf die Verse 91 und 92 der Remedia amoris von Publius Ovidius Naso verwiesen:
»Principiis obsta, sero medicina paratur,
Cum mala per longas convaluere moras.«

Zusammenfassung

Nach Abgrenzung des Aufgabengebietes anderer Sozialleistungsträger und Definition dort gebräuchlicher sozialrechtlicher Begriffe werden ausführlich jene Möglichkeiten aufgezeigt, die der gesetzlichen Rentenversicherung gegeben sind, um bei arterieller Verschlußkrankheit bereits im Vorfeld der Rentengewährung wegen Berufs- oder Erwerbsunfähigkeit tätig werden zu können. Dabei wird verdeutlicht, daß nicht die ärztliche Diagnose als Entscheidungsgrundlage anerkannt wird, sondern ein Leidenszustand. Somit muß gutachtlich dargestellt werden, in welchem Ausmaß und in welchem Schweregrad sich diese Leiden bei dem Versicherten auf dessen Erwerbsfähigkeit auswirken. Den hieraus sich ergebenden sozialmedizinischen Folgerungen, insbesondere der medizinischen und beruflichen Rehabilitation, wird breiter Raum gegeben. Auch wird hervorgehoben, daß nicht genutzte Chancen der Rehabilitation und damit der Reintegration erhebliche nachteilige Auswirkungen haben können. Erst bei erheblich eingeschränkter oder aufgehobener Leistungsfähigkeit sollte die Rentenempfehlung ausgesprochen werden.

Literatur

1. Hennies G (1987) Rechtsgrundlagen der Begutachtung. In: Marx HH (ed) Medizinische Begutachtung. Thieme, Stuttgart New York
2. Kaufmann FW (1986) Rehabilitation. In: Leitfaden für die sozialmedizinische Begutachtung in der gesetzlichen Rentenversicherung. Fischer, Stuttgart New York
3. Kertzendorff KW (1986) Erfahrungen mit der Anschlußheilbehandlung bei Krankheiten des Herzens aus der Sicht des Rentenversicherungsträgers. In: Loskot F (ed) Herzerkrankungen. Steinkopff, Darmstadt, pp 349–356
4. Kertzendorff KW (1986) Sozialmedizinische Aspekte der Hypertonie. Der Med Sachverst 82:40–44
5. Maass U, Cachovan M (1986) Einfluß eines Intervalltrainings auf Gehstrecke, kardiopulmonale Parameter und periphere Durchblutung bei Patienten mit Claudicatio intermittens. In: Trübenstein G (ed) Konservative Therapie arterieller Durchblutungsstörungen. Thieme, Stuttgart New York, pp 54–60
6. Marx HH (ed) (1987) Medizinische Begutachtung. Thieme, Stuttgart New York
7. Schoop W (1986) Krankheiten der peripheren Arterien. In: Verband Deutscher Rentenversicherungsträger (ed) Leitfaden für die sozialmedizinische Begutachtung in der gesetzlichen Rentenversicherung. pp 308–315

Anschrift des Verfassers:
Dr. K. Kertzendorff
Bundesversicherungsanstalt für Angestellte
Ruhrstraße 2
D-1000 Berlin 31

Medikamentöse Therapie arterieller Durchblutungsstörungen

F. A. Spengel
Medizinische Poliklinik der Universität München

Arzneimittel zur Prophylaxe und Therapie peripherer arterieller Durchblutungsstörungen werden als wirksam angesehen, wenn sie mindestens eines der folgenden Kriterien erfüllen:

1. Verhinderung thromboembolischer Komplikationen
2. Beseitigung von Stenosen und/oder Verschlüssen
3. Wesentliche Verbesserung der eingeschränkten Gehstrecke
4. Verminderung oder Beseitigung des ischämiebedingten Ruheschmerzes
5. Abheilung der durch Minderdurchblutung entstandenen Ulzera

Als Medikamente stehen hierfür im wesentlichen Thrombolytika, Aggregationshemmer, Antikoagulantien und »vasoaktive« Substanzen zur Verfügung. Eine konservative medikamentöse Therapie darf notwendige invasive Therapiemaßnahmen nicht verzögern: Patienten mit akuten Embolien, Patienten mit dilatationsfähigen Stenosen ab Stadium II b und Patienten im Stadium III und IV mit operationsfähigen oder lysierbaren Verschlüssen müssen, wenn möglich, einer invasiven und nicht einer konservativ medikamentösen Therapie zugeführt werden.
Ein medikamentöser Therapieversuch ist vor allem bei akuten Embolien nicht angezeigt, da die Therapie der Wahl, die Embolektomie, nur in den ersten zwei Wochen nach Eintritt des Verschlusses mit gutem Erfolg durchführbar ist. Tabelle I zeigt den Stufenplan zur Therapie der peripheren arteriellen Verschlußkrankheit (AVK).

Invasive medikamentöse Therapie

Bei Patienten im Stadium II b bis IV der AVK kann bei entsprechenden Voraussetzungen eine invasive, medikamentöse Therapie durch systemische oder lokale Lyse indiziert sein.

Tabelle I. Stufenplan zur Therapie arterieller peripherer Durchblutungsstörungen.

Genaue Diagnostik (nichtinvasiv Stadium I (+ II a), invasiv II–IV)

Möglichkeiten der Therapie
Stadium I–IV: Therapie der Risikofaktoren
Stadium II a: Dilatation
Stadium II b–IV: Dilatation, lokale Lyse, systemische Lyse, Operation

Wenn keine invasiven Möglichkeiten
Stadium II a und II b–VI
1. Hämodilution (Hämatokrit um 40)
2. Gehtraining
3. Thrombozytenaggregationshemmer
4. »Vasoaktive« Substanzen (Pentoxifyllin, Naftidrofuryl)

Stadium III–IV
Zusätzlich Versuch mit Prostaglandin E_1 i.a. oder i.v.

Systemische Lyse

Thrombotische oder thromboembolische Verschlüsse sind Indikationen zur systemischen Lyse. Diese Verschlüsse dürfen, je nach Größe des Gefäßes, nicht älter als zwei bis sechs Monate sein. Der Anwendungsbereich wird jedoch durch Kontraindikationen wesentlich eingeschränkt. Die Wiedereröffnungsrate bei systemischer Lyse beträgt bei Beachtung der Indikation 50–70%. Je nach Lysedauer, Dosis und verwendetem Medikament beträgt die Mortalität 0,3–1,3%. Abbildung 1 a zeigt einen sechs Wochen alten Verschluß der A. iliaca externa. In Abbildung 1 b ist die vollkommene Rekanalisation nach systemischer Lyse dargestellt (2x6 Std. mit je 9 Mio IE Streptokinase an zwei aufeinanderfolgenden Tagen).

Lokale Lyse

Eine von *Hess* eingeführte Methode ist die lokale Applikation des Fibrinolytikums mit einem Katheter in den Thrombus. Hierbei können bei Dosen von 20000 bis 50000 IE

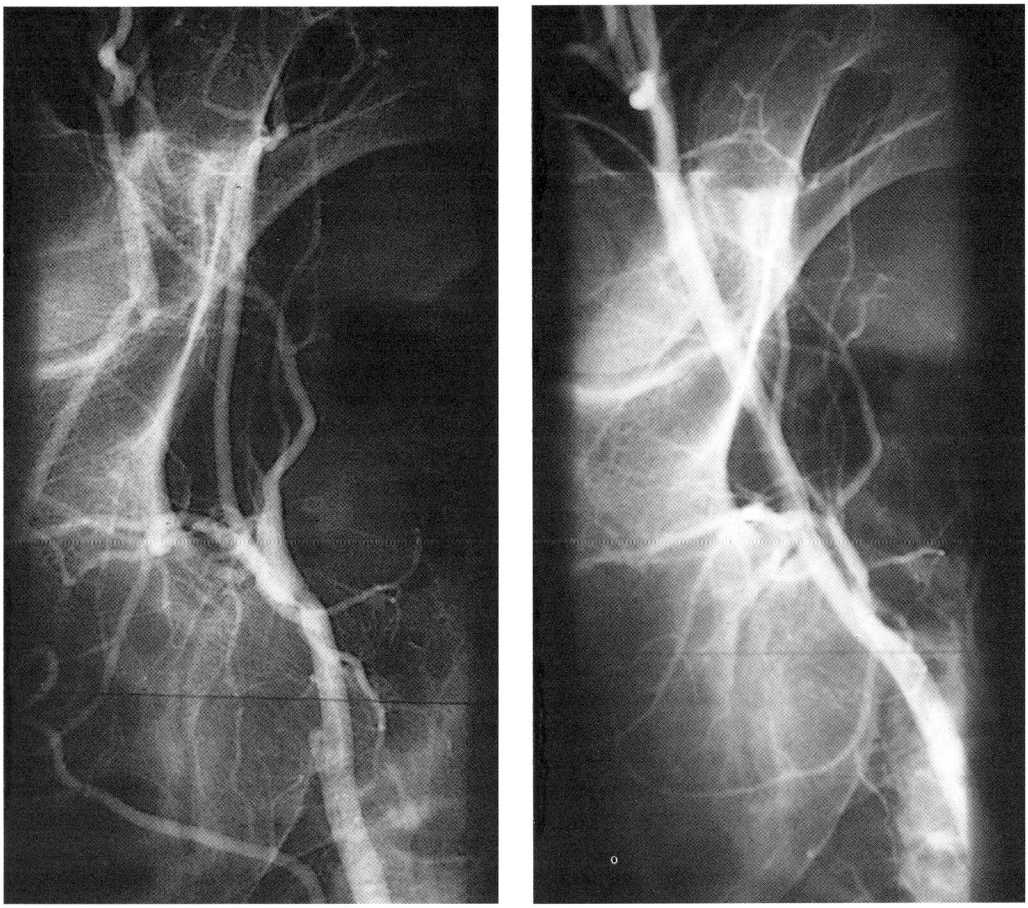

Abbildung 1. a+b) Verschluß der A. iliaca externa a: vor und b: nach 2 x 6 Stunden systemischer Lyse mit je 9 Mio IE Streptokinase an zwei aufeinanderfolgenden Tagen.

Streptase bzw. 100000 bis 400000 IE Urokinase in 50–75% eine Wiedereröffnung des Gefäßes meist in Verbindung mit perkutaner transluminaler Angioplastie (PTA) erreicht werden. Hier sind Kontraindikationen frischer Apoplex, Gefäßaneurysmen und dilatative Angiopathien. Aus diesem Grund kann auch ein wesentlich älteres Patientenkollektiv therapiert werden. Abbildung 2a zeigt einen Verschluß der A. poplitea vor und Abbildung 2b nach lokaler Lyse mit 35000 IE Streptokinase. Eine komplette Rekanalisierung mit Anschluß an die Unterschenkelgefäße konnte erreicht werden.

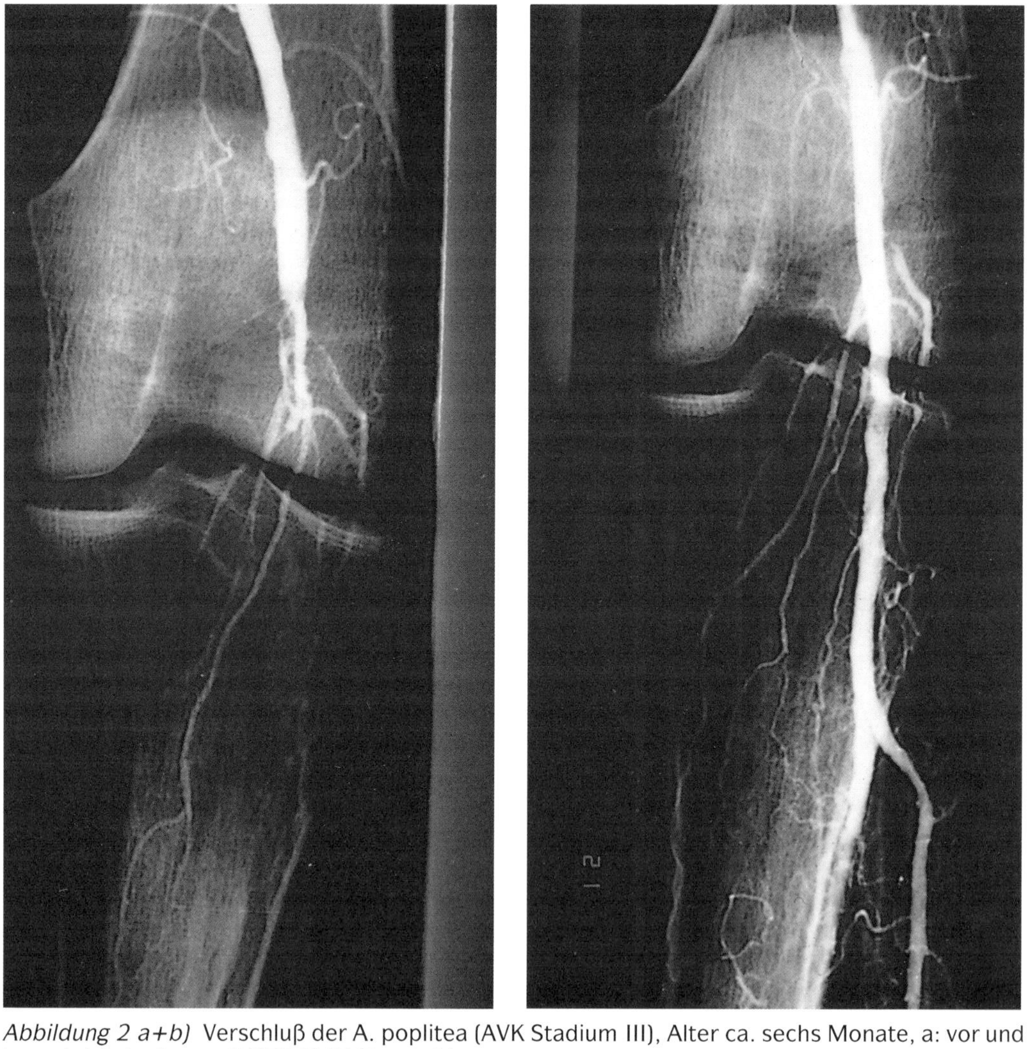

Abbildung 2 a+b) Verschluß der A. poplitea (AVK Stadium III), Alter ca. sechs Monate, a: vor und b: nach lokaler Lyse mit 35000 IE Streptokinase.

Konservative medikamentöse Therapie

Die Indikation zur konservativen medikamentösen Therapie ist bei allen Patienten im Stadium II a gegeben. Im Stadium II b ist sie als Therapieversuch vor geplanter Bypassoperation angebracht, ferner bei Patienten, die durch die erhebliche Einschränkung der Gehstrecke nicht nennenswert belästigt sind, oder bei Patienten mit deutlich erhöhtem Operationsrisiko. Nach partieller chirurgischer Strombahneröffnung (z.B. Profundaplastik bei verschlossener A. femoralis superficialis) ist sie ebenso wie bei Patienten im inoperablen Stadium III und IV angezeigt.

Isovolämische Hämodilution

Eine der wesentlichsten Bestandteile der konservativen Therapie stellt die isovolämische Hämodilution dar. Hierbei wird bei kardial gesunden Patienten ein Hämatokrit von 40% durch Aderlaßtherapie oder Erythroapherese angestrebt. Jeder Aderlaß (jeweils 250–500 ml) wird gefolgt durch Volumensubstitution mit 500 ml Dextran oder 500 ml Hydroxyäthylstärke. Bei Erreichen des Hämatokrit von 40 können weiterhin täglich Infusionen von 500 ml des Plasmaexpanders gegeben werden. In letzter Zeit mehren sich die Befunde, daß die Therapie mit Dextran unter Umständen Nachteile aufweisen kann, die bei der Anwendung von Hydroxyäthylstärke nicht auftreten (z.B. Erhöhung der Plasmaviskosität und der Erythrozytenaggregation). Unter hämorheologischer Therapie werden in der Literatur gute Effekte auf die Abheilung von Läsionen im Stadium IV beschrieben. Das Stadium III kann so bei konsequenter Therapie in ein Stadium II gebracht, die Wegstrecke im Stadium II deutlich verbessert werden. Nebenwirkung kann bei Herzkranken die akute kardiale Dekompensation durch Hypervolämie sein (Abbildung 3).

Azetylsalizylsäure

Die Hemmwirkung von Azetylsalizylsäure (ASS) auf die Plättchenaggregation wird im wesentlichen auf eine Hemmung der Prostaglandinsynthese in den Thrombozyten zurückgeführt. Hierdurch wird der Gefahr intraarterieller Thrombenbildung an arteriosklerotisch veränderten Gefäßwänden entgegengewirkt. Die Wirksamkeit von

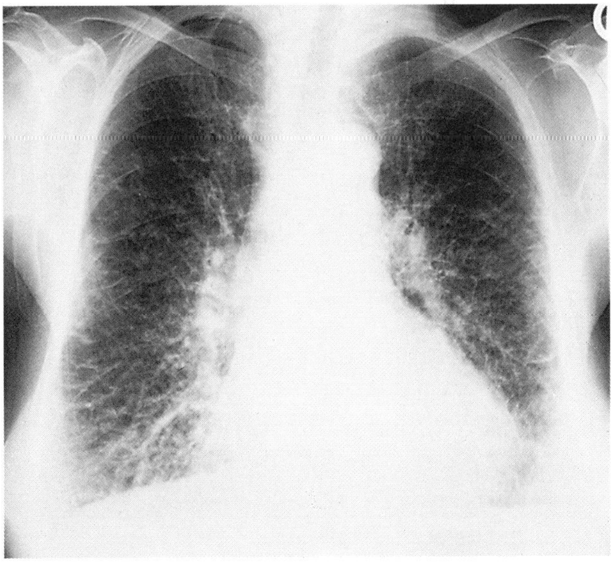

Abbildung 3. Nebenwirkung der Therapie mit Hydroxyäthylstärke: akute kardiale Dekompensation.

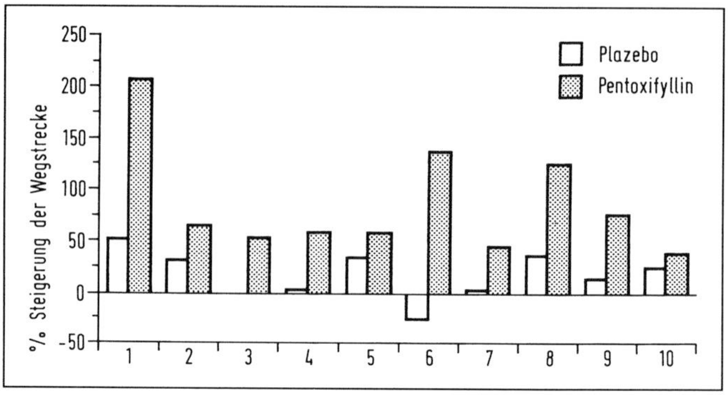

Abbildung 4. Zusammenstellung randomisierter, plazebokontrollierter Studien mit Pentoxifyllin. Verbesserung der Gehstrecke in % (nach Ward A, Clissold SP (1987) Drugs 34:50–97)

Azetylsalizylsäure ist in der Prophylaxe nach Gefäßeingriffen (z.B. perkutane transluminale Angioplastie) erwiesen. Die Langzeittherapie scheint einen hemmenden Einfluß auf die Progredienz der Arteriosklerose zu haben. Bislang vorliegende Studien empfehlen die hochdosierte Therapie (bis 1,2 Gramm); zur Wirksamkeit der niederdosierten Therapie sind im Moment noch umfangreiche Studien im Gange. Als Dosierung streben wir deshalb eine höherdosierte ASS-Therapie an, geben uns jedoch bei Magenunverträglichkeit mit Niederdosierung zufrieden.

Ob die Kombination von Azetylsalizylsäure und Dipyridamol eine weitere Verbesserung der protektiven Wirkung von ASS zur Folge hat, ist letztlich noch nicht geklärt.

Orale Antikoagulanzien

Die oralen Antikoagulanzien hemmen die Synthese von Gerinnungsfaktoren in der Leber. Die Langzeitgabe oraler Antikoagulantien ist bei Patienten zur Embolieprophylaxe bei Dys- und Akinesien des Herzens, Herzklappenschäden und dilatierender Angiopathie sowie zur Verschlußprophylaxe bei Implantation längerer Kunststoffbypässe indiziert. Selbstverständlich müssen die Kontraindikationen (z.B. Hypertonie, Blutungsübel, Magenulzera, Malignome) beachtet werden. Das 70. Lebensjahr stellt heute keine absolute Altersgrenze zur Gabe oraler Antikoagulantien mehr dar.

Vasoaktive Substanzen

Die am besten untersuchten vasoaktiven Substanzen zur Therapie der AVK sind Pentoxifyllin und Naftidrofuryl. Die Wirksamkeit dieser Substanzen wird meist durch die Verlängerung der schmerzfreien Gehstrekke beurteilt. Bei beiden Substanzen wird neben einem vasodilatatorischen Effekt eine verbesserte Verformbarkeit der Erythrozyten, eine mäßige Hemmung der Thrombozytenaggregation sowie eine verbesserte Sauerstoffutilisation peripherer Gewebe postuliert. Beide Substanzen sind in der Lage, die schmerzfreie Gehstrecke der Patienten im Vergleich zur Plazebotherapie statistisch signifikant zu verbessern, in wenigen Studien wurde auch die absolute Gehstrecke gebessert. Abbildung 4 zeigt den Verlauf der schmerzfreien Gehstrecke in allen plazebokontrollierten Studien mit Pentoxifyllin. Naftidrofuryl zeigt einen ähnlich günstigen Effekt auf die schmerzfreie Gehstrecke, durch beide Substanzen wird die absolute Gehstrecke meist nur wenig verbessert. Naftidrofuryl kann Blutdruckabfall, Schwindel, Übelkeit und Kopfschmerzen verursachen, Pentoxifyllin Magenschmerzen, Übelkeit und Erbrechen.

Die Wirkung beider Substanzen auf die Thrombozytenaggregation, die Verformbarkeit der Erythrozyten und damit die verbesserten rheologischen Eigenschaften wurde nachgewiesen.
Leider liegen für beide Substanzen keine randomisierten, plazebokontrollierten Langzeitstudien über die rheologischen Effekte und die Verbesserung der schmerzfreien und absoluten Gehstrecke sowie den natürlichen Verlauf der AVK unter Therapie vor; die meisten vorliegenden Untersuchungen beschreiben die Effekte einer drei- bis sechsmonatigen Therapie.

Prostaglandin E_1 (PG E_1)

PGE$_1$ hat einen stark vasodilatatorischen und plättchenantiaggregatorischen Effekt. In einigen Arbeiten werden gute Therapie-Ergebnisse bei Patienten im Stadium III und IV der AVK mit dieser Substanz beschrieben. Während der i.a. PGE$_1$-Infusionen steigt sowohl der transkutane Sauerstoffdruck als auch der muskuläre Gewebssauerstoffdruck dosisabhängig an. Bei intraarterieller Infusion kann es zu heftigen Kopfschmerzen, zur Flushsymptomatik und zum Blutdruckabfall kommen. Verschiedene Studien konnten zeigen, daß die langfristige intraarterielle, aber auch die intravenöse Applikation im Vergleich zu einem Kontrollkollektiv die Amputationsrate vermindern konnte. Hierbei ist die Wirkungsweise der intravenösen Applikation nicht geklärt, eventuell wirkt hier ein noch nicht identifizierter Metabolit. Der Ruheschmerz kann durch ca. zehntägige Therapie beeinflußt werden. Um ein Abheilen von Nekrosen zu erreichen, muß jedoch meist eine mindestens dreiwöchige Therapie durchgeführt werden. Die Auswirkung der PGE$_1$ – Therapie auf die Prognose der AVK im Stadium III und IV wird im Moment in mehreren Doppelblindstudien etabliert und kann derzeit noch nicht abschließend beurteilt werden. Die vorliegenden, vorläufigen Resultate scheinen jedoch einen positiven Effekt zu zeigen.

Zusammenfassung

Bei Patienten im Stadium III und IV der AVK und bei akuten Embolien darf ein medikamentöser Therapieversuch keine invasiven therapeutischen Maßnahmen verzögern. Bei allen Patienten steht die Therapie der Risikofaktoren (Rauchen, Hypertonie, Hypercholesterinämie, Diabetes mellitus, Adipositas) im Vordergrund.
Das Stadium I erfordert außer der Behandlung der Risikofaktoren keine zusätzliche Therapie. Im Stadium II–IV stellt die hypervolämische oder isovolämische Hämodilution bis zu einem Hämatokrit von 40% bei herzgesunden Patienten Grundlage der Therapie dar.
Thrombozytenaggregationshemmer verhindern nachweislich die Progredienz der Arteriosklerose, wobei Langzeitergebnisse noch ausstehen. Über die Dosis kann noch kein abschließendes Urteil gefällt werden. Pentoxifyllin und Naftidrofuryl bessern beide wesentlich die schmerzfreie Gehstrecke. Für beide Medikamente kann der positive Effekt auf die Fließeigenschaften des Blutes nachgewiesen werden. Langzeitergebnisse stehen noch aus. PGE$_1$ scheint bei intraarterieller und auch intravenöser Applikation die Amputationshäufigkeit im Stadium IV zu reduzieren, im Stadium III eine Verbesserung oder ein Verschwinden des Ruheschmerzes zu bewirken. Orale Antikoagulantien haben ihren Platz in der Therapie in der AVK zur Embolieprophylaxe und zur Prophylaxe des Wiederverschlusses eines längeren Kunststoffbypass.

Anschrift des Verfassers:
Priv.-Doz. Dr. F.A. Spengel
Medizinische Poliklinik der
Universität München
Pettenkoferstraße 8a
D-8000 München 2

Gehtraining bei arterieller Verschlußkrankheit

R. Becker-Casademont
Klinik für Physikalische Medizin, Universität München

Trainingsziele

Jede Therapie muß ein realisierbares Ziel vor Augen haben. Grundsätzlich hat eine konservative Behandlung der peripheren arteriellen Verschlußkrankheit (AVK) als Ziel die Wiedereröffnung der verschlossenen arteriellen Strombahnen, die Förderung der körpereigenen Kompensationsvorgänge, die Beherrschung umschriebener Dekompensationserscheinungen und die Sekundärprävention bzw. Rezidivprophylaxe (1) (Tabelle I). Prinzipiell gelten diese Ziele auch für die physikalische Therapie der AVK, doch müssen sie modifiziert betrachtet werden. Ein Gehtraining allein kann gemäß Langzeituntersuchungen verschiedener Autoren wohl die klinische, aber kaum die morphologische Progredienz der AVK aufhalten; mit der Durchführung eines solchen Trainings sind darüber hinaus indessen über psychosomatische Momente, Motivationssteigerung und andere Folgen sportlicher Betätigung Sekundäreffekte erzielbar wie Einschränkung eines Nikotinabusus, Gewichtsreduktion, Änderung der Lebensführung, also Veränderungen aus einem der ureigensten Bereiche der physikalischen Medizin, nämlich der Diätetik im Sinne der alten Mediziner. Dies ist vielleicht der wichtigste Beitrag zur Rezidivprophylaxe überhaupt. Die Wiedereröffnung der verschlossenen arteriellen Strombahnen ist dem Gehtraining sicher nicht möglich; hier haben medikamentöse Maßnahmen speziell im Frühstadium oder operative Eingriffe ihren Schwerpunkt. Die Beherrschung umschriebener Dekompensationserscheinungen wie z.B. Ulzera werden fälschlicherweise nicht als Ziel eines Gehtrainings angesehen. *Foley* berichtete aber schon 1957 über entsprechende therapeutische Erfolge (15). Es sollte grundsätzlich individuell entschieden werden, ob durch ein Gehtraining nicht die trophische Situation so verbessert werden kann, daß auch z.B. auf Ulzera ein positiver Effekt ausgeübt wird.

Als Hauptziel bleibt somit die Förderung der körpereigenen Kompensationsmechanismen, speziell die Verbesserung einer eingeschränkten Belastungsfähigkeit; ein weiteres Ziel sollte hier miteingeschlossen sein, nämlich die Verminderung der Schmerzen.

Trainingsmethode

Das Training selber gestaltet sich relativ einfach. Das Prinzip besteht in der intervall-

Tabelle I. Ziele konservativer Therapie bei AVK (nach 1).

Sekundärprävention inkl. Rezidivprophylaxe
Förderung körpereigener Kompensationsmechanismen
Wiedereröffnung der verschlossenen arteriellen Strombahnen
Beherrschung umschriebener Dekompensationserscheinungen

mäßigen Belastung der Muskulatur im minderversorgten Gebiet unter Vermeidung einer poststenotischen Ischämie. Die Übungen haben sich also der Verschlußlokalisation anzupassen, d.h. beim Unterschenkelverschluß besonders die Fußmuskulatur zu belasten, beim Oberschenkelverschluß die Unterschenkelmuskulatur und beim Verschluß der Beckenarterien die gesamte Beinmuskulatur.

Die *Dosierung* richtet sich nach den von *Hollmann* 1959 erarbeiteten Ergebnissen für das Intervalltraining, nach denen *Schoop* (21, 22) und *Schlüssel* (20) das sog. $^{2}/_{3}$-Training entwickelten. Dies setzt die Festlegung der maximalen Leistungsfähigkeit bis zum Schmerzbeginn voraus, nach der dann das eigentliche Training mit Zweidrittel dieser Leistung durchgeführt wird, so daß unter den Übungen kein ischämischer Schmerz auftritt. Andere Autoren (18, 19) lassen mit 90% (*Maass* et al.) oder sogar 100% (u.a. *Larsen* et al.) trainieren; ein besserer oder schnellerer Erfolg konnte bisher noch nicht überzeugend dargelegt werden. Geht das Training über die Schmerzschwelle hinaus, können anhaltende Schmerzreaktionen auftreten, die das weitere Üben behindern oder sogar verhindern. Auch wurden in Einzelfällen ausgeprägte Verschlechterungen des Grundleidens beobachtet. Die Pause zwischen den Trainingseinheiten muß lang genug gewählt werden, d.h. »lohnend« sein, so daß ein Erholungseffekt eintritt. Diese Pausen, z.B. drei Minuten, können mit allgemeinen Bewegungs- oder Lockerungsübungen gefüllt werden. Vor allem bewähren sich hierbei auch ruhige Atmungsübungen. Jede Übungsphase besteht aus drei bis fünf Trainingseinheiten mit Pause; jede Phase sollte dreimal eventuell auch fünfmal pro Tag wie-

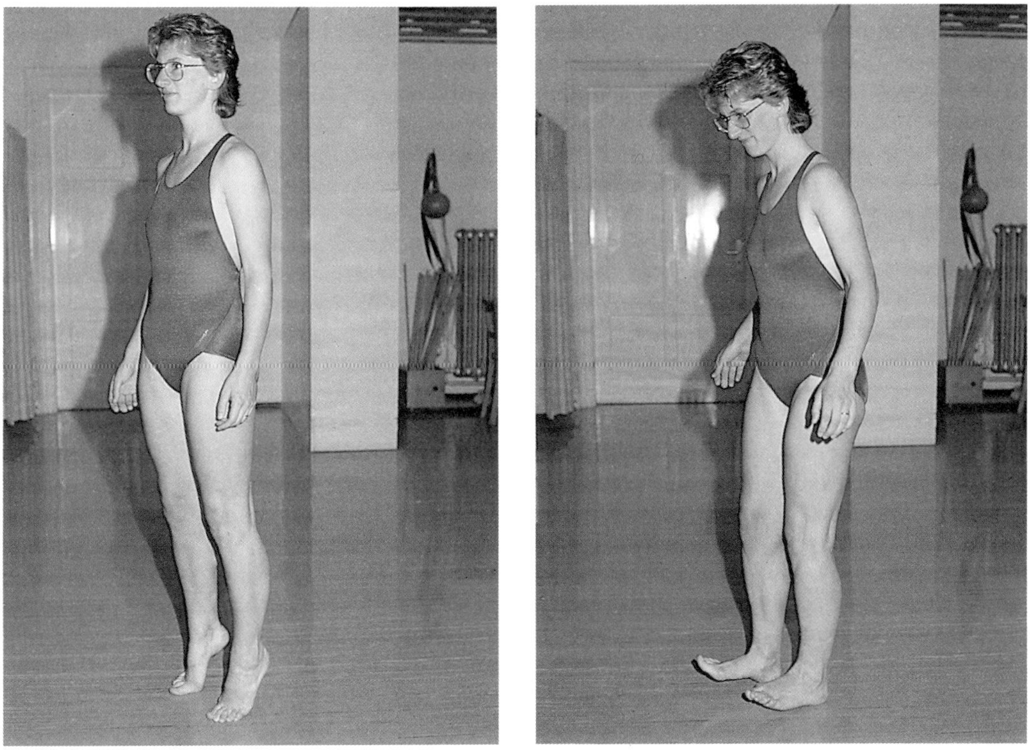

Abbildung 1. a + b) Zehen-Fersen-Stand.

derholt werden. Dies setzt natürlich die Mitarbeit eines motivierten Patienten voraus. Alle zwei Wochen sollte über einen wiederholten Belastungstest die Trainingsdosis neu festgelegt werden. Gleichzeitig ist damit auch eine Erfolgskontrolle möglich.

Das Training selber besteht je nach Verschlußtyp aus Zehen-Fersen-Ständen (Unterschenkeltyp, Abbildung 1 a, b), Kniebeugen (Oberschenkeltyp), forciertem Gehen, eventuell Radfahren (Beckentyp). Es muß darauf geachtet werden, daß die zu beübende Muskulatur wirklich trainiert wird und nicht lediglich Ausweichbewegungen gemacht werden. Oft muß daher zunächst eine Gangschulung erfolgen (z.B. ein bewußtes Abrollen des Fußes beim Gehen), obwohl auch häufig die Erfahrung gemacht werden kann, daß sich mit einsetzendem Erfolg das veränderte Gangbild von selbst normalisiert. Da beim Gehen aus energetischen und auch trainingsmethodologischen Gründen eine hohe Schrittgeschwindigkeit von 120 pro Minute (Kontrolle über ein Metronom) gewählt werden soll (nach *Schoop* (22) und *Cachovan* (8) ist dann der Leistungsendpunkt weniger stark von gefäßfremden Faktoren wie Körpergewicht oder Gehtechnik abhängig), können gerade bei älteren Patienten mit Erkrankungen am Bewegungsapparat wie Arthrosen oder mit kardiopulmonalen Einschränkungen Schwierigkeiten auftreten. Sie verlangen einen anderen Trainingsmodus, oder, wenn möglich, eine entsprechende Vorbehand-

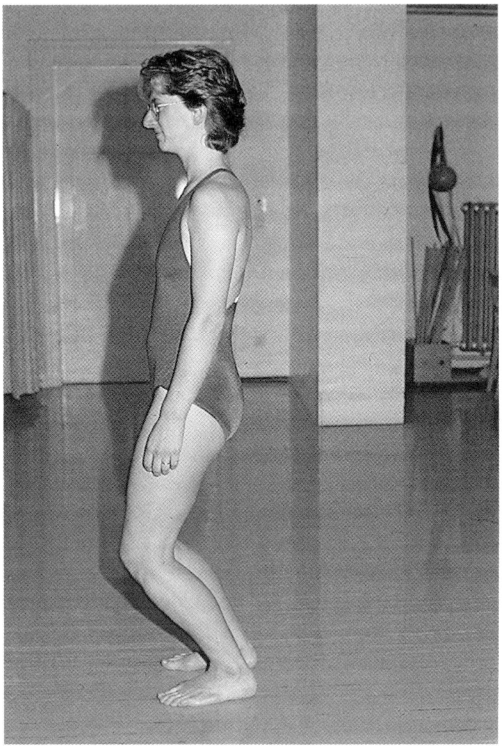

Abbildung 2. Kniebeugen im Zehenstand.

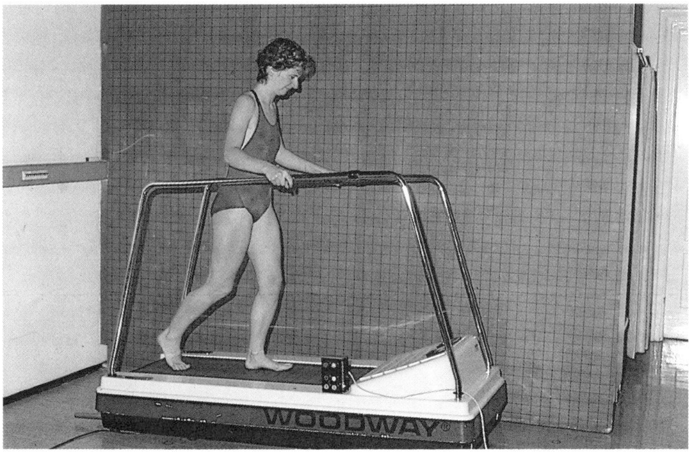

Abbildung 3.
Gehen auf dem Laufband.

lung. Kniebeugen, Zehen- und Fersenstände sollten im 2-Sekunden-Rhythmus erfolgen. Bei den Kniebeugen, die zur Vermeidung unnötiger Gelenkbelastungen nicht sehr tief ausgeführt werden dürfen, sollte der Oberkörper gerade aufgerichtet bleiben (Abbildung 2). Das Gehtraining kann auch auf dem Laufband, eventuell mit zusätzlicher Steigung (z.B. drei Grad) durchgeführt werden (Abbildung 3). Andere Hilfsmittel sind der Sportkreisel (Abbildung 4), das Standfahrrad oder allgemeine Gymnastikgeräte. Gerade auch für die Therapie in der Gruppe sind phantasiereiche Ausgestaltungen des sonst etwas eintönigen Trainings möglich. *Krause* (17) hält 30 Behandlungen in sechs Wochen für sinnvoll, danach könne eine Pause von mindestens sechs Monaten eingehalten werden. Ein anderer Modus ist die ein- bis zweimalige Behandlung pro Woche (z.B. als Gruppenbehandlung), dafür aber langfristig angesetzt. Zu Beginn sollte aber immer intensiv trainiert werden.

Trainingserfolg

Der Erfolg eines solchen Trainings ist so evident, daß es zu Recht als Basistherapie zumindest im Stadium IIa nach *Fontaine* angesehen wird. Bei nicht ausgewählten Patienten wird in der Regel innerhalb weniger Wochen eine Steigerung der maximalen Leistungsfähigkeit um durchschnittlich 80% (4, 8, 16, 23, 24) erreicht, gemessen an der Gehstrecke oder der Zahl der durchgeführten Übungen. Es gibt auch Berichte über deutlich bessere Erfolge (z.B. bei 11). Bei ausgewählten Patienten mit prognostisch günstigen Kriterien wird sogar ver-

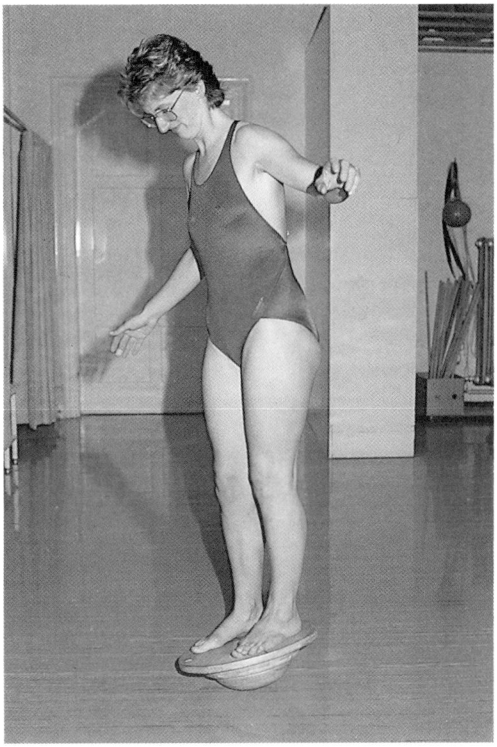

Abbildung 4. Sportkreisel (Behandlung mit Stütze an Barren oder Sprossenwand).

Tabelle II. Prognostische Faktoren im Rahmen des Gehtrainings.

	Günstig	Ungünstig
Anamnese	kurz (< 1 Jahr)	lang (> 1 Jahr)
Verschluß	einseitig	doppelseitig
	A. femoralis sup.	Beckenarterie
	isoliert	Mehretagenverschluß
Stadium	IIa	IIb, III
Druckwerte	> 80 mmHg	< 60 mmHg
Bewegungsapparat	gesund	erkrankt
Herz-Lungen-Funktion	normal	kardiorespirat. Insuffizienz
Motivation	positiv	fehlend
Alter	kein Einfluß	kein Einfluß

schiedenen Autoren (3, 9, 19) zufolge in bis zu 80% der Patienten das »walking through« erreicht, d.h. die Möglichkeit, trotz Schmerz weiterzugehen und anschließend schmerzfrei 1000 m und mehr gehen zu können. Dies wird als Grenze für eine praktisch normale Gehleistung angesehen. Dabei haben sich als prognostisch günstige Faktoren nach *Schoop* (21) das kurze Alter eines Verschlusses (unter einem Jahr), die Lokalisation (A. femoralis) und die Ausdehnung (isoliert, kurzstreckig) ergeben (Tabelle II). Eine unbegrenzte Gehstrecke wird aber in der Regel nur erreicht, wenn der dopplersonographisch gemessene Druck der Fußarterien mindestens 80 mmHg beträgt. Die Prognose bei weniger als 60 mmHg Druck ist recht ungünstig. Engere Beziehungen zwischen Druck und zu erwartender, trainierbarer Gehleistung lassen sich nicht angeben (21). Am wichtigsten für die Prognose ist allerdings die persönliche Motivation des Patienten, der seine Übungen eben mehrmals täglich mit einer festen Regelmäßigkeit durchführen muß.
Überraschende Resultate lieferte eine vergleichende Studie von *Cachovan* et al. (8), die bei einem ungezielten Training mit allgemeiner Gymnastik, aber gleicher Intensität wie bei einem nach dem Verschlußtyp orientierten Training die gleichen Erfolge bezüglich der Gehstrecke fand. Lediglich eine dritte Gruppe, die nur eine Anleitung zum Selbsttraining erhielt, wies nach einem Jahr eine deutlich geringere Gehstreckenverlängerung auf. Gezeigt wird in dieser Studie auf jeden Fall die Wichtigkeit, jedes Training durch allgemeine Gymnastik wie Muskeldehnungen, Flexibilitätsübungen, Aufwärmung einzuleiten, vor allem aber auch, daß das Training angeleitet und kontrolliert werden muß. Ob damit Hinweise gegeben sind, daß über eine Beeinflussung der Gewebe im LWS-Kreuzbein-Bereich auch eine Beeinflussung der peripheren Leistungsfähigkeit möglich ist, bleibt offen (Man denke an die Bindegewebsmassage, die ja gerade am Beispiel der arteriellen Verschlußkrankheit entwickelt wurde). *Bühring* (5, 6) betont das *»myalgische Syndrom«*, bei welchem der Schmerz weniger als angiologisches, sondern als Weichteilproblem (Algische Afferenzen aus dem Lumbalbereich bewirken eine sympathische Irritation und erhöhten Muskeltonus im Wadenbereich mit einer konsekutiven Blutstromeinschränkung und umgekehrt). Mit dieser Theorie ließen sich die genannten Studienergebnisse und auch manch andere Phänomene zwanglos erklären.
Auch das psychologische Moment eines körperlichen Trainings ist nicht zu unterschätzen, das Gefühl einer neuen Körperwahrnehmung und Körperbeherrschung, die Erfahrung, die Krankheit »angehen« zu können und ihr nicht schicksalhaft ausgeliefert zu sein. Versagt eine sachgerecht durchgeführte Therapie bei Patienten im Stadium II, muß nach Begleiterkrankungen geforscht werden, die die Leistungsfähigkeit des Patienten beschränken, oder seine Motivation und Mitarbeit muß in Frage gestellt werden.

Wirkungsmechanismus

Obwohl diese Art der Therapie seit fast drei Jahrzehnten standardisiert durchgeführt wird (empfohlen wurde sie im Prinzip schon von *Erb* (13) um die Jahrhundertwende oder auch von *Buerger* (7) in den Zwanziger Jahren), war lange unklar, auf welcher Basis sich die verbesserte muskuläre Leistung abspielt. Während anfangs noch eine vermehrte Kapillarisierung und Kollateralisierung diskutiert wurde, zeigte sich dann bald, daß andere Vorgänge im Vordergrund stehen müssen. Maximale Gehstrecke und objektive Parameter für die Durchblutung sind nicht oder nur sehr gering korreliert. Weder die Ruhedurchblutung noch die reaktive Hyperämie nach Arbeit als Maß der kapillären Transportkapazität nehmen zu, was gegen eine verbesserte Kollateralgefäßüberbrückung des stenosierten Gefäßabschnittes als alleinigem Wirkmechanismus spricht (18). Im Gegenteil ist als Ausdruck einer verbesserten Ökonomie des Muskels eine Verminderung der reaktiven Hyperämie meßbar (8), ein Effekt, der in gleicher Weise auch für gefäßgesunde Probanden gilt (12). Der Wirkungsgrad der Muskeldurchblutung ist somit erhöht. Es kommt nämlich durch Training zu einer regionalen Blutumverteilung zugunsten minderperfundierter Muskelabschnitte, letzten Endes zu einer homogeneren Durchblutung, womit sich dann u.a. die Diffusionsbedingungen des Sauerstoffs aufgrund verkürzter Diffusionsstrecken verbessern. Eine erhöhte arteriovenöse Sauerstoffdifferenz ist meßbar (24). Darüber hinaus steigt die Aktivität oxidativer Enzyme im Muskel, z.B. der Succinyloxidase als typischer Marker der mitochondrialen Kapazität. Trainierte Muskeln besitzen somit neben der optimierten Blutverteilung auch eine größere oxydativ-metabolische Kapazität (3, 9). Meßbar ist auch die Abnahme des kollateralen Druckgradienten, weil der poststenotische Druck ansteigt. Ebenfalls bedeutsam ist wohl die Koordination und Ökonomisierung der Muskelarbeit. Die verbesserte Koordination des Bewegungsablaufes, der ökonomische Einsatz der ausführenden Kraft sind wesentliche Faktoren der verbesserten lokal-aeroben Ausdauer. Durch ökonomisches Gehen wird der agonistisch-antagonistische Muskeltonusaufbau möglichst gering gehalten (5), was übrigens durch geeignetes, weiches Schuhwerk unterstützt wird. Die Relaxation der Wadenmuskulatur nach Training erfolgt schneller. Darüber hinaus gibt es Hinweise für strukturelle Veränderungen im Muskel: So können sich Muskelfasern des Typs II durch Ausdauertraining in Typ I umwandeln. Weiterhin spielen sich hämorheologische Vorgänge ab (14). Durch körperliches Training läßt sich die pathologische Dickflüssigkeit des Blutes von Patienten mit AVK normalisieren. Dieser Effekt ist unabhängig davon, ob mit Armen oder Beinen trainiert wird (14).

Fazit dieser hämodynamischen, metabolischen, strukturellen, auch psychologischen Wirkungen regelmäßiger Übungen ist also: Trainierte Muskeln brauchen weniger Blut bzw. erreichen bei gleichem Blutangebot eine größere Wirkung (siehe auch Tabelle III). Im Verlaufe von Jahren zeigt sich, daß die Progredienz des Leidens kaum beeinflußt wird, was die röntgenologische Darstellbarkeit von Gefäßwandveränderungen betrifft. Es kann unter Training bei erhaltener Gehleistung sogar zu einer Verschlechterung im röntgenologischen Bild kommen (neue und längere Verschlüsse), Kollateralen können vermehrt oder vermindert darstellbar sein (4). Die klinische Interpretation solcher Befunde muß also sehr vorsichtig erfolgen. Untersuchungen von *Blümchen* et al. (2) zeigen, daß auch auf Dauer viele Patienten aus dem Stadium IIa das Stadium I erreichen und dann auch halten und somit die klinische Progredienz der Erkrankung nicht unabwendbares Schicksal ist.

Aus all dem ergibt sich die Stellung des Gehtrainings als Basistherapie, deren Wirksamkeit auch in kontrollierten Studien erwiesen ist (Abbildung 5). Abbildung 5 zeigt die Veränderung der Gehstrecke in % bei zwei Gruppen von je sieben Probanden; eine Gruppe wurde ein halbes Jahr mit einem Plazebo-Medikament behandelt, praktisch ohne Erfolg. Die Patienten der

Tabelle III. Auswirkungen des Trainings auf die Skelettmuskulatur.

Koordination und Ökonomisierung der Muskelarbeit
Umverteilung des Blutes in der terminalen Strombahn
Verstärkte O_2-Ausschöpfung
Abnahme des kollateralen Druckgradienten
Erhöhung der Aktivität oxidativer Enzyme im Muskel

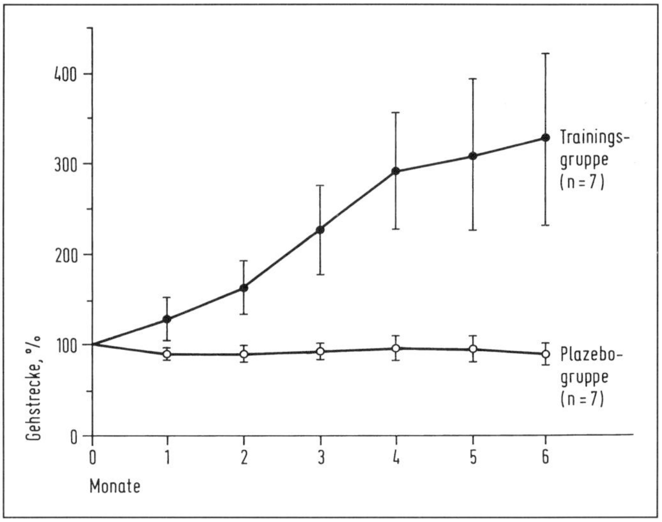

Abbildung 5. Mittlere Änderung der Gehstrecke ($\bar{x} \pm$ SEM) (nach 18).

anderen Gruppe mußten täglich eine Stunde forciert gehen, wobei die tatsächliche Durchführung dieses Programms mit einem Schrittzähler kontrolliert wurde. Der Erfolg zeigt sich im Anstieg der Gehstrecke. Für wissenschaftliche Fragestellungen, z.B. eine Medikamentenprüfung, ist daher zuvor ein alleiniges Gehtraining erforderlich, um eine Basis für Ausgangswerte zu erzielen und nicht eine Wirkung des Gehtrainings fälschlicherweise als Medikamentenwirkung zu deklarieren. Für die Praxis empfiehlt sich eine möglichst frühe, intensive Behandlung, zeitlich beschränkt, allerdings angewiesen auf die Motivation des Patienten. Gerade auch bei älteren Menschen ist eine Anpassung an die Gegebenheiten und eventuell eine Vorbehandlung von Begleiterkrankungen erforderlich.

Zusammenfassung

Bei der peripheren, arteriellen Verschlußkrankheit ist für das Stadium II nach *Fontaine* das Gehtraining als Basistherapie allgemein anerkannt. In richtiger Dosierung sachgerecht ausgeführt kommt es bald zu einer deutlichen Besserung der Beschwerden und einer Verlängerung der Gehstrekke; in Abhängigkeit vom Ausgangsbefund kann das »walking-through«, also die praktisch unbegrenzte Gehfähigkeit erreicht werden. Als Wirkungsmechanismen spielen vor allem eine verbesserte Ökonomie und Koordination der Muskelarbeit eine Rolle. Daneben sind eine Reihe weiterer Faktoren wirksam, die aber teils in ihrer klinischen Bedeutung noch unklar sind.

Literatur

1 Alexander K (1984) Die konservative Therapie der arteriellen Verschlußkrankheit. Dt Ärztebl 81:785–800
2 Blümchen G, Buchwalsky R, Barmeyer J, Hamasch P, Baumeister L, Roskamm H (1973) Auswirkungen eines zwölfmonatigen Trainings auf den Kompensationsgrad der peripheren arteriellen Verschlußkrankheit. Akt Probl Angiol 18: 68–74
3 Bollinger A (1979) Funktionelle Angiologie. Thieme, Stuttgart New York
4 Buchwalsky R, Hansen W, Blümchen G, Battke K, Barmeyer J, Reindell H (1975) Er-

gebnisse eines dreijährigen unterschiedlich intensiven, kontrollierten Trainings anhand ergometrischer, hämodynamischer und arteriographischer Parameter. Akt Probl Angiol 30:109–113
5 Bühring M (1985) Physikalische Therapie bei Patienten mit peripherer arterieller Verschlußkrankheit und Claudicatio intermittens. Therapiewoche 35:3290–3295
6 Bühring M (1987) Krankengymnastik bei der peripheren arteriellen Verschlußkrankheit. Z Krankengymnastik 39:157–161
7 Buerger L (1924) Circulatory disturbances of the extremities. Saunders, Philadelphia
8 Cachovan M, de Marees H, Kumitsch G (1976) Einfluß von Intervalltraining auf die Leistungsfähigkeit und periphere Durchblutung bei Patienten mit Claudicatio intermittens. Z Kardiol 65:54–67
9 Dahllöf AG, Björntorp P, Holm J, Schersten T (1974) Metabolic activity of skeletal muscle in patients with peripheral arterial insufficiency, effect of physical training. Europ J Clin Invest 4:9–15
10 Ehrenberg H, von Ungern-Sternberg A (1987) Krankengymnastik bei peripheren Gefäßerkrankungen. Pflaum, München
11 Ekroth R, Dahllöf AG, Gundevall I, Holm J, Schersten T (1978) Physical training of patients with intermittent claudication: Indications, methods and results. Surgery 84:640
12 Elsner RW, Carlson LD (1962) Postexercise hyperemia in trained and untrained subjects. J Appl Physiol 17:436
13 Erb W (1898) Über das intermittierende Hinken und andere nervöse Störungen infolge von Gefäßerkrankungen. Dtsch Z Nervenheilkunde 13:1–76
14 Ernst E, Matrai A (1987) Exercise, intermittent claudication and blood rheology. Circulation 76:1110–1114
15 Foley WT (1957) Treatment of gangrene of the feet and legs by walking. Circulation 15:689–700
16 Köhler M (1969) Zur konservativen Behandlung peripherer arterieller Durchblutungsstörungen. Med Klin 64:1536–1540
17 Krause D (1978) Physikalische Therapie peripherer arterieller Durchblutungsstörungen im Stadium II nach Fontaine. Ther d Gegenw 117:1738–1758
18 Larsen OA, Lassen NA (1966) Effect of daily muscular exercise in patients with intermittent claudication. Lancet II:1093–1095
19 Maass U, Cachovan M, Alexander K (1982) Einfluß eines Intervalltrainings auf Gehstrecke, Hämodynamik und Ventilation bei Patienten mit Claudicatio intermittens. VASA 11:91–96
20 Schlüssel H (1965) Behandlung chronischer Beinarterienverschlüsse. Therapiewoche 8:390–394
21 Schoop W (1963) Grundlagen der konservativen Therapie arterieller Verschlußkrankheiten. Verh Dt Ges Kreislaufforsch 29:118–129
22 Schoop W, Cappius G (1975) Möglichkeiten und Grenzen einer stationären Trainingsbehandlung von 4–6 Wochen. Akt Probl Angiol 30:109–113
23 Weidinger P, Uhler H (1975) Ergebnisse eines Langzeittrainings bei obliterierender Arteriopathie. Med Welt 26:2178–2179
24 Zetterquist S (1970) The effect of active training on the intensive blood flow in exercising ischemic leg. Scand J Clin Lab Invest 25:101–111

Anschrift des Verfassers:
Prof. Dr. R. Becker-Casademont
Klinik für Physikalische Medizin
Universität München
Ziemssenstraße 1
D-8000 München 2

Physikalische Therapie der peripheren arteriellen Verschlußkrankheit in Ergänzung zum Gehtraining

E. Senn und P. Schöps
Klinik für Physikalische Medizin, Universität München

Begründung der grundsätzlichen Anerkennung anderer physikalischer Therapieverfahren in Ergänzung zum Gehtraining

Durch die Würdigung der in den vergangenen Jahren eher verschmähten, ungeschickterweise als passiv bezeichneten physikalischen Therapieverfahren soll der zentrale therapeutische Stellenwert des Gehtrainings bei der peripheren arteriellen Verschlußkrankheit (AVK) nicht angetastet werden, sondern die relative Bedeutung der ergänzenden krankengymnastischen Möglichkeiten, der Massagen, der Kohlensäurebäder und elektrotherapeutischen Verfahren theoretisch untermauert und, soweit möglich, mit Ergebnissen aus Studien belegt werden.

Die Pathogenese der sich entwickelnden Symptome sowie die sich einstellenden pathophysiologischen Veränderungen bei der AVK werden heute nicht mehr ausschließlich auf die perfusionsbehindernden, morphologischen Gefäßalterationen und den dadurch entstehenden Hypoxieschmerz reduziert, sondern bedeutend komplexer gesehen. Die größere Komplexität von Pathogenese und Pathophysiologie erlauben die Begründung einer umfassenderen (physikalischen) Therapie. Im einzelnen haben folgende Befunde und Erkenntnisse zu einer differenzierten Betrachtungsweise des Krankheitsbildes der Claudicatio intermittens geführt:

1. Das ursprünglich angenommene Ausmaß der Gehstreckenverlängerung durch Gehtraining allein ist durch eine Reihe von Arbeiten relativiert worden (2, 6, 7, 9, 16, 23); demgegenüber zeigen andere physikalische Verfahren ebenfalls kaum für möglich gehaltene Verbesserungen der Gehleistung (1, 11, 13, 15, 21).
2. Die Korrelationen zwischen den Perfusionsparametern und der Gehstrecke als auch zwischen den therapiebedingten Verbesserungen der beiden Größen sind weit weniger streng als angenommen.
3. Die Einsicht in die Bedeutung der Mikro- als Ergänzung zur Makrozirkulation hat zur Erkenntnis einer ganzen Reihe von zusätzlichen Faktoren geführt, die alle die Stoffwechselver- und -entsorgung der Gewebe zu fördern bzw. zu beeinträchtigen vermögen: Die pathologisch veränderten und veränderbaren Fließeigenschaften des Blutes; der Nachweis der Vasomotion, d.h. der »spontanen«, rhythmischen Änderung des Gefäßlumens kleiner und kleinster Arterien aufgrund aktiver Tonusschwankungen der glatten arteriolären Gefäßmuskulatur; die extravasale Ödembildung mit der damit verbundenen Erhöhung des transmuralen Gefäßdruckes und die damit zusammenhängende Bedeutung der Leistungen der Lymphbahnen; der Grad der möglichen Perfusionseinschränkung nicht arbei-

tender Gewebsregionen bis auf die Stufe des Lokalkreislaufes; der Einfluß der leicht störbaren vegetativen Innervation der Gefäße, die nicht nur Lumensondern auch Permeabilitätsveränderungen bewirkt.

4. Die in der Muskulatur, der Haut und anderen Geweben sich durch die jeweils besonderen Belastungen entwickelnden relativen Minderdurchblutungen führen nicht nur zu einer passageren Schmerzsymptomatik, sondern bringen evidente biochemische und mechanische Gewebsveränderungen in Gang, die für die Schmerzentstehung, die Einschränkung der Gehleistung und für die weitere Progredienz des klinischen Bildes von Bedeutung sein können. Solche lokalen Gewebsveränderungen werden oftmals zu Quellen pathologischer, schmerzhafter Erregungsbildungen, die bekanntermaßen zu weiteren reflektorischen, funktionellen und trophischen Störungen, d.h. zu Dysfunktionen und Dystrophien führen (Abbildung 1). Die hypoxiebedingten funktionellen und trophischen Gewebsstörungen vermögen sich somit über pathogene Reflexkreise zu verfestigen, zu verstärken, ja sogar auszuweiten. Solche Reflexkreise werden auch als algodystroph und algodysfunktionell bezeichnet, obwohl sie initial nicht immer mit spontanen Schmerzen einhergehen. Die funktionell und morphologisch negativen Auswirkungen solcher Reflexbögen müssen sich nicht auf den ursprünglichen Reizort beschränken; sie können durchaus innerhalb des Segmentes auch auf andere, vorher unbeteiligte Strukturen sekundär übergreifen. Diese sich aufgrund reflektorischer Circuli vitiosi aufbauenden Gewebsveränderungen könnten die aktuelle Symptomatik, die Leistungsbehinderung, ja wahrscheinlich auch die Progredienz des Gefäßleidens erheblich mit beeinflussen.

Einzelne, mehr oder weniger lokalisierte Gewebsveränderungen können einerseits mit einer derartigen Druckschmerzhaftigkeit und andererseits mit einer solchen Potenz zur Unterhaltung dystropher und dysfunktioneller Reflexkreise einhergehen, daß sie als Irritationszonen oder Trigger-Punkte bezeichnet werden. Das Vorkommen solcher Zonen, Punkte und Reflexkreise ist vor allem im Rahmen funktioneller Gelenkstörungen und weichteilrheumatischer Krankheitsbilder bekannt gewor-

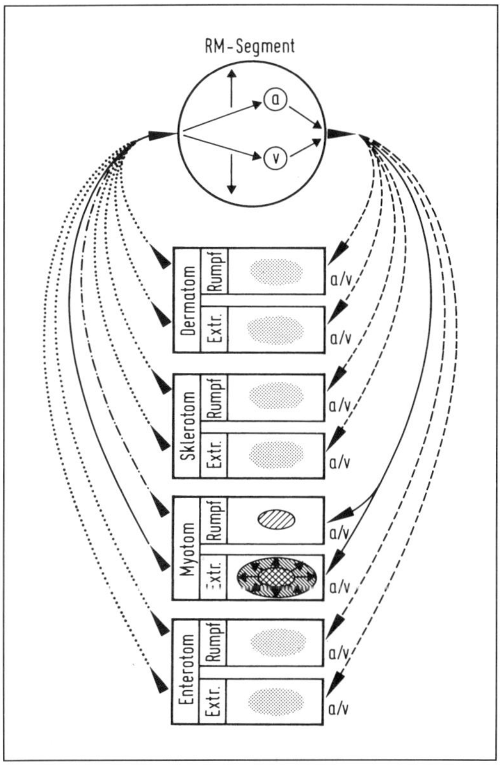

Abbildung 1. Algodystropher Reflexbogen. Die ursprüngliche lokale Gewebsstörung (im Myotom der Extremitäten) kann sich über den algodystrophen Reflexkreis segmental auf Rumpf- und Extremitätenanteile des Myotoms, Sklerotoms, Dermatoms und Enterotoms ausdehnen. RM-Segment = Rückenmarkssegment; a/v = animalische und vegetative Reflexantworten in und um den Schmerzort.

den. Ein Großteil der erfolgreichen manuell-therapeutischen Techniken, als auch der physikalischen Maßnahmen beruht auf der Bekämpfung bzw. Unterbrechung solcher Irritationsgebiete bzw. Reflexkreise. Aufgrund ebensolcher Vorstellungen könnte ein Teil der Erfolge passiver Therapiemaßnahmen der AVK einleuchtend gedeutet werden.

5. Nicht zuletzt sollten die beschriebenen Erfolge früherer Kliniker mit solchen physikalischen Maßnahmen außerhalb des Gehtrainings nicht einfach auf Suggestivwirkungen zurückgeführt werden, sondern als Anstoß zur Überprüfung des heute möglicherweise eher etwas monomanen Therapiespektrums anerkannt werden. Es lohnt sich aus diesem Grunde, im Einzelfall je nach Befund und Symptomatik die eine oder andere physikalische Zusatzmaßnahme zu hinterfragen und anzuwenden.

Gymnastische Übungen

In Ergänzung zum Gehtraining und zu den eigentlichen krankengymnastischen Trainingsübungen für die verschiedenen Verschlußtypen (14) darf im Therapiebereich der Gymnastik einerseits auf die Umlagerungsübungen nach *Ratschow* und andererseits auf zusätzliche Behandlungsmaßnahmen hingewiesen werden, die das eigentliche Trainingsprogramm begleiten.

Bei den *Ratschow*schen Umlagerungsübungen streckt der Patient aus der entspannten Rückenlage das Bein mit Unterstützung möglichst vertikal in die Höhe oder hebt es im Hüft- und Kniegelenk angewinkelt über einen Würfel an. In beiden Fällen wird der Fuß im Sprunggelenk so lange kontinuierlich rhythmisch dorsal- und plantarflektiert oder gerollt, bis sich ein deutliches Spannungsgefühl, aber noch keine Schmerzen einstellen; danach setzt sich der Patient sofort auf und wartet die sich im herunterhängenden Bein entwickelnde reaktive Hyperämie ab, bis er nach einer kurzen Pause die Umlagerung wiederholt. Nach einer Übungsphase wird eine entsprechende Pause eingelegt und eine neue Übungsserie angeschlossen. Diese Umlagerungsübung kann auch als diagnostischer Test benutzt werden, indem man die Zeiten bis zur Hautabblassung während der Fußbewegungen, bis zum Auftreten der charakteristischen Hautrötung bzw. der orthograden Füllung der Fußrückenvenen nach der Umlagerung mißt.

Klinische Ergebnisse über die Wirksamkeit der *Ratschow*schen Übungen liegen keine vor. Man kann sich indessen gut vorstellen, daß die Kombination einer arbeitsbedingten Muskelhypoxie mit einer größtmöglichen Entleerung der Beinvenen während der Hochlagerung zu einer besonders günstigen Ausgangssituation für die sich anschließend entwickelnde reaktive Hyperämie führt. Der venöse und sicherlich auch kapilläre Druckabfall vermag wenigstens zum Teil ein behinderndes Ödem günstig zu beeinflussen und möglicherweise über die Kreislaufregulation den Arteriolentonus zu senken. Diese Art Training des Lokalkreislaufs scheint bis auf weiteres bei all jenen Patienten indiziert, bei denen ein Gehtraining aus irgendwelchen Gründen nicht möglich ist oder aber als Ergänzung zwischen den täglichen Trainingsphasen.

Diejenigen gymnastischen Zusatzmaßnahmen, die eigentlich selbstverständlicherweise alle Arten von Trainingsbemühungen begleiten, sind stichwortartig zusammengefaßt: Entspannungs- und Dehnübungen für die Muskulatur; Atmungsübungen zur bestmöglichen Erhaltung der Thoraxbeweglichkeit und der Vitalkapazität; eine Haltungs- und Gangschule, um zusätzliche Belastungen und damit einhergehende muskuläre Überlastungen zu vermeiden. Es geht eben nicht nur um eine bestimmte Leistung, sondern ebensosehr um die Pflege des physiologischen, harmonischen Gangbildes. Nur die regelmäßige Wiederholung

wirklicher physiologischer Beanspruchungen wird zum Erfolg führen.
Allgemein ist dem Patienten zu empfehlen, sich entsprechend des individuellen Leistungsstandes sportlich zu betätigen. Im Vordergrund stehen dabei Ausdauersportarten, wie z.B. Radfahren, Schwimmen, Jogging, Wandern, Langlauf und Tischtennis, die regelmäßig ausgeübt werden sollen.

Kohlensäurebäder

Wohl aufgrund der deutlich hyperämisierenden Wirkung auf die Haut zusammen mit den bekannten Annehmlichkeiten des Badens verfügen die Kohlensäurebäder (CO_2-Bäder) in der kurmäßigen Behandlung der AVK über eine gewisse Tradition (18). Sie werden dabei allerdings in Kombination mit anderen physikalischen Maßnahmen verordnet. Man begnügte sich hinsichtlich der Wirksamkeit lange mit Erfahrungsberichten und mit gänzlich unklaren Vorstellungen über den Wirkungsweg; erwähnt werden auch heute noch eine »vegetative Umstimmung« und die Desensibilisierung von überaktiven Rezeptoren, welche die Ursache von Gefäßspasmen seien.
Das im Wasser gelöste CO_2, welches die feuchte Hornschicht gut permeiert (24), wirkt in allererster Linie direkt auf die oberflächlichsten Hautkapillaren, um zumindest in diesen oberflächennahen Hautschichten eine lokale aktive Hyperämie zu erzeugen (19). Wie weit sich die CO_2-Hyperämie in tiefere Hautschichten ausbreitet, ist unbekannt. Ein meßbarer und ansehnlicher Teil des diffundierten CO_2 wird vom Gefäßsystem aufgenommen und über die Lungen wieder abgeatmet (19). Wie groß der tatsächliche pCO_2-Gesamtanstieg im arteriellen Blut und damit in anderen Organen während eines CO_2-Bades ist, wurde nie bestimmt; er ist vermutlich nicht sehr erheblich.

Im Zusammenhang mit der Hauthyperämie drängen sich zwei Fragen auf: Welcher Art sind die Hautstörungen bei AVK und welche positive Auswirkung kann eine Hauthyperämie, zumindest vorstellungsmäßig, haben? Klinisch sind die Hautveränderungen in Form trophischer Störungen, die an den *Morbus Sudeck* erinnern, ganz unterschiedlich stark ausgeprägt und stehen zum Schweregrad der Durchblutungsstörung kaum in Beziehung. Obwohl äußerlich Hautveränderungen gänzlich fehlen können, haben Untersuchungen mit der Laser-Doppler-Flowmetrie stets eine eindeutige Verminderung oder gar einen Verlust der Vasomotion ergeben (22), so daß zumindest eine funktionelle Störung der Regulation der Hautmikrozirkulation bei AVK sicher scheint; ihre Bedeutung bleibt allerdings unklar.
Jede Hauthyperämie beeinträchtigt aus physikalischen Gründen die Muskeldurchblutung. Aufgrund der Parallelschaltung der Lokalkreisläufe der Haut und der tieferen Gewebe führt bei gleichbleibendem Gesamtzustrom zur Extremität prinzipiell jede Mehrdurchblutung im parallel gelegenen Nachbarkreislauf zu einer Minderperfusion (Abbildung 2). Dieser therapeutisch ernstzunehmenden Tatsache ist auch bei allen Wärmebehandlungen Rechnung zu tragen. Es bleibt indessen immer noch die Hoffnung, die Verbesserung der Mikrozirkula-

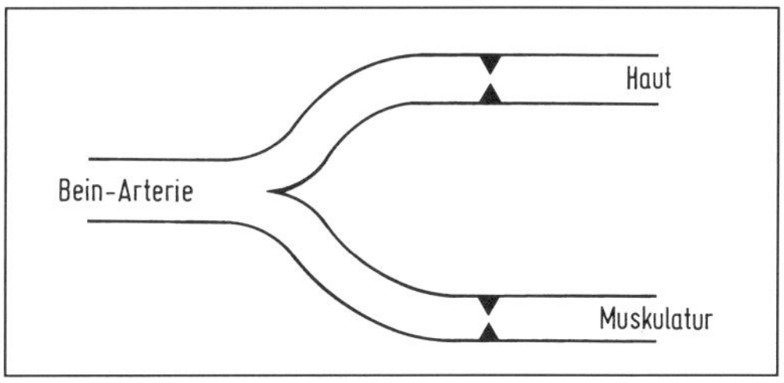

Abbildung 2. Parallelschaltung der Lokalkreisläufe der Haut und der tieferen Gewebe. Bei gleichbleibendem Gesamtzustrom zur Extremität führt jede Mehrdurchblutung im parallel gelegenen Nachbarkreislauf zu einer kollateralen Blutumverteilung und Minderperfusion.

tion löse auf einem allerdings noch unbekannten nervösen Weg in den parallelen, tieferen Lokalkreisläufen ebenfalls eine Verbesserung aus (Abbildung 3); diese Annahme wurde bisher nie bewiesen. Das Überspringen beispielsweise der unter direkter CO_2-Einwirkung angeregten Vasomotion als Ausdruck der erneut in Gang gekommenen Regulation der Mikrozirkulation darf nicht einfach unter Hinweis auf Schlagworte wie »konsensuelle Reaktion« oder »Irradiation« der Funktion angenommen werden. Die funktionelle Verbesserung der Hautmikrozirkulation ist möglicherweise auch fähig, direkt oder indirekt über eine Normalisierung der bereits eingetretenen Hautstörungen die oben erwähnten dysfunktionellen und dystrophischen Reflexkreise im günstigen Sinne zu beeinflussen. Auch wenn solche Möglichkeiten aufgrund der Erfahrungen mit anderen Krankheitsbildern und bei anderen Therapieverfahren durchaus wahrscheinlich sind, so sind sie doch nicht erwiesen, und ihr Stellenwert ist nicht abzuschätzen.

Die hämorheologischen Untersuchungen der letzten Jahre haben noch eine ganz neue Erklärungsmöglichkeit aufgezeigt. Die bei AVK-Patienten gegenüber Gesunden schlechteren Fließeigenschaften des Blutes können durch CO_2-Bäder bis zu einem gewissen Grad normalisiert werden (12). Der Nachweis einer klinischen Bedeutung dieser Tatsache steht noch aus.

Der Einfluß der CO_2-Bäder auf die Vasomotion der oberflächlichsten Hautgefäße und auf die pathologischen rheologischen Bluteigenschaften zeigt, daß sich immer wieder neue, bisher nicht geahnte Erklärungsmöglichkeiten für empirisch bewährte, aber bisher unverstandene Therapiemöglichkeiten entdecken lassen.

Die erbrachten Beweise der Beeinflussung der Vasomotion und der Fließeigenschaften des Blutes sowie die wahrscheinliche Möglichkeit der günstigen Beeinflussung der Haut als Ausgangspunkt von Reflexkreisen berechtigen, den serienmäßigen Applikationen von CO_2-Bädern einen wenn auch untergeordneten, therapeutischen Stellenwert als Ergänzung zum Gehtraining zuzubilligen. Dies gilt natürlich vor allem für jene Patienten, bei welchen die funktionelle Komponente der Durchblutungsverminderung als relevant angenommen werden kann.

Bindegewebsmassage

Es entspricht einer älteren Erfahrung, die durch neuere Befunderhebungen durchaus bestätigt wurde (5), daß sich im Rahmen der AVK sogenannte bindegewebige Zonen in der Subkutis und über den Muskelfaszien entwickeln und palpiert werden können. Besonders häufig werden sie am Beckengürtel, aber auch in der Kreuzregion und entlang des Tractus iliotibialis gefunden. Sie stellen möglicherweise ein Resultat der erläuterten dystroph-dysfunktionellen Reflexkreise dar (4), wobei geringe mechanische oder biochemische Veränderungen in

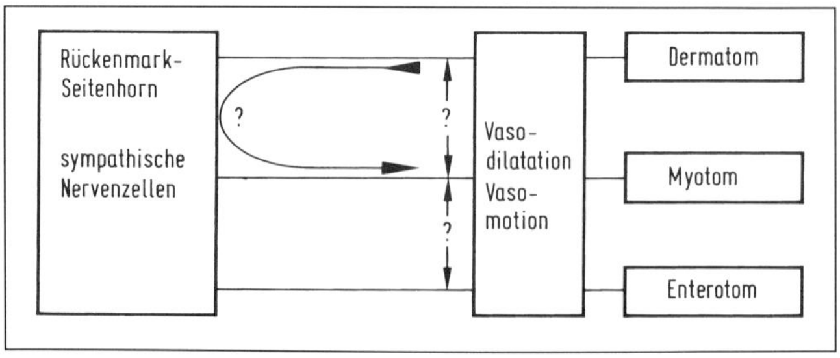

Abbildung 3. Es gibt bis jetzt keine Hinweise, daß sich die CO_2-induzierte Verbesserung der Hautmikrozirkulation durch eine Steuerung sympathischer Nervenzellen im Rückenmark-Seitenhorn auch auf tiefer gelegene Lokalkreisläufe auswirkt.

der Extremitätenmuskulatur oder andere Störherde aufgrund der relativen Hypoxiezustände in den Beinen die Ausgangspunkte sein mögen. Unklar bleibt wiederum, welche Bedeutung diese Zonen für die Schmerzsymptomatik und deren Progredienz haben.
Die sog. Bindegewebsmassage nach *Dicke* ist eine verbreitete Technik, solche bindegewebige Zonen zu behandeln. Man erhofft sich nicht nur eine rein lokal begrenzte Verbesserung der mechanischen Eigenschaften dieser Unterhaut-Faszien-Zonen und damit die Unterbrechung weiterer, aus diesen Zonen herauswachsender Reflexkreise, sondern vor allem die günstige Beeinflussung der dysregulatorischen Komponente. Aus diesem zuletzt genannten Grunde geht die Methode der Bindegewebsmassage nach *Dicke* stets nach einem bestimmten, topographischen »Aufbau« vor, der im gesunden Gewebe beginnt und erfahrungsgemäß gefährdetes, aber noch nicht erfaßtes Gewebe systematisch miteinbezieht. Vor allem früher wurde immer wieder über erstaunliche therapeutische Erfolge bei AVK berichtet, an die wir heute nicht mehr so recht zu glauben vermögen; vielleicht steckt dahinter auch Unkenntnis unsererseits in der Indikationsstellung und mangelndes Können in der Durchführung der Massage. Mit dem Rezeptieren muß bis auf weiteres äußerste Zurückhaltung geübt werden; sie darf wirklich nur dort verordnet werden, wo sich manifeste Zonen palpieren lassen.
Auch die klassische Muskelmassage kann sich nur dann als nutzbringend erweisen, wenn Muskelveränderungen – Verhärtungen, allgemeine Versteifung der Konsistenz – palpiert werden können. Es entspricht einer nicht näher zu belegenden Erfahrung, daß Patienten mit Gefäßerkrankungen zu einer allgemeinen Verkrampfung neigen und häufig »verhärtete« Muskelpartien zeigen. Für die Einsicht ist entscheidend, daß sich Muskelgewebe in seinen mechanischen Eigenschaften – Plastizität, Dehnbarkeit, Verformbarkeit – verändert, wenn es unter hypoxischen Bedingungen zu arbeiten gezwungen wird.

Hydrothermotherapie

Mit der Applikation von Wärme und Kälte an Extremitäten mit arteriellen Gefäßerkrankungen muß vorsichtig und erfahren umgegangen werden. Jede Art der Thermotherapie versucht, die nervöse periphere Thermoregulation anzugehen, um das anatomisch noch mögliche Tonisations-Relaxationsspiel der Arteriolen und noch kleinerer Gefäße zu verbessern und zu trainieren. Die hydrothermotherapeutischen Maßnahmen stellen deshalb klassischerweise eine Reiztherapie dar; kurze und repetierende Kälte- oder Wärmereize aktivieren z.B. in Form der berühmten Güsse und Wechselbäder nach *Kneipp* die Thermorezeptoren der Haut. Solche *Kneipp*schen Anwendungen können vielfach variiert und ergänzt werden; der kurmäßige Beginn ist die Regel, eine Fortsetzung als Eigenbehandlung im Sinne der eigenen Gesundheitsvorsorge ist logisch und zu fordern. Wenn bereits Hautulzerationen vorhanden sind, gelten die Wasseranwendungen natürlich als kontraindiziert.
Die *Kneipp*schen Güsse können als eine fast selbstverständliche Pflegemaßnahme der unteren Extremitäten betrachtet werden, die zu Hause – wenn auch nicht ganz stilrein – täglich selbständig durchgeführt werden können. Die Maßnahmen sind nur dann sinnvoll, wenn sie vom Patienten gewohnheitsmäßig dauernd praktiziert werden. Im strengen Sinn bewiesen wurde die Wirksamkeit dieser Pflegemaßnahmen bei der AVK nie.

Elektrotherapie

Trotz langjähriger Bemühungen um den Einsatz elektrotherapeutischer Verfahren bei der AVK vermochte sich weder eine der

Stromformen besonders zu profilieren, noch gelang die Erarbeitung klarer Vorstellungen über die Wirkungsweise; der Stellenwert der Elektrotherapie bleibt insgesamt gering und umstritten. Die direkte durchblutungsfördernde Wirkung mit irgendeiner der Stromformen kann trotz der grundsätzlichen Möglichkeit zur wirksamen Muskelreizung im Vergleich zur willkürlichen Muskelleistung als bescheiden, in manchen Fällen wohl kaum als nachweisbar eingestuft werden (20). Zur Entwicklung der Hauthyperämie unter den Elektroden muß die oben dargelegte kritische Grundhaltung beibehalten werden; sie vermag sicher nicht als Beweis der Wirksamkeit gelten, im Gegenteil! Die Verordnung einer Elektrotherapie rechtfertigt sich wohl nur dann, wenn in erheblichem Ausmaße feststellbare weichteilrheumatische Befunde im Lumbosakralbereich und den unteren Extremitäten die periphere Durchblutungsstörung begleiten. In solchen Fällen kann die Elektrotherapie die besprochenen, pathogenetisch wirksamen Reflexkreise unterbrechen, indem mehr oder weniger umschriebene, schmerzhafte Gewebeorte bzw. Punkte behandelt werden.

Im Vordergrund der Diskussion steht zur Zeit das Verfahren der transkutanen elektrischen Nervenstimulation *(TENS)*. Batteriebetriebene Reizgeräte vermögen mittels ganz kurzer Stromimpulse an geeigneten Orten über der Haut entweder viele Fasern ganzer Nerven oder eine Konzentration übererregter Schmerzrezeptoren schmerzlos zu reizen. Die von den Reizstellen in kontinuierlicher Folge ausgehenden Erregungswellen vermögen nach einer Theorie von *Melzack* und *Wall* (17) innerhalb des Zentralnervensystems die Transmission der Schmerzen zu dämpfen und damit vorhandene und wirksame dystrophe bzw. dysfunktionelle Reflexkreise zu unterbrechen. Die Behandlung muß über Stunden auch zu Hause fortgesetzt werden. Dieses Verfahren ist sicherlich in dem Maße wirksam wie solche schmerzhaften Gewebeorte palpatorisch gefunden werden können und die davon ausgehenden pathologischen Afferenzströme auch tatsächlich die Einschränkungen der AVK wesentlich mitbedingen. Über entsprechende therapeutische Studien mit randomisierten Patiententengruppen ist denn auch berichtet worden (3).

Über ähnlich gute oder gar noch bessere Resultate bezüglich der Gehstrecke berichten ältere Arbeiten, deren Autoren zur Reizung diadynamische Stromformen nach *Bernard* verwendeten (10, 11, 25). Die diadynamischen Ströme bestehen aus einer niederfrequenten Folge langer (10 ms), sinusförmiger Gleichstromimpulse. Aufgrund der erheblichen Gleichstromwirkung einerseits und diffusen Vorstellungen andererseits wurden immer mehr oder weniger Längsdurchflutungen praktiziert, wobei oft die Kreuzregion miteinbezogen wurde. Die Resultate sind kritisch zu beurteilen; die Verfahren können bei der AVK nicht empfohlen werden.

Bereits um die Jahrhundertwende verordnete man galvanischen Strom in Form von Längsdurchflutungen und Zellenbädern. Man ließ sich sicherlich von der Hauthyperämie im Gebiete der Elektroden täuschen. Dem absteigenden Zellenbad kann eine minimale Muskeltonus senkende und eine die Trophik begünstigende Wirkung zugebilligt werden. Fraglich bleibt, ob sich die Relation von sicherem Aufwand und unsicherem Nutzen lohnt.

Schlußfolgerung

Klare pathogenetische Vorstellungen berechtigen heute zum Einsatz sogenannter passiver physikalischer Maßnahmen als Ergänzung zum Gehtraining. Die Trainingsanstrengungen selbst bedürfen flankierender gymnastischer Übungen wie Atmungs-, Dehn- oder Lockerungsübungen. Die *Ratschow*schen Umlagerungsübungen vermögen möglicherweise ein nicht durchführbares Gehtraining teilweise zu ersetzen. Serienmäßig angewendete CO_2-Bäder schaffen zusätzlich günstige Trainingsbedingungen, indem sie die Vasomotion der oberflächlichsten Hautgefäße anregen und die pathologisch veränderten Fließeigenschaften des Blutes normalisieren. Massagetechniken sind immer dann indiziert, wenn palpable Weichteilbefunde vorliegen; die erhofften Verbesserungen sind engmaschig zu überprüfen. Die Hydrothermotherapie als Reiztherapie benutzt die thermoregulatorisch wirksamen Reflexe, um das Relaxation-Tonisationsspiel der Gefäße zu trainieren, und gehören zu den Pflegemaßnahmen, die der Patient täglich selbständig durchzuführen hat. Beim Vorhandensein von sog. Schmerzpunkten kann eine transkutane elektrische Nervenstimulation als analgetische Begleitmaßnahme versucht werden.

Literatur

1 Beutel G, Sobanski R (1985) Ergebnisse der komplexen Kurorttherapie bei peripherer Verschlußkrankheit im Stadium II. Z Physiother 37:309–311

2 Boyd CE, Bird PJ, Teates CD, Wellons HA, McDougall MA, Wolfe LA (1984) Pain free physical training in intermittent claudication. J Sports Med 24:112–122

3 Bühring M, Sayegh A, Blumenthal E, Klöckner M, Saller R (1984) Elektrotherapie bei Patienten mit Claudicatio intermittens. Z Phys Med Baln Med Klim 13:8–9

4 Bühring M (1983) Theoretische Grundlagen der Bindegewebsmassage. Z Krankengymn 5:263–270

5 Bühring M, Saller R, Sayegh A, Herdt P, Blumenthal E (1984) »Bindegewebige« Zonen bei Patienten mit Claudicatio intermittens. Z Phys Med Baln Med Klim 13:10–11

6 Cachovan M, de Marees H, Kunitsch G (1976) Einfluß von Intervalltraining auf die Leistungsfähigkeit und periphere Durchblutung bei Patienten mit Claudicatio intermittens. Z Kardiol 65:54–67

7 Clifford PD, Davies PW, Hayne JA, Baird RN (1980) Intermittent claudication: Is a supervised exercise class worth while? Brit Med J 9:1503–1505

8 Dahllöf A, Björntorp P, Holm J, Schersten A (1974) Metabolic activity of skeletal muscle in patients with peripheral arterial insufficiency: Effect of physical training. Eur J Clin Invest 4:9–15

9 Dittmar K (1975) Ergebnisse bei der physikalischen Therapie peripherer arterieller Durchblutungsstörungen V. MMW 117: 447–452

10 Edel H (1983) Fibel der Elektrodiagnostik und Elektrotherapie. Müller und Steinicke, München

11 Edel H, Liebscher K (1976) Elektrotherapie chronischer arterieller Verschlußkrankheiten. Z Physiother 28:283–288

12 Ernst E, Roloff Ch, Magyarosy I, Drexel H (1984) Hämorheologische Immediat- und Langzeiteffekte des CO_2-Bades bei arterieller Verschlußkrankheit Stadium II. Z Phys Med Baln Med Klim 13:157–162

13 Kern H, Trnavsky G, Jantsch H (1983) Physikalische Therapie arterieller Durchblutungsstörungen. MMW 125:105–107

14 Krause D (1978) Physikalische Therapie peripherer arterieller Durchblutungsstörungen im Stadium II nach Fontaine. Ther d Gegenw 117:1738–1758

15 Krüger H (1979) Vergleichende Untersuchung des therapeutischen Effekts von CO_2-Gasbädern und krankengymnastischer Übungsbehandlung bei der Claudicatio intermittens. Dissertation FU Berlin

16 Maas U, Cachovan M, Alexander K (1982) Einfluß eines kontrollierten Intervalltrainings auf Gehstrecke, Hämodynamik und Ventilation bei Patienten mit Claudicatio intermittens. VASA 11:91–96

17 Melzack R, Wall PD (1965) Pain mechanism. A new theory. Science 150:971–979

18 Mensen H (1986) Kneipptherapie peripherer arterieller und venöser Durchblutungsstörungen. In: Brüggemann W (ed) Kneipptherapie. Springer, Berlin Heidelberg New York Tokyo

19 Pratzel H (1984) Aufnahme, Abgabe und Stoffwechsel von CO_2 beim Kohlensäurebad. Z Phys Med Baln Med Klim 13:25–32

20 Saller R, Bühring M, Alles G, Jahn D, Pirlet K (1982) Durchblutungsmessungen und klini-

sche Pilotstudie zur Therapie der arteriellen Verschlußkrankheit mit galvanischem Strom. Z Phys Med Baln Med Klim 11:46–47
21 Schlüssel H (1965) Konservative Behandlung chronischer Beinarterienverschlüsse. MMW 107:1772–1775
22 Schnizer W, Erdl R Studie zu den Wirkungsmechanismen von Kohlensäurebädern. Objektivierung der Effekte von künstlichen und natürlichen CO_2-Wässern auf die Mikrozirkulation der Haut mit der Laser-Doppler Flowmetrie. (unveröffentlicht).
23 Schoop W, Cappius G (1975) Möglichkeiten und Grenzen einer stationären Trainingsbehandlung von 4–6 Wochen. Akt Probl Angiol 30:109–113
24 Tolle U, Dirnagl K, Drexel H (1966) Zur Frage der biologisch wirksamen Grenzkonzentrationen in Kohlensäuregasbädern. Arch Phys Ther 18:215–219
25 Winterfeld HJ, Siewert H, Strangfeld D, Schmidt HD (1983) Erfahrungen mit dem Einsatz der Physiotherapie bei peripheren arteriellen Durchblutungsstörungen der unteren Extremitäten (Stadium I und IIa) unter ambulanten Bedingungen. Z Ges Inn Med 7:221–225

Anschrift der Verfasser:
Prof. Dr. E. Senn
Dr. P. Schöps
Klinik für Physikalische Medizin
Klinikum Großhadern
Marchioninistraße 15
D-8000 München 70

Prävention der peripheren arteriellen Verschlußkrankheit

C. Diehm
Medizinische Universitätsklinik Heidelberg

Die Morbidität an peripheren arteriellen Durchblutungsstörungen hat wie jene an Herzinfarkten in den letzten Jahren stetig zugenommen. Ursachen dafür mögen zum einen sein, daß die durchschnittliche Lebenserwartung der Gesamtbevölkerung stark angestiegen ist, zum anderen werden immer jüngere Patienten von Gefäßerkrankungen betroffen.
Die Claudicatio intermittens als häufigste Manifestationsform der peripheren arteriellen Verschlußkrankheit (AVK), ist weit häufiger als allgemein angenommen wird. Im Alter zwischen 55 und 64 Jahren kann die Prävalenz der Erkrankungen sogar bis zu 10% betragen, wie eine großangelegte Studie von *Widmer* an 2630 scheinbar gesunden Männern der chemischen Industrie ergab.

Die Prognose dieser Patienten ist schlecht: Jeder fünfte verschlußkranke Patient verstirbt innerhalb der nächsten fünf Jahre. Die allgemeine Lebenserwartung ist bei Patienten mit AVK um zehn Jahre vermindert. Die Letalität ist doppelt so hoch wie in der Gesamtbevölkerung. Bei Männern über 60 Jahre sogar um den Faktor 4 über dem zu erwartenden Wert. 75% aller Patienten mit AVK versterben an den Folgen kardiovaskulärer Erkrankungen.

In der Bundesrepublik Deutschland werden ca. 25000 bis 30000 Extremitäten pro Jahr wegen arterieller Durchblutungsstörungen amputiert. Die Letalität einer Oberschenkelamputation bei einem älteren polymorbiden Patienten liegt bei 30%. Sechs Monate nach der Amputation leben nur noch weniger als 50% dieser amputierten Patienten. Diese epidemiologischen Daten mahnen eindrücklich zu effektiven prophylaktischen Maßnahmen.

Allgemeine Maßnahmen

Ausschaltung der Risikofaktoren

Die Reduktion bzw. Ausschaltung vaskulärer Risikofaktoren stellt die Basis der primären und sekundären Prävention kardiovaskulärer Erkrankungen dar. Das Risikofaktorenkonzept für das Auftreten und die Progression arteriosklerotischer Gefäßerkrankungen ist heute unumstritten. Obgleich die Anzahl der epidemiologischen Untersuchungen über den Einfluß der Risikofaktoren auf das koronare Gefäßsystem bei weitem dominiert, befassen sich auch zahlreiche Studien mit dem Risikofaktorenprofil der peripheren arteriellen Verschlußkrankheit (AVK) (5, 13, 21). Es hat sich gezeigt, daß die Relevanz der Risikofaktoren für die einzelnen Gefäßprovinzen unterschiedlich ist (5, 13). Während für die koronare Herzkrankheit die Hyperlipidämie im Vordergrund steht, befindet sich der Nikotinabusus bei der AVK an erster Stelle (Tabelle I) (3, 12).

Tabelle I. Relevanz der Risikofaktoren für die Arteriosklerose unterschiedlicher Gefäßbezirke.

	Koronare Herzkrankheit	Zerebrale Durchblutungs-störungen	Periphere arterielle Verschluß-krankheit
Hypertonie	+++	+++	+
Hyperlipoproteinämie	+++	++	+++
Nikotinabusus	+++	++	+++
Diabetes mellitus	+	+	++

Rauchen

Bei Patienten mit AVK beobachtet man im Vergleich zur Normalbevölkerung einen höheren Anteil an Zigarettenrauchern. Wie die Framingham-Studie zeigte, besteht zwischen Zigarettenkonsum und AVK eine noch engere Korrelation als zwischen Zigarettenrauchen und koronarer Herzkrankheit. Es gilt als weitgehend gesichert, daß Zigarettenrauchen der wichtigste Risikofaktor für die Entstehung peripherer arterieller Gefäßverschlüsse ist. Nicht umsonst wird die Erkrankung vom Volksmund als »Raucherbein« bezeichnet. Bereits 1911 fand der Heidelberger Internist *Erb* unter seinen Claudicatio-intermittens-Patienten dreimal häufiger Raucher und fünfmal häufiger »enorme« Raucher. Diese Befunde wurden in den 60er Jahren von *Widmer* und weiteren Arbeitsgruppen bestätigt (21). Die Framingham-Studie zeigte bei starken Rauchern (mehr als 20 Zigaretten pro Tag) eine vierfache Häufung einer AVK.
Im Gegensatz zum Zigarettenrauchen spielen Zigarren- und Pfeifenrauchen nur eine untergeordnete Rolle. Wenn allerdings frühere Zigarettenraucher auf Pfeifen- oder Zigarrenrauchen umsteigen, gleicht sich das koronare Risiko an. Dies konnte zumindest für die Sekundärprävention nach durchgemachtem Herzinfarkt nachgewiesen werden. Filterzigaretten und sogenannte leichte Zigaretten reduzieren zwar das Risiko für chronische Bronchitis oder Bronchialkarzinom, haben aber keinen Einfluß auf das Risiko kardiovaskulärer Erkrankungen.
Die Mechanismen, die bei Rauchern zu einer Arterioskleroseentstehung führen, sind heute noch nicht vollständig bekannt. Im Vordergrund dürften Veränderungen des Lipoproteinstoffwechsels stehen. Verglichen mit einer Nichtrauchergruppe zeigte sich unmittelbar nach Zigarettenrauchinhalation eine Stimulation der intravaskulären lipolytischen Aktivität. Diese Aktivierung hat eine beschleunigte Umwandlung von VLDL- in die atherogene LDL-Cholesterinfraktion zur Folge. Gleichzeitig wurden ein Absinken der als antiatherogen betrachteten HDL-Cholesterinfraktion im Plasma beobachtet (1). Nikotin führt zudem zu einer sympathischen peripheren Gefäßtonussteigerung, die u.a. eine Blutdruckerhöhung zur Folge hat. Raucher weisen darüber hinaus höhere Carboxyhämoglobinspiegel auf. Bis zu 15% des Hämoglobins können bei Rauchern durch CO-Hämoglobin für den Sauerstoffaustausch blockiert sein.
Leider sind die Erfolgsziffern der Nikotinentwöhnung kläglich. Großangelegte Raucherentwöhnungsprogramme in der Bundesrepublik über fünf Jahre zeigten, daß nur 22% der Probanden Nichtraucher wurden und es auch nach fünf Jahren blieben. 21% der Probanden waren völlig therapieresistent und rauchten weiter, bei einem Rest kam es zu einem Teilerfolg.

In der sekundären Prävention arteriosklerotischer Gefäßerkrankungen sehen die Zahlen etwas günstiger aus. So rauchen beispielsweise drei Monate nach einem akuten Herzinfarkt nur noch 50% der Patienten. Besser scheinen auch Patienten nach Gefäßoperationen motivierbar zu sein. Dies ist deshalb so wichtig, weil Rezidivverschlüsse nach einer rekonstruierenden Operation der Beckenarterien bei Rauchern doppelt so häufig auftreten wie bei Nichtrauchern.
Patienten mit AVK lassen sich nur sehr schwer vom Nikotin entwöhnen. Die Ergebnisse einer britischen und eigener Untersuchungen zeigen, daß nur etwa 20% aller Patienten mit AVK erfolgreich entwöhnt werden können. Dies ist allerdings nur dann möglich, wenn im Rahmen einer intensiven Verhaltungstherapie neben der psychologischen Beratung auch noch Hilfsmittel, wie Nikotinkaugummis (z.B. Nicorette®), eingesetzt werden. Das Beispiel der Nikotinentwöhnung zeigt auch, daß zur erfolgreichen Risikofaktoren-Ausschaltung eine umfassende Verhaltenstherapie erforderlich ist. Es genügt nicht, dem Patienten pauschal die Gefahrenmomente dieser Faktoren zu erklären ohne ihm weitere Hilfen an die Hand zu geben.

In der Folge sollen nur einige allgemeine Ratschläge zur Einstellung des Rauchens vorgestellt werden:
Ärzte und Primärtherapeuten müssen mit gutem Beispiel vorangehen.
Wichtig ist die Einbeziehung der Ehefrau und der Familie.
Es muß darauf hingewiesen werden, daß eine Behandlung des Gefäßpatienten nur bei Nichtrauchern erfolgreich erscheint. Rauchen macht die meisten therapeutischen Bemühungen zunichte.
Merkblätter, Broschüren und audiovisuelle Hilfsmittel sind wertvoll. Nikotinkaugummis als vorübergehende Hilfe haben sich in der primären und sekundären Prävention bewährt.
Patienten müssen darauf hingewiesen werden, daß Zigarren- und Pfeifenraucher ein gleichhohes Risiko wie Zigarettenraucher haben, sofern sie früher Zigaretten geraucht haben (16).
Zigaretten mit niedrigem Teer- und Nikotingehalt sind potentiell genauso gefährlich, da nach dem Umsteigen auf diese Zigaretten die Anzahl der gerauchten Zigaretten ansteigt.
Zur Rückfallprophylaxe ist die Langzeitbeobachtung des Patienten erforderlich. Wichtig ist es, das Risiko des Rauchens auch nur nach einer einzigen Zigarette mit allem Nachdruck zu betonen. Umstände, die die Wiederaufnahme des Rauchens fördern könnten, müssen vermieden werden, besonders in der schwierigen Abstinenzfrühphase.
Die möglichen Nebenwirkungen einer Tabakabstinenz, wie Gewichtszunahme, Entwicklung von Depressionen oder Reizbarkeit, lassen sich durch sorgfältige Beratung meist vermeiden.
Die Compliance der Patienten bei der Entwöhnung läßt sich relativ einfach mit den Laborparametern CO-Hb und Thiocyanat überprüfen. CO-Hb-Werte ab 2% sprechen eindeutig für Zigarettenrauchen. Die Halbwertszeit von CO-Hb beträgt ca. vier Stunden , d.h. bei Einstellung des Nikotinabusus kommt es sehr schnell zu einem Absinken der CO-Hb-Konzentration. Man sollte nicht zögern, den Patienten mitzuteilen, daß sie diesbezüglich regelmäßig überprüft werden.

Hypertonie

Die arterielle Hypertonie ist der wichtigste Risikofaktor für die Arteriosklerose der Hirngefäße. Aber auch für das Schicksal der Patienten mit AVK spielt der Blutdruck eine entscheidende Rolle. Amerikanische Prävalenzstudien sowie weitere Untersuchungen in Deutschland und der Schweiz zeigten, daß die Hypertonie bei Verschlußkranken zwei- bis dreimal häufiger zu beobachten ist als bei Gefäßgesunden (Tabelle II) (21).

Zwischen dem erhöhten Blutdruck und Arteriosklerose besteht ein doppelter Zusammenhang: Einerseits spielt der Bluthochdruck im pathogenetischen Ablauf der Gefäßverkalkung eine wichtige Rolle, ohne daß die Mechanismen genau geklärt sind. Andererseits akzentuieren arteriosklerotisch veränderte Arterien bestimmter Gefäßprovinzen (Aorta, Niere) die Hypertonie.

Der Hochdruck ist nicht nur ein Risikofaktor zerebraler, koronarer oder peripherer Verschlüsse, sondern bedingt auch weitere Gefäßkomplikationen (z.B. Aortenaneurysmen).

Bei Patienten mit AVK liegt in ca. 60% eine arterielle Hypertonie vor. In der Langzeitbehandlung der Hypertonie bei diesen Patienten haben sich insbesondere Kalziumantagonisten und ACE-Hemmer (Captopril und Enalapril) sowie Alpharezeptorenblokker bewährt. Betarezeptorenblocker gelten heute bei Patienten mit Claudicatio intermittens, der häufigsten Manifestationsform der AVK, nicht mehr als kontraindiziert. Lediglich im Stadium III und IV ist Vorsicht geboten, da in diesen fortgeschrittenen Stadien die Ruhedurchblutung bereits vermindert ist. Mit Diuretika ist Vorsicht

Tabelle II. Risikofaktorenverteilung und Hyperlipoproteinämie bei AVK-Patienten (n = 151) und Kontrollpersonen (n = 156). AVK peripher-arterielle Verschlußkrankheit (aus 5).

	AVK (%)	Kontrolle (%)
Zigarettenrauchen	76	30,92
Hypertonie	47,6	27,6
Diabetes mellitus	19,3	21,7
Adipositas	25,7	26,9
Hyperurikämie	23,8	21,43
Hyperlipoproteinämie		
Typ II a	30,9	43,5
II b	4,0	2,6
IV	56,4	45,4

geboten, da sie in der Regel zumindest initial die Hämokonzentration erhöhen und somit thromboembolischen Komplikationen Vorschub leisten können.

Bei Patienten mit einer AVK sollten erhöhte Blutdruckwerte langsam gesenkt werden. Beim Einsatz der zuvor erwähnten Substanzgruppen sinkt in der Regel trotz Abfall des Systemdrucks der poststenotische Druck nicht wesentlich ab und nur ganz selten kommt es zu einer Verschlechterung der schmerzfreien Wegstrecke bei den antihypertensiv behandelten Patienten.

Hyperlipoproteinämie

Untersuchungen über die Inzidenz und Signifikanz von Fettstoffwechselstörungen bei Patienten mit AVK haben gezeigt, daß Hyperlipoproteinämien ein häufiges, wenn auch nicht absolut pathognomonisches Merkmal dieser Erkrankung sind. Je nach Zusammensetzung des Patientengutes und der Methodik variieren die Angaben über die Koinzidenz von Fettstoffwechselstörungen und peripheren arteriellen Durchblutungsstörungen in der Literatur. Die Situation scheint bei der AVK nicht so eindrucksvoll belegt zu sein, wie es bei der der KHK der Fall ist. In der Pathogenese der KHK wird die Bedeutung der Lipoproteinfraktionen durch zahlreiche epidemiologische Studien belegt. In mehreren Studien wurde eine negative Korrelation zwischen dem HDL-Cholesterin und der KHK sowie eine positive Korrelation zwischen dem LDL-Cholesterin und KHK festgestellt. Neuere Untersuchungen haben gezeigt, daß auch die Apoprotein-A1-Fraktion ein wichtiger Marker für die Entstehung einer KHK ist. Für die Bedeutung der Serumlipide bei der Pathogenese der arteriellen Verschlußkrankheit der Beine liegen vergleichbar eindeutige Befunde nicht vor. Nach eigenen Untersuchungen besteht im statistischen Vergleich des HDL-Cholesterins, unabhängig vom Vorliegen einer Fettstoffwechselstörung, kein signifikanter Unterschied zwischen Patienten mit AVK und Kontrollpersonen (Abbildung 1). Auch das LDL-Cholesterin scheint als Risikofaktor der AVK keine wesentliche Rolle im Vergleich zur koronaren Herzkrankheit zu spielen. Noch ungeklärt ist die Bedeutung der Hypertriglyzeridämie. Höhere TG-Plasmaspiegel bei AVK-Patienten sind vermutlich Ausdruck eines bestimmten Lebens- und Ernährungsverhaltens dieser Patienten (Abbildung 2) (5, 21).

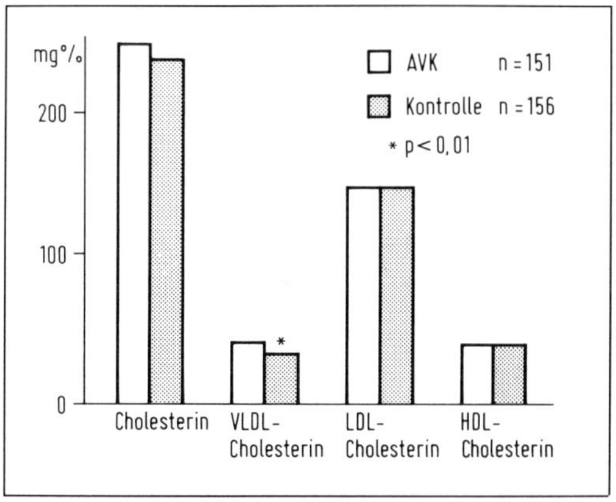

Abbildung 1. Gesamtcholesterin und Lipoprotein-Cholesterin-Fraktionen bei Patienten mit AVK und bei Normalpersonen (Mittelwerte).

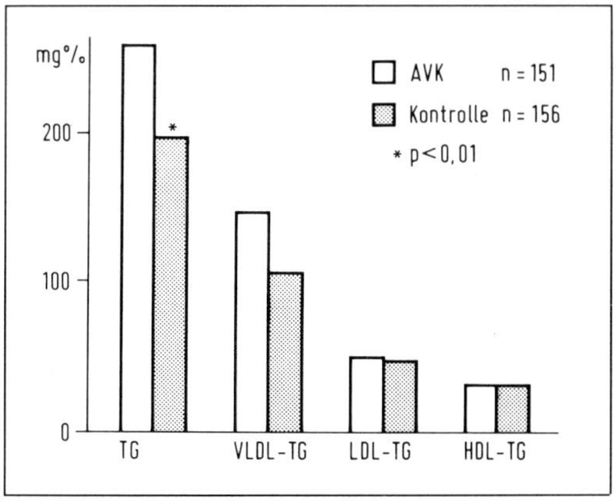

Abbildung 2. Triglyzeride und Lipoprotein-Unterfraktionen bei Patienten (mit AVK) und bei Normalpersonen (Mittelwerte).

Aufschlußreich ist eine Regressionsstudie von *Duffield* zu dieser Problematik: Er konnte durch angiographische Vergleichsuntersuchungen bei Patienten mit Claudicatio intermittens zeigen, daß diätetische und medikamentöse Maßnahmen die Progression der Arteriosklerose im femoropoplitealen Bereich aufgehalten haben. Bei dieser Interventionsstudie wurden das Cholesterin um 25%, das LDL-Cholesterin um 28% sowie die Triglyzeride um 45% gesenkt, bei unbehandelten Patienten kam es

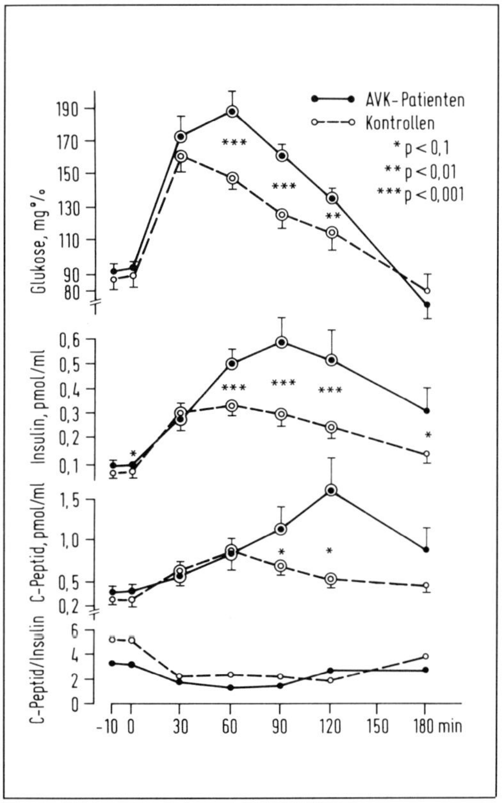

Abbildung 3. Oraler Glukosetoleranztest bei 12 normalgewichtigen Claudicatio-intermittens-Patienten und 12 normalgewichtigen Kontrollpatienten.

- * quantitative Signifikanz zwischen den beiden jeweiligen Kurvenpunkten,
- o quantitative Signifikanz zwischen Kurvenpunkten und entsprechendem Ausgangswert.

dagegen zu keiner Änderung des Lipidprofils (6).

Diabetes mellitus

Zahlreiche epidemiologische und klinische Untersuchungen zeigen, daß Diabetiker häufiger an peripheren arteriellen Durchblutungsstörungen erkranken als Nichtdiabetiker. Vieles deutet darauf hin, daß nicht nur der manifeste Diabetes mellitus, sondern bereits eine gestörte Glukosetoleranz unabhängige Risikofaktoren für die Entstehung arteriosklerotischer Gefäßerkrankungen sind. Mehrere Untersuchungen belegen, daß Patienten mit AVK einen veränderten Kohlenhydratmetabolismus aufweisen.

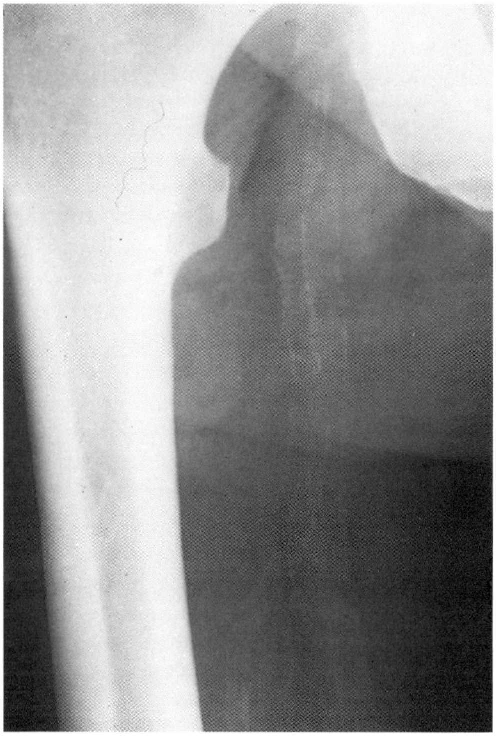

Abbildung 4. Ausgeprägte Mediasklerose der Oberschenkelarterien bei Patienten mit Diabetes mellitus und Hyperurikämie.

Bei diesen Patienten konnte eine gestörte Glukosetoleranz sowie eine erhöhte Insulinantwort auf eine orale Glukosebelastung nachgewiesen werden (5).
Beim Vergleich von AVK-Patienten mit Kontrollpersonen wiesen Patienten mit peripheren Durchblutungsstörungen eine gestörte Glukosetoleranz unabhängig von Körpergewicht und Applikationsart (oral/intravenös) auf (Abbildung 3).

Hyperurikämie

Bislang ist es nicht gelungen, eine klare Korrelation zwischen Hyperurikämie und der Prävalenz der AVK zu dokumentieren. Klinisch-empirisch wird die Hyperurikämie aber immer wieder mit der Entstehung von Unterschenkelarterienverschlüssen in Verbindung gebracht. Darüber hinaus gibt es starke Hinweise dafür, daß die Hyperurikämie zu einer Mediakalzinose (*Mönckeberg*sche Mediasklerose) führt (Abbildung 4). Diese Form der Sklerose hat allerdings überhaupt nichts zu tun mit der lumeneinengenden Arteriosklerose. Es handelt sich dabei um gänsegurgelartige Einlagerungen von Kalkspangen in die Media.

Bewegungsmangel

Körperliche Inaktivität in Beruf und Freizeit stellt einen selbständigen kardiovaskulären Risikofaktor dar. Dies gilt insbesondere für die Inzidenz einer KHK. Obwohl beweisfähige epidemiologische Studien über diese Problematik fehlen, muß man davon ausgehen, daß ähnliches auch für die Entstehung einer AVK gilt. Bekräftigt wird diese Annahme aus dem Umkehrschluß, wonach Gehtraining die älteste und bewährteste Behandlungsform und sekundär-präventive Maßnahme ist. Neben einer indirekten Beeinflussung über eine Verminderung der Risikofaktoren existieren zahlreiche Hypothesen über die pathogeneti-

schen Mechanismen der aktiven Bewegungsbehandlung.
So wird eine verbesserte Gehtechnik durch Schulung der motorischen Hauptbeanspruchungsformen Flexibilität und Koordination diskutiert. Skandinavische Studien zeigten eine Steigerung der metabolischen Kapazität des trainierten Skelettmuskels gegenüber dem untrainierten bei Patienten mit und ohne AVK. Durch eine erhöhte Aktivität oxidativer Enzyme im Muskel wird die Energiebereitstellung verbessert. Auch eine erhöhte Sauerstoffutilisation nach Gehtraining wird heute als erwiesen angesehen. Sauerstoffpartialdruckmessungen im femoral-arteriellen und -venösen Blut haben gezeigt, daß Training zu einer erhöhten Sauerstoffextraktion aus dem Blut und damit zu einem gesteigerten Sauerstoffangebot im Muskel führt. Eine Blutumverteilung zugunsten von minder-durchbluteten Arealen und eine verbesserte Kapillarisierung nach Training dürfte ebenfalls eine wichtige Rolle spielen. Darüber hinaus ließen sich günstige Effekte auf das Blutfließverhalten bei AVK-Patienten durch Ausdauertraining erzielen. Ein tägliches intermittierendes Training induzierte positive hämorheologische Veränderungen: Abnahme der Vollblutviskosität und Erythrozytenaggregation sowie Steigerung der Erythrozytenverformbarkeit (5).
Nicht zuletzt wird eine psychologisch bedingte Zunahme der schmerzfreien Gehstrecke durch Zunahme der Schmerztoleranz diskutiert.

Koinzidenz der koronaren und peripher-arteriellen Verschlußkrankheit

Die großen Feldstudien der letzten Jahrzehnte in Framingham und Basel lieferten epidemiologische Erkenntnisse über die Inzidenz (= Anzahl neuer Erkrankungsfälle pro Zeiteinheit) der koronaren Herzkrankheit als führendem Mortalitätsfaktor der Industrienationen sowie zerebrovaskulärer und peripher-arterieller Gefäßerkrankungen (13, 21). Die daraus entstandenen Hypothesen über die Ursache-Wirkung-Beziehungen zwischen (nicht)beeinflußbaren Risikofaktoren und -indikatoren und der Manifestation kardiovaskulärer Erkrankungen wurden später in therapeutischen Interventionsstudien, z.B. MRFIT, Veterans Administration Cooperative Study, Hypertension Detection und Follow-up Program, bestätigt. Die Bestimmung der Prävalenz (= Häufigkeit einer Erkrankung zum Zeitpunkt der Untersuchung) erlaubt Rückschlüsse auf das Vorliegen von Erkrankungen in bestimmten disponierten oder selektionierten Bevölkerungs- oder Patientengruppen.
Prävalenz wie auch Inzidenz sind nicht nur von Alter, Geschlecht, sozialem Umfeld und der geographischen Lage abhängig, sondern werden entscheidend von der Zuverlässigkeit der gewählten diagnostischen Kriterien bestimmt. Dies wiederum führt zu einer erheblichen Variabilität der in der Literatur mitgeteilten Prävalenz- bzw. Inzidenzdaten. Zusätzlich wird die Objektivierung pathologisch-morphologischer Gefäßveränderungen durch die Tatsache erschwert, daß Durchblutungsstörungen von Herz, Hirn und Extremitäten durch das Auftreten stummer Ischämien oder ausreichenden Kollateralfluß lange Zeit keine subjektiven Beschwerden machen können. Das verdeutlicht eine Studie, in der nur bei 30% der Patienten mit AVK das Leitsymptom, die Claudicatio intermittens, nachgewiesen werden konnte. Dagegen war umgekehrt bei Patienten mit Claudicatio intermittens wiederum nur in 54% eine AVK zu diagnostizieren (4).
Aus den Ergebnissen der Framingham-Studie ist bekannt, daß Patienten mit Claudicatio intermittens ein zweifach erhöhtes Mortalitätsrisiko gegenüber Vergleichspersonen haben, und daß 75% davon an kardiovaskulären Erkrankungen sterben. Insgesamt ist die Lebenserwartung von Patienten mit arterieller Verschlußkrankheit der

Beine um zehn Jahre erniedrigt. Weitere Erkenntnisse über Überlebensdaten stammen aus Kontrolluntersuchungen nach chirurgischen Gefäßrekonstruktionen. So beträgt die Lebenserwartung nach 5 Jahren 70–80%, nach 10 Jahren 40% und nach 15 Jahren 26%. Diese Daten beweisen, daß eine Kombination von koronaren und peripheren (auch zerebrovaskulären) Gefäßverschlüssen nicht obligat ist, im gegebenen Fall jedoch einen symptomatischen Risikofaktor mit klaren therapeutischen Konsequenzen darstellt. In einigen gefäßchirurgischen Zentren der USA erfolgen z.B. routinemäßig vor rekonstruktiven Maßnahmen an den Extremitätenarterien thalliumszintigraphische oder koronarangiographische Screeninguntersuchungen, um das peri- bzw. postoperative kardiale Mortalitätsrisiko zu senken.

Die Kenntnis dieser Zusammenhänge bei Patienten, welche sich mit Angina pectoris bzw. Claudicatio, d.h. symptomatischen koronaren oder peripheren Durchblutungsstörungen vorstellen, ist daher heute sowohl für den Hausarzt als auch den Spezialisten kardiovaskulärer Erkrankungen wichtig. Da er verantwortlich für das weitere diagnostische Vorgehen und die therapeutischen Konsequenzen ist, dienen Prävalenzdaten zur Einschätzung der Wahrscheinlichkeit konkomitanter Gefäßerkrankungen. In den Industrienationen liegt die Prävalenz der koronaren Herzkrankheit bei Männern im Alter vom 40–60 Jahren zwischen 5–10% *(15)*. Die Prävalenz der arteriellen Verschlußkrankheit der Beine ist bei epidemiologischen Untersuchungen an Normalpopulationen mit 1–2% beziffert worden (17). Nach eigenen Untersuchungen an Patienten mit KHK bzw. AVK ist das gemeinsame Auftreten beider Erkrankungen von dem klinisch führenden Symptom abhängig (15). Danach ist bei 20% der Patienten mit Angina pectoris mit einer AVK der Beine zu rechnen, die jedoch aufgrund der kardial eingeschränkten Belastungsfähigkeit zumeist asymptomatisch ist. Patienten mit arteriellen Durchblutungsstörungen der unteren Extremitäten im Stadium der Belastungsinsuffizienz (Claudicatio intermittens) weisen dagegen in 50% der Fälle eine relevante KHK auf. Ein Zusammenhang mit dem Schweregrad der einzelnen Erkrankungen besteht offensichtlich nicht.

Neben der Ausschaltung der Risikofaktoren spielen *allgemein präventive Maßnahmen* eine wichtige Rolle. Liegt eine AVK vor, muß der Patient über einige Verhaltensregeln informiert werden, die trivial klingen mögen, aber in der einschlägigen Literatur einfach zu kurz kommen.

Viele Beine müssen z.B. wegen unsachgemäßer Fußpflege amputiert werden. So führt z.B. eine Verletzung bei der Pediküre plötzlich einen Patienten vom Stadium II in ein sog. kompliziertes Stadium II über und oft resultieren daraus bleibende Nekrosen, also ein echtes Stadium IV.

Wer denkt schon im Stadium IV neben der Kausalbehandlung an eine dringend erforderliche Tetanus-Immunisierung!

Ein großes Problem in der Praxis ist der »diabetische Fuß«. Das Risiko, eine Fuß-

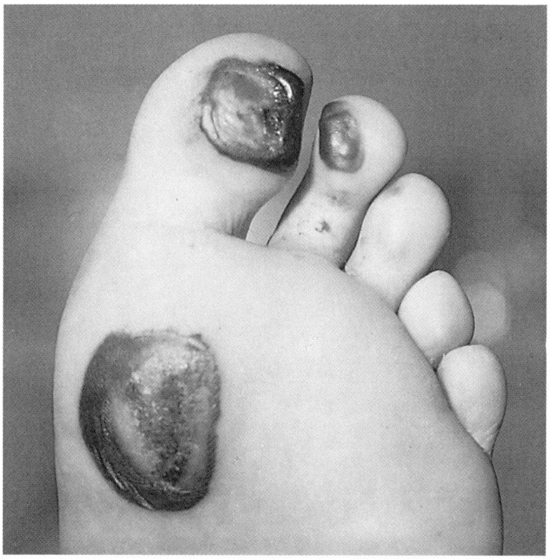

Abbildung 5. Verbrennung durch Wärmflasche bei einem Patienten mit AVK und Diabetes mellitus.

gangrän zu bekommen, ist bei Diabetikern mehr als 50fach höher als bei Nichtdiabetikern. Bei jedem zehnten Diabetiker kommt es zu einer diabetischen Gangrän. Diese Gangrän ist die Folge einer makro- und mikroangiopathischen Ischämie, Neuropathie und Infektion.
Infolge der Hyp- und Anästhesie im Fußbereich nehmen Patienten Verletzungen oft wochenlang nicht wahr. Oft treten Druckulzera durch zu enge Schuhe auf (insbesondere wenn gleichzeitig ein Hallux valgus vorliegt). Verbrennungen durch Wärmflaschen sind häufig (Abbildung 5). Infektionen verlaufen beim Diabetiker oft foudroyant. Eine häufige Komplikation sind osteomyelitische Herde. Eine trockene dystrophische Haut infolge einer verminderten Schweißsekretion bei Befall vegetativ sympathischer Nervenfasern begünstigt Infektionen. Beim Vorliegen dieser Komplikationen haben sich in der akuten Phase der Behandlung Spezialschuhe aus styroporähnlichem Material bewährt (Abbildung 6).
Eine besondere Erscheinungsform des diabetischen Fußes ist das *Malum pedis perforans*. Es entsteht durch Druckstellen (meist durch unsachgemäßes Schuhwerk). Unter ausgeprägten Hornschwielen kann das Gewebe einschmelzen (Abbildung 7).

Allgemeine Ratschläge für die Prävention von Nekrosen bei AVK und bei diabetischer Mikrozirkulationsstörung:

Inspizieren Sie die Füße Ihrer Patienten sorgfältig, achten Sie auf gerötete Stellen, Blasen und Schwielen! Betrachten Sie auch die Fußsohlen und insbesondere die Zehenzwischenräume!
Füße müssen sorgsam gepflegt werden. Nach dem Waschen sorgfältiges Abtrocknen, insbesondere in den Zehenzwischenräumen.
Das Bade- und Waschwasser soll nicht zu heiß sein.
Zum Waschen sind milde Seifen erforderlich, da sonst die Haut zu stark gereizt wird und austrocknet.

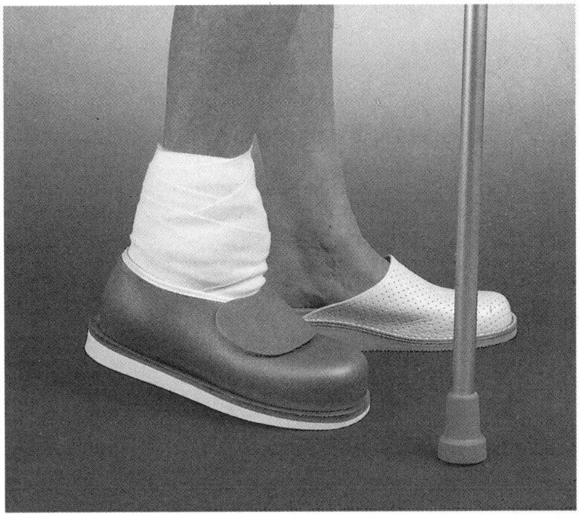

Abbildung 6. Spezial-Schuh aus styropor-ähnlichem Material.

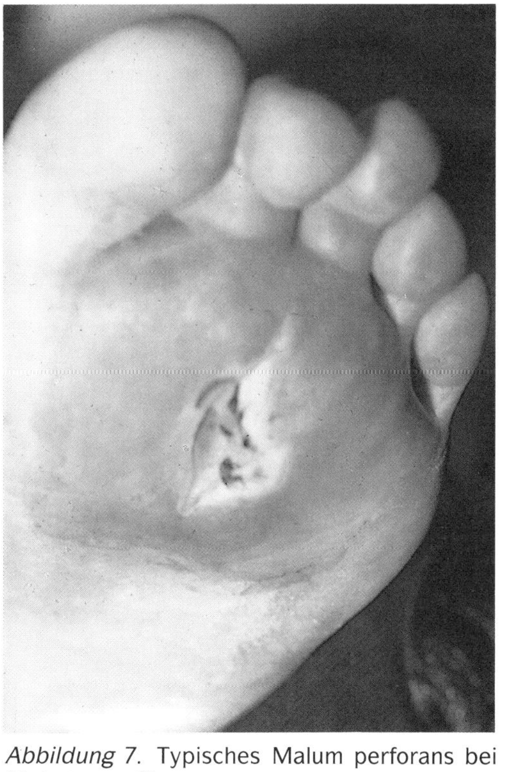

Abbildung 7. Typisches Malum perforans bei Diabetes mellitus.

Strümpfe sollten häufig gewechselt werden. Enge Strumpfbänder sind zu vermeiden.
Zehennägel sollten gerade und nicht zu kurz geschnitten und gefeilt werden. Nagelhautverletzungen müssen vermieden werden.
Eingewachsene Nägel, Hühneraugen und Hornhautschwielen dürfen nicht vom Patienten selbst behandelt werden. Sie gehören in die Hände von erfahrenen Ärzten und geschulten Fußpflegern.
Verbieten Sie den Betroffenen unter allen Umständen und überall barfußgehen!
Das Schuhwerk soll bequem und nicht zu eng sein. Schuhe sollten nachmittags gekauft werden (die Füße sind dann meist schon etwas angeschwollen). Neue Schuhe sollten zunächst nur 1–2 Stunden pro Tag getragen werden.
Im Winter sind Heizkissen und Wärmflaschen absolut tabu. Warme Wollsocken sind vorzuziehen.

So banal diese Ratschäge auch klingen mögen, so wichtig sind sie in der Praxis. Zuletzt sei noch darauf hingewiesen, daß peripher akrale Durchblutungsstörungen (z.B. das *»blue toe«-Phänomen*) auch paraneoplastische Symptome sein können (Abbildung 8). Ähnliche akrale Durchblutungsstörungen können auch durch Mikroembolisationen, z.B. aus einem Bauchaortenaneurysma bedingt sein (Abklärung mit Sonographie und Computertomographie).

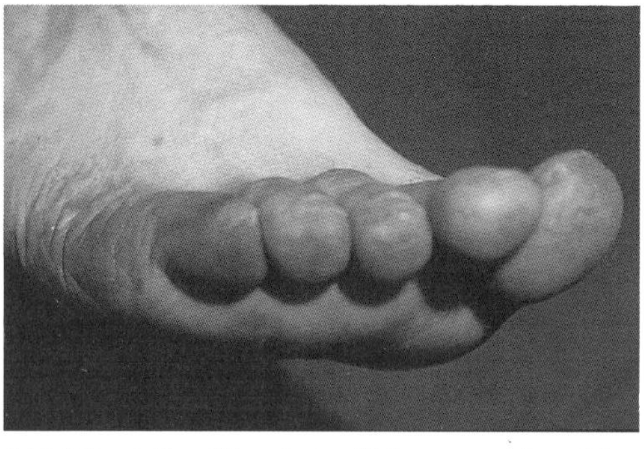

Abbildung 8. »Blue-toe«-Phänomen ohne Makrozirkulationsstörung bei einem Patienten mit Bronchialkarzinom.

Spezielle medikamentöse Maßnahmen

Orale Antikoagulanzien

Ziel der Langzeitbehandlung mit oralen Antikoagulanzien ist die Vermeidung langsam fortschreitender Stenosierungen und weiterer Verschlüsse durch Thrombenbildung. Die Antikoagulation ist somit keine therapeutische, sondern eine rein prophylaktische Maßnahme.
Umfangreiche Längsschnittuntersuchungen zeigen, daß die 5-Jahres- und 10-Jahres-Überlebensrate gefäßkranker Patienten unter einer Behandlung mit einer oralen Langzeit-Antikoagulation deutlich höher ist als in Kontrollkollektiven (2, 8, 14). Offenbar bremst die orale Antikoagulation die Progression des Gefäßprozesses. Während eines Beobachtungszeitraumes von $2\frac{1}{2}$ Jahren entwickelte sich die schmerzfreie Gehstrecke bei Claudicatio intermittens-Patienten deutlich günstiger als in der Kontrollgruppe. Die Anzahl der Todesfälle war in der Kontrollgruppe doppelt so hoch als in der mit Antikoagulanzien behandelten Gruppe (8). Weitere Querschnitts- und Längsschnittuntersuchungen kamen zu ähnlichen positiven Untersuchungsergebnissen (2,14).
Bei der peripheren arteriellen Verschlußkrankheit konnte ein überzeugender Effekt der Antikoagulanzienprophylaxe sowohl bei den konservativ behandelten als auch bei den operierten Patienten nachgewiesen werden. Mehrere Autoren unterstreichen besonders die gute Wirkung der Antikoagulanzien nach Operationen im Bereich der Aa. femoralis und poplitea und bei cruralen bzw. pedalen Bypässen.
Die Langzeitbehandlung scheint bei chronischen peripheren arteriellen Durchblu-

tungsstörungen mit eine der wirksamsten medikamentösen Therapiemöglichkeiten zu sein. Bei all den aufgeführten positiven Ergebnissen muß allerdings berücksichtigt werden, daß oral antikoagulierte Patienten eine selektierte Patientengruppe darstellen, da sie wegen der notwendigen Gerinnungskontrollen häufiger von ihrem Arzt gesehen werden. Andererseits muß der Nutzen der Therapie mit möglichen Risiken abgewogen werden.

Eine Indikation zur oralen Langzeitbehandlung mit Antikoagulanzien liegt vor:
Bei der dilatierenden aneurysmatischen Form der Arteriopathie (Abbildung 9). Hier besteht immer die Gefahr der Bildung von wandständigen Thromben. Akute thrombotische Verschlüsse und Embolien können die Folge sein.
Bei AVK und gleichzeitig vorliegender absoluter Arrhythmie (mit und ohne Vitium) (Abbildung 10).
Im Anschluß an eine erfolgreiche systemische und lokale Lyse-Therapie.
AVK mit rezidivierenden Embolien (bei bekannter und nicht bekannter Emboliequelle).
Zur Verhütung postoperativer Bypassverschlüsse der femoro-poplitealen Etage und insbesondere nach der Anlage von cruralen und pedalen Bypässen.
Alternativ zur Gabe eines Thrombozytenfunktionshemmers nach erfolgreicher Katheterdilatation.
Nach erfolgreicher Operation eines Bauchaortenaneurysmas und nach Implantation eines aorto-iliaco-femoralen Bypasses ist in der Regel keine Langzeitantikoagulation erforderlich.

Thrombozytenfunktionshemmer

Die Wirksamkeit der Thrombozytenfunktionshemmer bei Patienten mit peripherer arterieller Verschlußkrankheit ist in mehreren Untersuchungen mit Azetylsalizylsäure, Sulfinpyrazon, Dipyridamol, Azetylsalizylsäure/Dipyridamol und Ticlopidin untersucht worden (Übersicht in 3 und 7).

Azetylsalizylsäure in der konservativen Therapie der peripheren arteriellen Verschlußkrankheit

Zur Sekundärprävention der AVK liegen nur wenige größere Studien vor. *Schoop* und

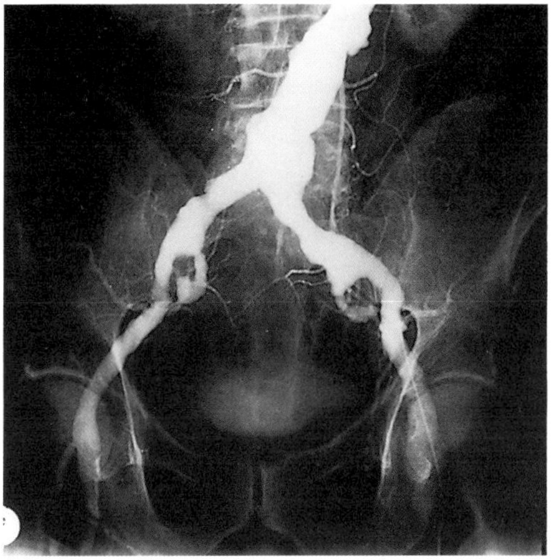

Abbildung 9. Becken-Bein-Angiographie einer dilatierenden Form der Arteriosklerose mit großem Gefäßkaliber und diffusen aneurysmatischen Erweiterungen.

Abbildung 10. Akrale Nekrosen bei rezidivierenden Embolien (Mitralstenose).

Mitarbeiter (19) fanden in einer prospektiv und doppelblind geführten Studie an 300 Patienten mit Femoralarterienstenosen über einen Zeitraum von viereinhalb Jahren unter Plazebo in 60%, unter der Gabe von 1000 mg ASS/Tag kombiniert mit 75 mg Dipyridamol in ca. 30% und unter Monotherapie mit 1000 mg ASS/Tag in nur 20% eine Progredienz der Erkrankung mit Verschluß der A. femoralis. Die Differenz zwischen der Plazebo-Gruppe und den Verum-Gruppen war signifikant, zwischen den Verumgruppen bestanden keine gesicherten Unterschiede. Zu ähnlichen Ergebnissen kamen auch *Hess* und *Keil-Kuri* (10), die nach zwei Jahren mit dreimal 500 mg ASS behandelte Patienten mit 6% signifikant geringere Gefäßverschlüsse als unter Plazebo beobachteten.

Ebenfalls *Hess* und Mitarbeiter (11) stellten die bisher einzige prospektive Doppelblind-Studie zum Verlauf der AVK vor, in der angiographisch mittels eines Score-Systems die Progression der Arteriosklerose in den Gefäßen der unteren Extremitäten unter der Gabe von Plazebo, 3 x 300 mg ASS oder Kombination 3 x 300 mg ASS + 75 mg Dipyridamol über zwei Jahre beobachtet wurde. In beiden Behandlungsgruppen war eine deutliche, unter der Kombinationsbehandlung sogar hoch signifikante Hemmung der Progression festzustellen.

Raucher und Hypertoniker profitierten besonders von der Therapie, während sich bei Patienten mit Diabetes mellitus nur unter der Kombination ASS + Dipyridamol, jedoch nicht unter ASS-Monotherapie eine deutliche Progressionsverzögerung nachweisen ließ.

Azetylsalizylsäure nach perkutanter transluminaler Angioplastie

Die Untersuchungsergebnisse über die Rezidivhäufigkeit nach Katheterrekanalisation von Stenosen oder Verschlüssen der großen Becken- und Beinarterien unter ASS ergeben wegen Berücksichtigung unterschiedlichen Patientengutes und verschiedener Beobachtungszeiträume kein einheitliches Bild.

Während *Zeitler* und Mitarbeiter (22) innerhalb der ersten zehn Tage die Re-Verschlußrate nach Dilatation im femoro-poplitealen Segment mit 1500 mg ASS/Tag im Vergleich zu oralen Antikoagulanzien signifikant senken konnten, fanden *Hess* und Mitarbeiter (11) unter 3 x 300 mg ASS/Tag bei 30% ihrer Patienten (Dilatation im iliacalen und femoro-poplitealen Segment) innerhalb der ersten zwei Wochen eine Re-Obliteration, jedoch nur bei 16% der Patienten mit 3 x 300 mg ASS + 75 mg Dipyridamol.

Die bisher längste Untersuchung verfolgte Patienten nach Katheterdilatation der Bekken- und Beingefäße über 1 Jahr: Rezidivverschlüsse traten bei 36% der Patienten ohne medikamentöse Prophylaxe auf, unter der Kombination 330 mg ASS + 75 mg Dipyridamol in 25% und unter 3 x 500 mg ASS allein in nur 21% der Fälle (20).

Die Ergebnisse der meisten Studien deuten auf einen prophylaktischen Effekt von ASS nach perkutaner transluminaler Angioplastie hin.

Zusammenfassend ist zu sagen, daß in der Langzeitprophylaxe der peripheren arteriellen Verschlußkrankheit Azetylsalizylsäure in einer täglichen Dosis von 1000–1500 mg allein oder in Kombination mit Dipyridamol progressionshemmend wirkt. Aufgrund der wichtigen Rolle der Thrombozyten in der Atherogenese vermag die Substanz möglicherweise direkt in den arteriosklerotischen Prozeß einzugreifen. Somit ergeben sich in der Behandlung peripherer arterieller Durchblutungsstörungen folgende Anwendungsbereiche für Thrombozytenfunktionshemmer:

1. Zustand nach Thrombendarteriektomie
2. Progressionsprophylaxe der peripheren arteriellen Verschlußkrankheit

3. Zustand nach perkutaner transluminaler Angioplastie (mit Einschränkung, da Ergebnisse von Langzeitstudien noch ausstehen).

Nach den Ergebnissen bisheriger Studien kann eine effektive Sekundärprävention durch 1000–1500 mg ASS/Tag als Mono- oder Kombinationspräparat als wahrscheinlich gelten. Bekanntermaßen ist bei dieser Therapie sehr häufig mit gastrointestinalen Nebenwirkungen zu rechnen. Meist sind die Beschwerden dosisabhängig. Um eine gute Einnahmezuverlässigkeit des Medikaments zu gewährleisten, empfiehlt sich in diesen Fällen eine Dosis von 250–500 mg ASS/Tag. Obwohl im Analogieschluß zur Behandlung der koronaren Herzkrankheit mit ASS damit eine effektive Therapie durchgeführt wird, fehlen Langzeituntersuchungen mit unterschiedlichen Dosierungsschemata, aufgrund deren eine generelle Empfehlung zu dieser Dosierung gegeben werden kann. Ebenso kann eine noch geringere Dosis derzeit mangels erwiesener klinischer Wirksamkeit nicht befürwortet werden.

Kalziumantagonisten

Ob Kalziumantagonisten die Progression der Arterioskleroseentwicklung in den Bekken-Bein-Arterien hemmen können, ist bislang nicht geklärt. Kalziumantagonisten spielen heute eine wichtige Rolle bei Patienten mit AVK, wenn gleichzeitig eine koronare Herzkrankheit und/oder eine Hypertonie vorliegen. Auch bei funktionellen Durchblutungsstörungen, wie beim *Raynaud*-Phänomen und beim Ergotismus, sind sie Mittel der ersten Wahl. Laufende großangelegte Studien bei Patienten mit AVK werden zeigen, ob diese Substanzen sich günstig auf die Progression der Arteriosklerose auswirken oder ob sie gar in der Lage sind, Regressionen arteriosklerotischer Veränderungen zu induzieren.

Prostaglandine

Prostaglandine wie PGE_1 und stabile Prostazyklinanaloga, die noch nicht im Handel sind, spielen heute bereits eine herausragende Rolle bei der Therapie der AVK in späten Stadien. Diese Gewebshormone sind unter physiologischen Bedingungen für die Athrombogenität des Endothels verantwortlich. Prostaglandine entstammen dem Arachidonsäurestoffwechsel. Aus der Arachidonsäure entstehen Prostaglandin-Endoperoxide, aus denen Thrombozyten das Thromboxan A_2 und Endothelzellen Prostazyklin (PGI_2) synthetisieren. Thromboxan A_2 ist ein starker Induktor der Thrombozytenaggregation und wirkt stark vasokonstriktorisch. Prostazyklin dagegen hemmt die Thrombozytenaggregation und ist ein potenter Vasodilatator. PGI_2 und PGE_1 haben sich inzwischen klinisch in der Therapie bei AVK bewährt. Bislang konnte aber nicht belegt werden, ob diese Substanzen günstige Effekte in der sekundären Prävention der Arteriosklerose haben.

Thromboxan-Synthetase-Hemmer

Aus rein theoretischer Sicht führt eine Hemmung der Thromboxan-Synthetase-Bildung zu einem Überwiegen der biologischen Prostazyklinwirkung. Allerdings gibt es bis zum jetzigen Zeitpunkt keinerlei Hinweise für eine günstige Wirkung dieser Substanzgruppe bei einer arteriosklerotischen Gefäßerkrankung. Dies gilt sowohl für die AVK als auch für die koronare Herzkrankheit. Positive Wirkungen in der Sekundärprävention dürften somit ebenfalls von selektiven Thromboxan-Synthetase-Hemmern nicht zu erwarten sein.

Literatur

1 Augustin J, Pohl J, Schild A, Geeren U, Greten H (1979) Influence of smoking on lipoprotein metabolism. Europ J Clin Invest 9:2–6

2 Brunn HD, Jipp P, Schellmann J, Sedlmeyer J, Müller-Wiefel H, Borm D (1972) Zur Antikoagulanzienprophylaxe bei chirurgischer und konservativer Therapie chronischer Becken- und Beinarterienverschlüsse. Med Klin 67:1514–1519
3 Bollinger A (1979) Funktionelle Angiologie. Thieme, Stuttgart
4 Criqui MH, Fronek A, Barrett-Connor E, Klauber MR, Gabriel S, Goodman D (1984) The prevalance of peripheral artery disease in a defined population. Circulation 71: 510–515
5 Diehm C (1984) Kohlenhydrat- und Fettstoffwechsel bei Normalpersonen und Patienten mit peripherer arterieller Verschlußkrankheit – Auswirkungen eines Ausdauertrainings. VASA Suppl. 13
6 Duffield RGM, Lewis B (1983) Treatment of hyperlipidemia retards progression of symptomatic femoral atherosclerosis. Lancet II:639
7 Eckstein HH, Müller-Bühl U, Zimmermann R, Diehm C (1988) Bedeutung der Acetylsalicylsäure in der Sekundärprävention der peripheren arteriellen Verschlußkrankheit. DMW, im Druck
8 Goosens N (1964) Langzeitbehandlung der arteriellen Durchblutungsstörungen. In: Zukschwerdt L, Thies HA (eds) Langzeitbehandlung mit Antikoagulanzien. Schattauer, Stuttgart
9 Graor RA, Hertzer NR, Young JR, Beven EG, O'Hara PJ, Rutschhaupt WF (1984) Coronary artery disease in patients with aorto and lower extremity atherosclerosis. Am Heart Ass, Miami
10 Hess H, Mietaschk A, Deichsel G (1985) Drug induced inhibition of platelet function delays progression of peripheral occlusive arterial disease Lancet II:415
11 Hess H, Müller-Fassbender H, Ingrisch H, Mietaschk A (1978) Verhütung von Wiederverschlüssen nach Rekanalisation obliterierender Arterien mit der Kathetermethode. DMW 103:1984
12 Heyden S (1981) Präventive Kardiologie – Ergebnisse aus Interventionsstudien. Studienreihe Boehringer, Mannheim
13 Kannel WB, Skinner JR, Schwartz MJ, Shurtleff D (1970) Intermittent claudication: Incidence in the Framingham Study. Circulation 41:875–883
14 Lund F, Tillgren (1966) Antikoagulant therapy in occlusion peripheral arterial disease and its evaluation. In: Kother F, Duckert F, Streuli F (eds) Pathogenesis and treatment of thromboembolic disease. Schattauer, Stuttgart
15 Müller-Bühl U, Diehm C, Sieben U, Berger B, Schuler G, Zimmermann R, Scheuermann W, Heuck CC, Mörl H, Kübler W, Schettler G (1987) Prävalenz und Risikofaktoren von peripher-arterieller Verschlußkrankheit und koronarer Herzkrankheit. VASA Suppl. 4
16 Pyörälä K, Rapaport E, König K, Schettler G, Diehm C (1983) Secondary prevention of coronary heart disease. Thieme, Stuttgart
17 Reunanen A, Takkunen H, Aromaa A (1982) Prevelance of intermittent claudication and its effects on mortality. Acta Med Scand 211:249–256
18 Schettler G (1978) Die Ätiologie der Arteriosklerose. Internist 19:611
19 Schoop W, Levy H, Schoop B, Gaentzsch A (1983) Experimentelle und klinische Studien zu der sekundären Prävention der peripheren Arteriosklerose. In: Bollinger A, Rhyner AK (eds) Thrombozytenfunktionshemmer. Thieme, Stuttgart New York 49
20 Staiger J, Matthias K, Friedrich M, Heiss HW, Konrad S, Spillner G (1980) Perkutane Katheterrekanalisation (Dotter-Technik) bei peripherer arterieller Verschlußkrankheit – Einfluß von Thrombozytenaggregationshemmern auf die Rezidivhäufigkeit nach einem Jahr. Herz/Kreisl 12:383
21 Widmer LK, Greensher A, Kannel WB (1964) Occlusion of peripheral arteries. Circulation 30:836–842
22 Zeitler R, Reichold J, Schoop W, Doew D (1978) Einfluß von Acetylsalicylsäure auf das Frühergebnis nach perkutaner Rekanalisation arterieller Obliterationen nach Dotter. DMW 98:1285

Anschrift des Verfassers:
Priv.-Doz. Dr. Curt Diehm
Medizinische Universitätsklinik
Bergheimerstraße 58
D-6900 Heidelberg

Pentoxifyllin bei Patienten mit Claudicatio intermittens

R. Eberhardt, E. Volger[a] *und W. Schürmann*
PHARMALOG Institut für klinische Forschung München und
[a]I. Medizinische Klinik rechts der Isar, Technische Universität München

Einleitung

Pentoxifyllin zeigte in bisherigen Arbeiten eine gute Wirksamkeit bei Patienten mit Claudicatio intermittens als Folge einer peripheren arteriellen Verschlußkrankheit (AVK). Hämorheologische Effekte, wie z.B. eine Senkung der Vollblutviskosität – bedingt durch eine Verbesserung vorher gestörter Membranflexibilität der Erythrozyten – und Senkung der Plättchenaggregation sowie die Reduktion des Plasmafibrinogenspiegels, tragen zu der klinischen Wirksamkeit bei.
Mit dieser Studie sollte die Wirksamkeit, Verträglichkeit und besonders auch die Wirkung auf rheologische Parameter einer neuen Zubereitung von Pentoxifyllin (Rentylin® 400 Retardtabletten) bei 30 Patienten mit AVK IIa und IIb nach *Fontaine* untersucht werden.

Methoden

Studiendesign
Offene, nicht kontrollierte, intraindividuelle Vergleichsstudie.

Patienten
30 vorher nicht therapierte Patienten mit Claudicatio intermittens bei AVK.

Studienmedikation
Vor Studienbeginn: keine Therapie.
Während der Studie: 400 mg Pentoxifyllin (Rentylin® 400 Retardtabletten) 3mal/die (1200 mg/die) sechs Wochen lang.

Klinische Parameter
Gehstrecke (Strecke in Metern, die auf einer Ebene schmerzfrei bis zum Auftreten von Claudicatio mit 120 Schritten/min. zurückgelegt werden kann) vor Therapie und nach drei und sechs Wochen Pentoxifyllin-Gabe;
Plasmaviskosität (*Wells-Brookfield*-Mikroviskosimeter, *Mooney*-Kammer, 37°C), Plasmafibrinogenspiegel (Radialimmundiffusionsmethode) jeweils vor und nach sechs Wochen Therapie;
Subjektive Symptome (Parästhesien, Kältegefühl, Krämpfe) vor und nach sechs Wochen Therapie.

Ergebnisse

Gehstrecke (Abbildung 1)

vor Therapie	327 ± 177 m
nach drei Wochen Therapie	461 ± 251 m
nach sechs Wochen Therapie	503 ± 352 m

Subjektive Symptome
Kältegefühl in den unteren Extremitäten:
Verbesserung bei 80% der Patienten nach sechs Wochen Therapie.
Parästhesien:
Verbesserung bei 60% der Patienten nach sechs Wochen Therapie.

Plasmaviskosität (Abbildung 2)
Bei Ausgangswerten im Normbereich (n = 21): keine signifikante Veränderung.
Bei erhöhten Ausgangswerten (n = 8):

vor Therapie	1,38 ± 0,01 mPas
nach sechs Wochen Therapie	1,32 ± 0,02 mPas

Plasmafibrinogenspiegel
Keine relevanten Veränderungen der Mittelwerte

Verträglichkeit
Bei 23% der Patienten traten unerwünschte Symptome leichten Schweregrads wie Übelkeit und Schwindel auf.

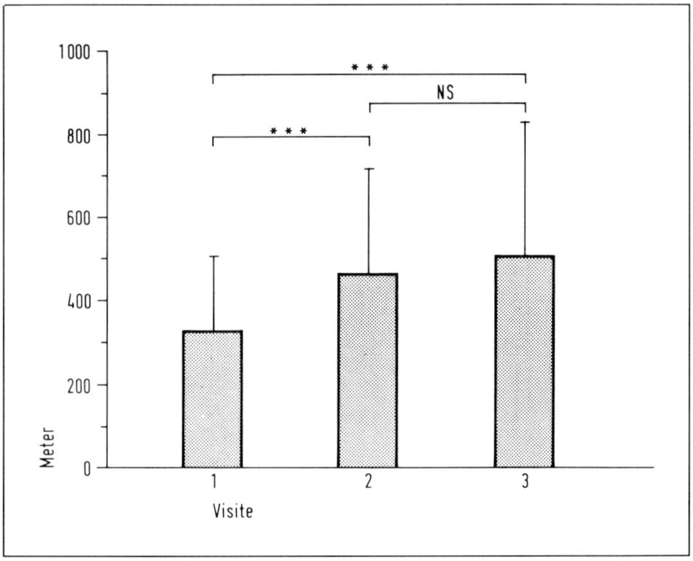

Abbildung 1.

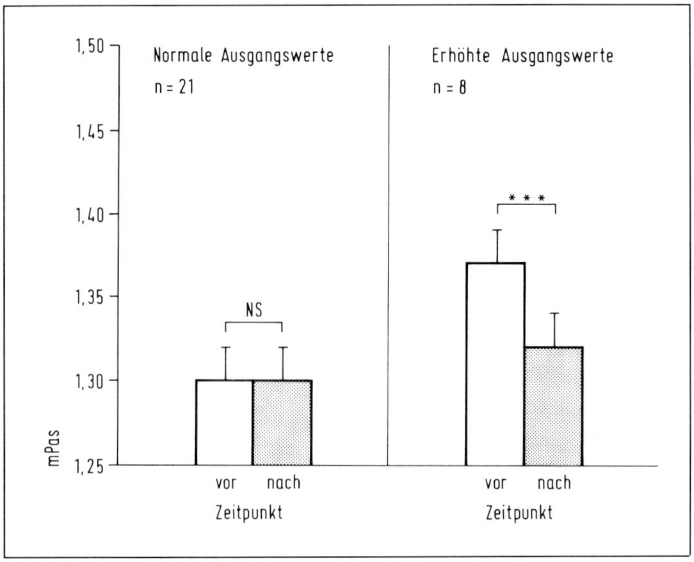

Abbildung 2.

Diskussion

Bei 93% der Patienten (28 von 30) wurde die schmerzfreie Gehstrecke nach drei und sechs Wochen Therapie mit Pentoxifyllin 400 mg 3mal/die (= 1200 mg/die) im Vergleich zu den Ausgangswerten vor Therapie signifikant verlängert. Diese Verbesserung von 41% nach drei Wochen und 54% nach sechs Wochen Therapie war mit $p < 0{,}001$ statistisch hoch signifikant. Dieser klinische Effekt stimmt überein mit einer statistisch hoch signifikanten Senkung der vorher bei sieben Patienten erhöhten Plasmaviskosität, wobei in allen sieben Fällen ein korrespondierender Abfall des Fibrinogenspiegels zu beobachten war. Die subjektiven Symptome wie »Parästhesien« und »Kältegefühl der unteren Extremitäten« wurden deutlich verbessert.

Nach den Ergebnissen dieser Studie kann Pentoxifyllin als effektive Therapie der Claudicatio intermittens bei Patienten mit peripherer Verschlußkrankheit angesehen werden.

Zusammenfassung

30 vorher nicht therapierte, ambulante Patienten mit Claudicatio intermittens, d.h. einer peripheren arteriellen Verschlußkrankheit (AVK) Stadium II a-b wurden mit Rentylin® Retardtabletten (= 400 mg Pentoxifyllin) 3mal/die sechs Wochen lang behandelt. Vor Therapie betrug die schmerzfreie Gehstrecke, definiert als Strecke in Metern, die unter Standardbedingungen bis zum Auftreten von Claudicatio intermittens schmerzfrei zurückgelegt werden konnte, im Mittel 327 ± 177 Meter; nach sechswöchiger Therapie verbesserte sich die Gehstrecke statistisch signifikant auf im Mittel 503 ± 325 Meter. Eine Verbesserung der Gehstrecke trat bei 28 Patienten (= 93%) auf, während subjektive Beschwerden, wie Kältegefühl der unteren Extremitäten, sich in 80% der Fälle und Parästhesien sich in 61% verbesserten. Plasmaviskosität und Plasmafibrinogenspiegel wurden vor und nach Therapie gemessen: vorher erhöhte Werte der Plasmaviskosität wurden statistisch signifikant gesenkt, verbunden mit einer Senkung des Plasmafibrinogenspiegels. Unerwünschte Begleitreaktionen, wie Schwindel und Übelkeit, wurden in 23% der Fälle beobachtet und bei unveränderter Therapie toleriert.

In dieser Studie konnte eine gute Wirksamkeit und Verträglichkeit von Rentylin® 400 (400 mg Pentoxifyllin) 3mal/die bei Patienten mit Claudicatio intermittens bei AVK nachgewiesen werden.

Für die Verfasser:
Dr. R. Eberhardt
Pharmalog-Institut für
klinische Forschung GmbH
Frauenlobstraße 28
D-8000 München 2

Thrombozytenfunktion, Fettstoffwechsel und Gehtraining

B. Everts
Mosel-Eifel-Klinik, Bad Bertrich

Einleitung

Trotz der großen Fortschritte der Gefäßchirurgie, der Fibrinolyse, sowie der perkutanen transluminalen Angioplastie, einschließlich der lokalen Lyse, hat die konservative Behandlung der peripheren arteriellen Verschlußkrankheit nicht an Bedeutung verloren, so daß ein intensives Gehtraining Grundlage jeder konservativen Maßnahme bildet. Die Tatsache, daß eine Steigerung sowohl der absoluten als auch der schmerzfreien Gehstrecke allein durch ein Gehtraining erzielt werden kann, ist hinreichend bekannt und durch zahlreiche Studien belegt (6, 7).
Epidemiologische Untersuchungen konnten aufzeigen, daß es bei gesunden Probanden nach mehrwöchigem Ausdauertraining zu einem günstigen Einfluß auf den Stoffwechsel kam, insbesondere zu einer Senkung von LDL- und einer Erhöhung des HDL-Cholesterins (1, 3, 5). Neben der Wirkung auf den Lipidstoffwechsel gibt es sowohl Hinweise für eine Steigerung der fibrinolytischen Aktivität als auch Anhaltspunkte für eine Verbesserung der Blutfluidität durch regelmäßiges körperliches Training bei Patienten mit arterieller Verschlußkrankheit (2, 4).
Nachdem eigene Untersuchungen (4) gezeigt hatten, daß sowohl Patienten mit AVK als auch gesunde Kontrollpersonen nach fahrradergometrischer Belastung mit einer Zunahme der Thrombozytenaggregation reagierten und dieser Effekt bei gut trainierten gesunden Personen weit geringer ausfiel, sollte auch der Frage nachgegangen werden, ob durch ein vierwöchiges Training eine »Konditionierung« des thrombozytären Systems erreicht werden könnte.

Patientenauswahl und Untersuchungsmethodik

Insgesamt 20 männliche Patienten im Alter von 36 bis 70 Jahren mit peripherer arterieller Verschlußkrankheit im Stadium II nahmen im Rahmen eines vierwöchigen stationären Aufenthaltes an einem täglichen Claudicatio-Training teil. Neben dem routinemäßig durchgeführten angiologischen Untersuchungsprogramm erfolgte die Messung der initialen Gehstrecke unter standardisierten Bedingungen in der Ebene bei Tempo 120 Schritte/min. Ausschlußkriterien für die Aufnahme des Patienten in das Untersuchungsprogramm waren Angina pectoris, Diabetes mellitus Typ I und II sowie eine die Gehstrecke beeinträchtigende orthopädische und neurologische Begleiterkrankung.
Unmittelbar vor Trainingsbeginn, 14 Tage danach und am Ende der Therapie wurden folgende Laborparameter bestimmt: ADP und Kollagen induzierte Thrombozytenaggregation (nephelometrische Technik nach *Born*), Beta-Thromboglobin, Radioimmunassay, Gesamtcholesterin, Triglyzeride sowie die Lipoproteine HDL-Cholesterin, LDL-Cholesterin und VLDL mit Lipidelektrophorese.

Ergebnisse und Diskussion

Durch das Claudicatio-Training konnte eine signifikante Steigerung der Gehstrecke (120 Schritte/min) von durchschnittlich 370 m vor Therapie auf im Mittel 512 m nach Therapie in der Ebene erreicht werden (Abbildung 1).

Bei der Messung der Thrombozytenfunktion veränderte sich die maximale Transmission (tmax) nur geringfügig von durchschnittlich 0,308 auf durchschnittlich 0,310 nach Training. Obwohl sich die durchschnittlichen Werte für Beta-Thromboglobulin von 86,2 ng/ml auf 65,5 ng/ml nach Therapie verringerten, ließ sich eine statistische Signifikanz nicht errechnen (Abbildung 2). Bei den Lipidwerten reduzierte sich der anfängliche Triglyzeridspiegel von im Mittel 243,3 mg/dl signifikant auf 198,3 mg/dl nach Therapie. Das Cholesterin sank ebenfalls von durchschnittlich 268,65 mg/dl auf 250,65 mg/dl signifikant ab. Die Veränderungen in den durchschnittlichen Werten für HDL-Cholesterin, LDL-Cholesterin und VLDL-Cholesterin zeigten keine statistisch signifikanten Differenzen (Abbildung 3).

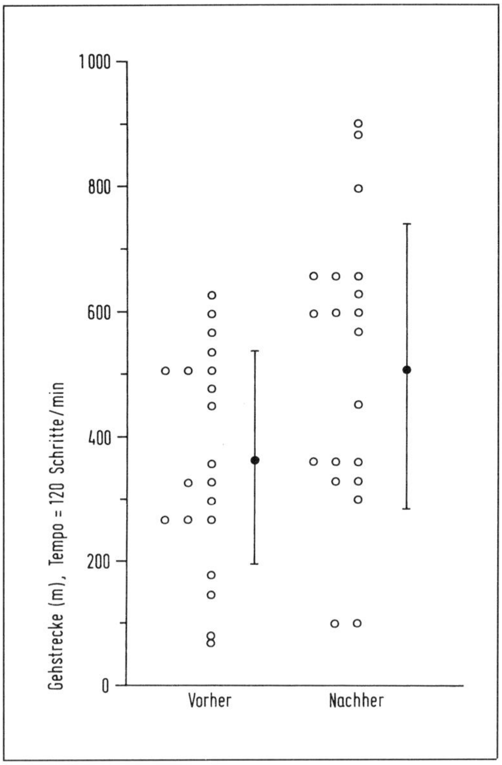

Abbildung 1. Einfluß des Gehtrainings bei Patienten mit AVK (Stadium II).

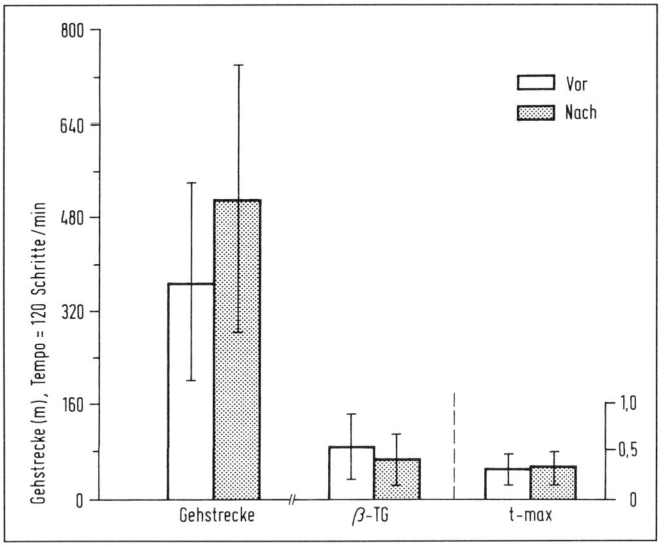

Abbildung 2. Einfluß des Gehtrainings bei Patienten mit AVK (n = 20).

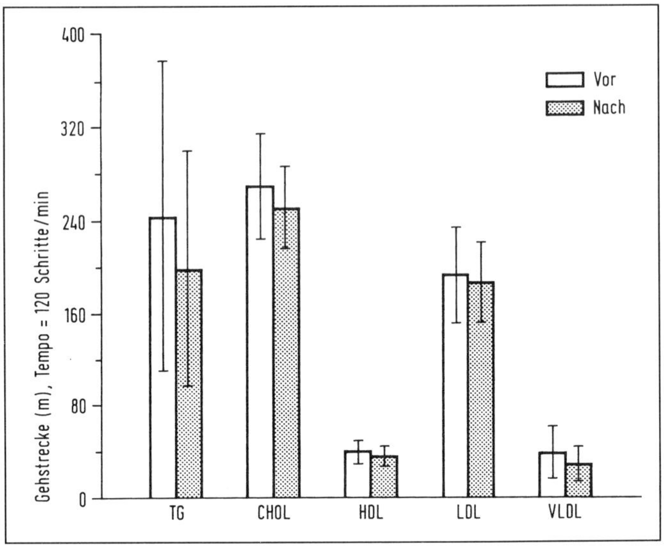

Abbildung 3. Einfluß des Gehtrainings bei Patienten mit AVK (n = 20).

Die Frage, wie hoch die Trainingsbelastung sein muß, damit es zu einer protektiven Plasmalipoproteinkonzentration, d.h. zu einer Erhöhung des HDL-Cholesterins kommt, kann derzeit nicht beantwortet werden. Es scheint jedoch auch schon eine geringere körperliche Belastung auszureichen, um die Senkung der Serumtriglyzerid- und Gesamtcholesterinspiegel zu erreichen. Ein möglicher Einfluß durch Veränderung des Körpergewichtes konnte ausgeschlossen werden, da die Patienten während der Trainingsperiode eine Gewichtskonstanz aufwiesen.

Ob sich durch eine Ergotherapie auch eine Stabilisierung des thrombozytären Systems erzielen läßt, konnte statistisch nicht abgesichert werden. Die Veränderungen in den Werten für Beta-Thromboglobulin nach Training sind möglicherweise Folge der verminderten Triglyzeridspiegel nach Therapie.

Literatur

1 Berg A (1983) Effekte körperlichen Trainings auf die altersabhängigen Lipoproteinveränderungen. Herz Kreislauf 8:393–399

2 Diehm C, Gallasch G, Seyfried W, Schettler G (1984) Hemorheological changes by physical training. Europ Heart J 5:138

3 Diehm C (1985) Kohlenhydrat- und Fettstoffwechsel bei Normalpersonen und Patienten mit peripherer arterieller Verschlußkrankheit. Hans Huber, Bern, Suppl. 13

4 Everts B, Böhme H (1981) Einfluß dosierter Ergometerbelastung auf die Funktion menschlicher Thrombozyten. Vergleichende Untersuchungen bei Kontrollpersonen und Patienten mit arterieller Verschlußkrankheit im Stadium II nach Fontaine. VASA 10:299–303

5 Herbert PN, Bernier DN, Cullinane EM, Edelstein L, Kantor MA, Thompson PD (1984) High-Density Lipoprotein Metabolism in Runners and Sedentary Men. JAMA 8:1034–1037

6 Köhler M (1985) Physio- und Bewegungstherapie bei peripheren arteriellen Durchblutungsstörungen. Int Welt 8:232–238

7 Schoop W (1975) Ergometrie und Ergotherapie bei arteriellen Durchblutungsstörungen. Hans Huber, Bern

Anschrift des Verfassers:
Dr. B. Everts
Mosel-Eifel-Klinik
Auf der Sees
D-5582 Bad Bertrich 1

Pharmakokinetik des Pentoxifyllins

R. Herrmann
Dr. Rentschler Arzneimittel GmbH & Co., Laupheim

Einleitung

Pentoxifyllin (1-(5-Oxohexyl)-3,7-dimethylxanthin) (= P) unterliegt einem ausgeprägten Metabolismus. Den wichtigsten im Plasma nachzuweisenden Metaboliten stellt dabei das 1-(5-Hydroxyhexyl)-3,7-dimethylxanthin (= M 1) dar (1), das ein dem P vergleichbares pharmakodynamisches Profil aufweist und so zur Wirkung des P wesentlich beiträgt. Zur Klärung der pharmakokinetischen Eigenschaften der neuen Applikationsform Rentylin® 600 wurde eine Studie mit gesunden Probanden durchgeführt, die insbesondere Aufschluß über die Verhältnisse nach Mehrfachapplikation geben sollte.
Die Basisdaten zur Pharmakokinetik des P sollten in einer Studie nach i.v.-Verabreichung bestätigt werden.

Analytik

Die Analytik der in den Studien gewonnenen Plasmaproben wurde mit einer neu entwickelten HPLC-Methode durchgeführt. Dabei werden die Proben automatisch »online« alternierend auf Vorsäulen durch Festphasen-Extraktion aufgearbeitet und nach Schalten eines 10-Port-Ventils direkt ins Trennsystem überführt (2, 3). Abbildung 1 zeigt den Aufbau der HPLC-Apparatur, in Abbildung 2 ist ein Chromatogramm aus der i.v.-Studie dargestellt. Die Wiederfindung des P aus Humanplasma beträgt 93,2%, die Wiederholbarkeit von Tag zu Tag für 80 ng/ml Std.rel = ± 0,9% (n = 13), 500 ng/ml Std.rel = ± 1,0% (n = 6), 1000 ng/ml Std.rel = ± 0,5% (n = 6) und 2000 ng/ml Std.rel = ± 1,1% (n = 6).

i.v.-Applikation von 100 mg Pentoxifyllin

An sechs gesunde männliche Probanden im Alter zwischen 23 und 38 Jahren (Gewicht 78 ± 7 kg, Größe 183 ± 3 cm) wurden 100 mg P i.v. verabreicht. Blutproben wurden unmittelbar vor (T = 0) und 5, 10, 15, 30 Minuten, 1, 1 $^{1}/_{2}$, 2, 3, 4 und 6 Stunden nach Injektion aus einer Kubitalvene entnommen und zu Plasma aufgearbeitet, tiefgefroren und später mit der beschriebenen HPLC-Methode analysiert. Abbildung 3 zeigt den Konzentrationsverlauf der Muttersubstanz P und des Metaboliten M 1.
Zur Bestimmung der pharmakokinetischen Parameter wurde mit dem Kinetik-Programm *TOPFIT* gearbeitet. Die Kinetik des P wurde nach dem Modell K 15 I, einem offenen 2-Kompartiment-Modell mit konstanter Infusionsrate, die Kinetik des M 1 nach dem Modell K 22, einem offenen 2-Kompartiment-Modell mit zusätzlichem Eingangskompartiment berechnet. Durch dieses Kompartiment wird die Metabolisierung des P zu M 1 beschrieben.
Die Parameter der pharmakokinetischen Auswertung sind in Tabelle I zusammengefaßt.

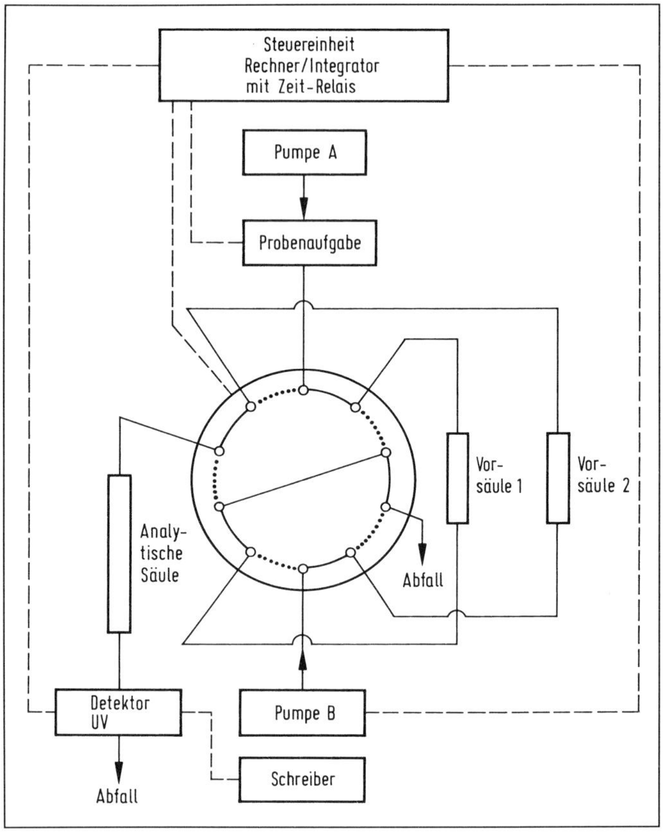

Abbildung 1. Aufbau der HPLC-Apparatur zur Pentoxifyllin-Analytik.
——— = Anreicherung auf Vorsäule 1, Analyse der Probe auf Vorsäule 2.
- - - = Anreicherung auf Vorsäule 2, Analyse der Probe auf Vorsäule 1.

Apparative Bedingungen
Vorsäulen: 40 x 4,6 mm trocken gefüllt mit Corasil C_{18} 37–50 μm (WATERS).
Trennsäule: 125 x 4,6 mm gefüllt mit Hypersil ODS 5 μm (SHANDON, Lieferant Bischoff, Leonberg).
Wascheluent: 0,01 M Na_2 HP O_4 – Puffer pH 8,5, Fluβ 1,0 ml/min., Spülzeit 5 min.
Trenneluent: 38 Teile Methanol + 62 Teile 0,01 M Na_2 HP O_4 gemischt und auf pH 7 eingestellt, Fluβ 0,7 ml/min.
Injektionsvolumen: 1000 μl (WATERS WISP).
Detektion: UV-Detektor LC 75 (Perkin-Elmer), Wellenlänge 275 μm.
Auswertung: Flächtenintegration, Externer Standard.

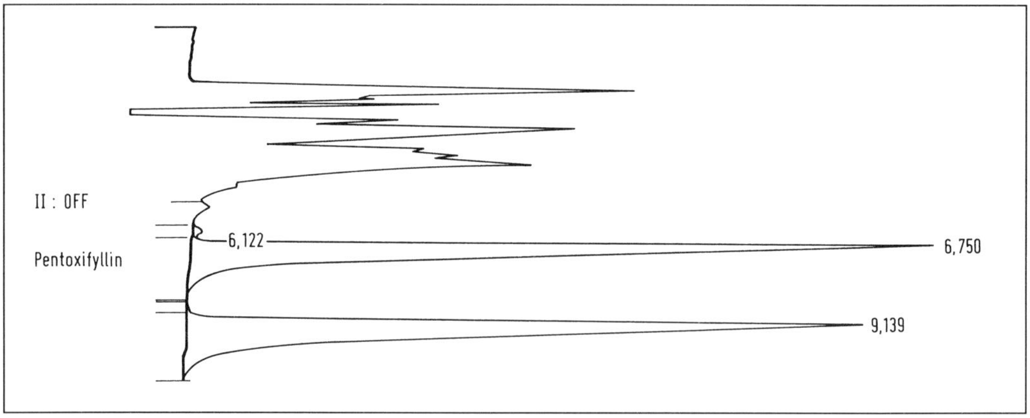

Abbildung 2. HPLC-Chromatogramm der Plasmaprobe Proband 1, 100 mg P i.v., 15 min p. a. Retentionszeit 6,75 min = Pentoxifyllin. 9,14 min = Metabolit M 1.

Die Medikation wurde von allen Probanden gut vertragen. Nach Injektion verteilt sich P sehr rasch mit einer Halbwertszeit von drei bis sieben Minuten. Das große Verteilungsvolumen läßt auf eine gute Verteilung des P im Gewebe schließen. Der Wert der Plasmaclearance von ca. 3000 ml/min. zeigt, daß die Metabolisierung auch außerhalb der Leber stattfinden muß, da der Leberblutfluß in der Größenördnung von ca. 1500 ml/min. liegt.

Die Halbwertszeiten der Verteilung und Elimination des Metaboliten M 1 liegen sehr nahe an den Werten des P. Hieraus ist zu schließen, daß diese Größen durch die Bildung des M 1 kontrolliert sind. Die Clearance des M 1 liegt in der Größenordnung des Leberblutflusses. Diese Beobachtun-

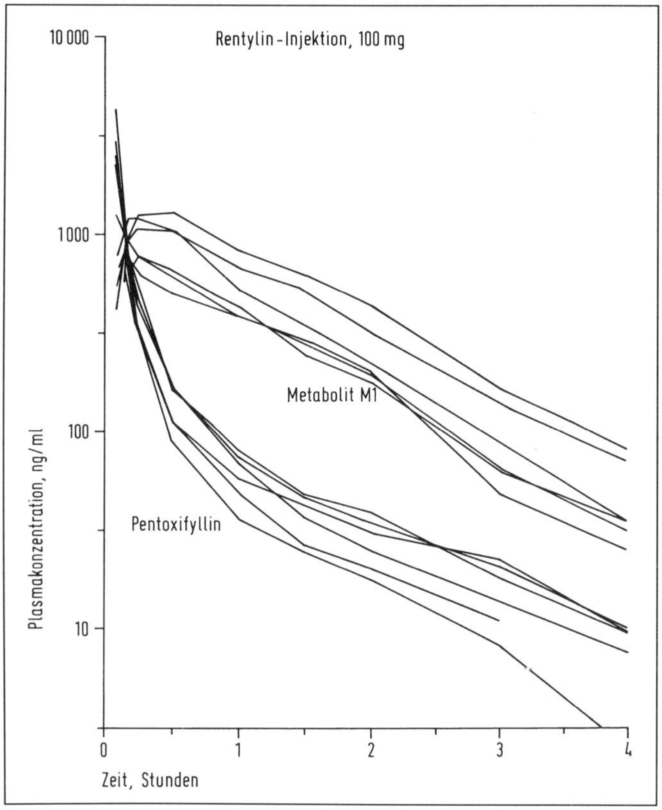

Abbildung 3. Zeitlicher Verlauf der P und M 1 Plasmakonzentration nach 100 mg P i.v.

Tabelle I. Pharmakokinetik des Pentoxifyllins P und des Metaboliten M 1.

Parameter	Pentoxifyllin	Metabolit 1
AUC (ng x h/ml)	497 ± 51	1414 ± 474
$t_{1/2}$ initial (min.)	4 ± 1,9	4 ± 1,3
$t_{1/2}$ terminal (h)	1,02 ± 0,25	0,803 ± 0,077
MTT (h) mittlere Verweilzeit	0,52 ± 0,22	1,29 ± 0,08
Verteilungsvol. (Steady state) (l)	102 ± 53	83 ± 40
Clearance (ml/min)	3084 ± 560	1335 ± 443

gen stimmen weitgehend mit den Resultaten anderer Autoren (4) überein.

Im Rahmen dieser Studie wurde mit denselben Probanden nach einer Auswaschphase von 1 Woche die *absolute Bioverfügbarkeit des Pentoxifyllins aus Rentylin®600*[1] bestimmt.
Der Quotient $AUC_{Rentylin® 600}/AUC_{i.v.}$ wurde zu ca. 30% ermittelt.
Dieses Resultat entspricht der oralen Verfügbarkeit (5) des Wirkstoffes und zeigt die optimale Verfügbarkeit aus dem Präparat.

Entwicklung oraler Retardformen

Die Basisdaten aus der i.v.-Studie lassen P als Wirkstoff mit kurzer Halbwertszeit der Elimination erkennen. Um einen Plasmaspiegel im therapeutischen Bereich in einer Dauerbehandlung aufrecht zu erhalten, wären also häufige Gaben erforderlich. Um eine patientengerechte Darreichungsform anbieten zu können, wurden daher Retardtabletten mit 400 mg und 600 mg Wirkstoff entwickelt. Die verzögerte Wirkstoff-Freigabe beruht auf einem diffusionskontrollierten Retardprinzip mit einer unverdaulichen Tablettenmatrix. Hieraus resultiert eine kontinuierliche Wirkstoffabgabe über mehr als acht Stunden mit einer initialen Freisetzung von ca. 20% in der ersten Stunde und einem annähernd linearen Teil, der zu ca. 70% freigesetzten Wirkstoffes nach acht Stunden führt (Abbildung 4).

Rentylin®600 im Steady state

In einer Studie mit zehn freiwilligen Probanden sollte der Verlauf der Plasmakonzentration an P und M 1 nach Mehrfachapplikation von Rentylin®600 Retardtabletten ermittelt werden. An der Studie, die stationär durchgeführt wurde, nahmen zehn gesunde Männer im Alter zwischen 22 und 33 Jahren (Gewicht 75,9 ± 9,0 kg, Größe 178,7 ± 4,6 cm) teil.
Über drei Tage wurde alle zwölf Stunden eine Tablette Rentylin®600 eingenommen, am vierten Tag erfolgte nur eine einzige Einnahme. Blutproben wurden am ersten Tag von 0–13 Stunden, am zweiten und dritten Tag vor und eine Stunde nach jeder Applikation, am vierten Tag über 24 Stunden genommen und zu Plasma aufgearbeitet. Durch Ausfallen eines Probanden waren neun Meßreihen auswertbar. Die Resultate der Plasmamessungen sind für P und M 1 über den gesamten Studienverlauf in den Abbildungen 5 und 6 graphisch wiedergegeben. Dabei ist zu berücksichtigen, daß die Messungen bei 12, 24, 36, 48 und 60 Stunden unmittelbar vor der folgenden Einnahme, die darauf folgenden Messungen

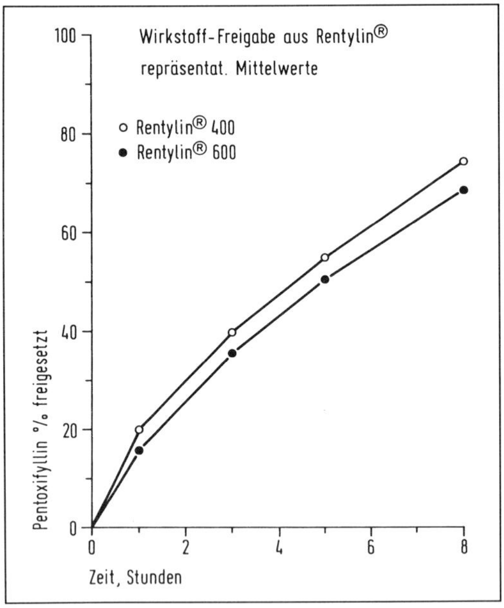

Abbildung 4. In-vitro Wirkstoff-Freigabe des P aus Rentylin®400/600 Retardtabletten. Versuchsbedingungen: Drehkörbchen-Apparatur Ph. Eur., 500 ml Phosphatpuffer pH 6,5, 37°C, 25 U/min.

[1] Hersteller: Dr. Rentschler Arzneimittel GmbH & Co., Laupheim

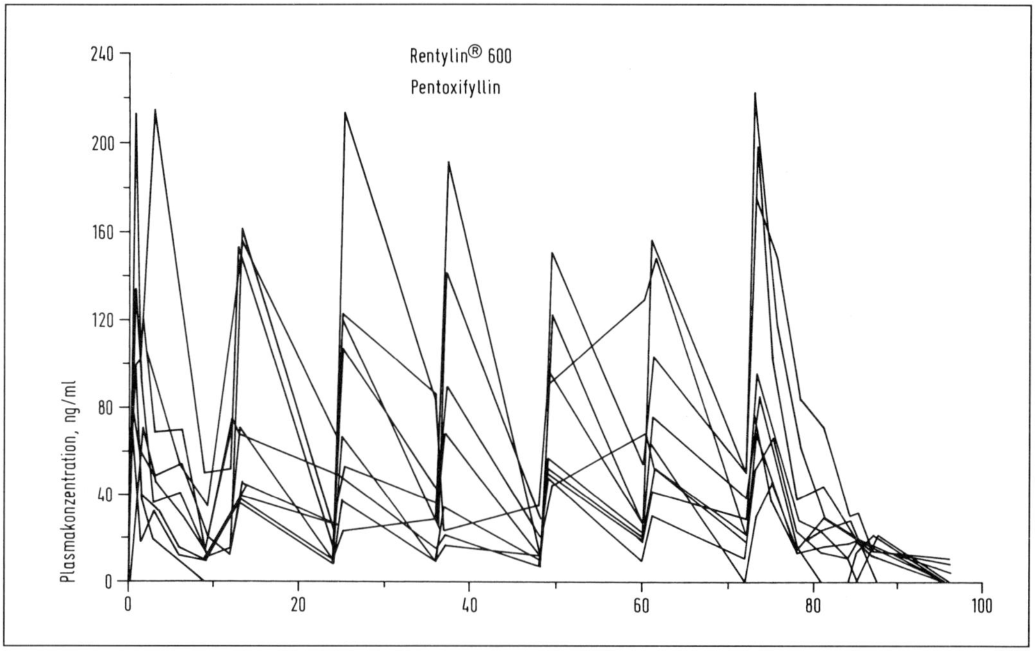

Abbildung 5. Verlauf der P- Plasmakonzentrationen über den gesamten Zeitraum der Studie von vier Tagen.

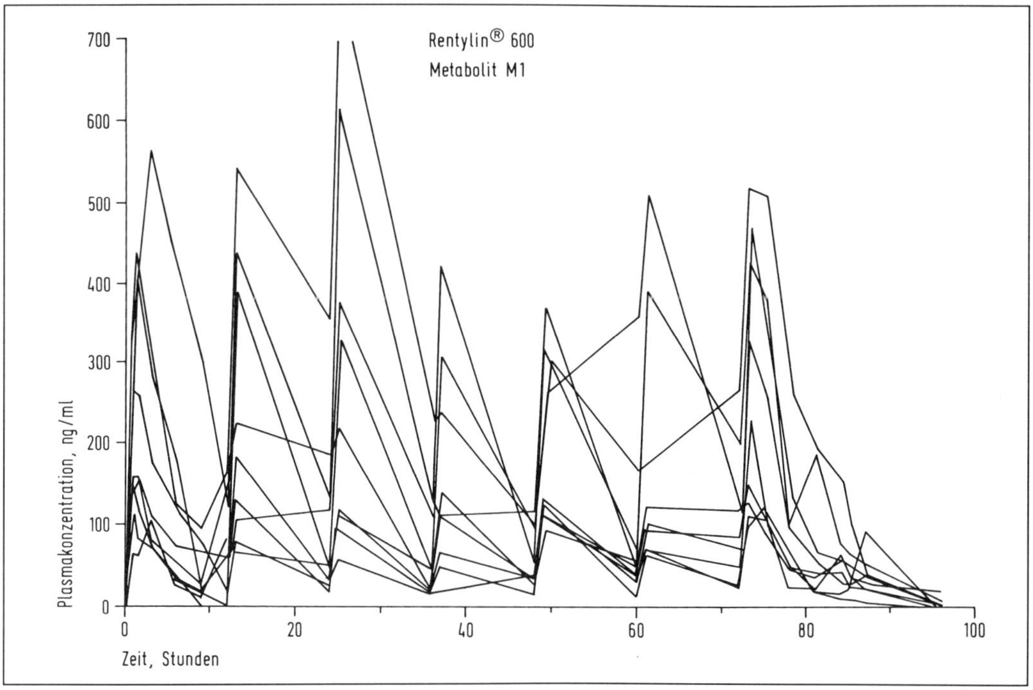

Abbildung 6: Verlauf der M-1-Plasmakonzentrationen über den gesamten Zeitraum der Studie von vier Tagen.

Tabelle II. Pharmakokinetik des Rentylin® 600 im Steady state.

Parameter	Pentoxifyllin	Metabolit 1
AUC im SS (ng x h/ml)	583,0 ± 312,8	1596 ± 1027
$C_{max.}$ 1–12 h (ng/ml)	127,2 ± 50,9	260 ± 159
$T_{max.}$ 1–12 h (h)	1,0	1,6
$C_{max.}$ SS (ng/ml)	116,1 ± 61,9	275,7 ± 153
$T_{max.}$ SS (h p.a.)	1,4	1,2

mit einer Stunde p. a. willkürlich im Absorptionsanstieg lagen. Das tatsächliche Konzentrationsprofil ist demnach aus Meßzeit 0–12 und 72–96 h zu ersehen.
Die pharmakokinetischen Daten sind in Tabelle II dargestellt. Die AUC wird im Steady state aus der Fläche unter einem Dosierungsintervall ermittelt. Diese Fläche entspricht der AUC einer Einmaldosierung von 0–00 h. Der Vergleich der Maximalwerte im ersten und letzten Intervall zeigt, daß eine Akkumulation von P und M 1 nach Mehrfachdosierung nicht auftritt. Die Charakteristik der Konzentrationsverläufe wird durch Mehrfachgabe nicht verändert.

Zusammenfassung

Pentoxifyllin, der Wirkstoff der Rentylin®-Präparate, ist einer raschen Elimination durch Metabolisierung unterworfen. Die Kinetik des pharmakodynamisch relevanten Metaboliten M 1 wird vorwiegend durch dessen Bildung kontrolliert, so daß seine Elimination dem Pentoxifyllin parallel läuft. Die Metabolitenkonzentration und die AUC's liegen etwa beim dreifachen der Pentoxifyllin-Werte. Die kurze Halbwertszeit der Elimination von ca. 1 Stunde macht die Retardierung des Wirkstoffes für perorale Anwendung sinnvoll, um patientengerechte Darreichungsformen anbieten zu können. Das pharmakokinetische Resultat der galenischen Formulierung der Retardtabletten Rentylin® 400/600 wurde am Beispiel einer Steady-state-Studie mit Rentylin® 600 gezeigt. Nach zweimal täglicher Einnahme werden ausreichende Konzentrationen an Pentoxifyllin und Metabolit M 1 ohne die Gefahr einer Akkumulation aufrecht erhalten. Diese Resultate werden im wesentlichen auch nach Einnahme von dreimal täglich einer Rentylin® 400 Tablette erreicht (6), wie aus den weitgehend gleichlaufenden in vitro Wirkstoff-Freigabeprofilen beider Präparate zu erwarten ist.

Literatur

1 Hinze HJ (1972) Arzneim Forsch 22:1492–1495
2 Roth W, Beschke K, Jauch R, Zimmer A, Koss FW (1981) J Chromatogr 222:13–22
3 Herrmann R (1982) Dt Apoth Ztg 122:1797–1800
4 Ings RM, Nüdemberg F, Burrows JL, Bryce TA (1982) Eur J Clin Pharmacol 23:539–543
5 Beermann B, Ings R, Mansby J, Chamberlain J, McDonal A (1985) Clin Pharmacol Ther 37:25–28
6 Renton R, Herrmann R et al. (1986) Interner Studienbericht Dr. Rentschler

Anschrift des Verfassers:
Dr. R. Herrmann
Dr. Rentschler Arzneimittel GmbH & Co.
Postfach 320
D-7958 Laupheim

Veränderungen der Blutfluidität bei arterieller Verschlußkrankheit

Ergebnisse einer epidemiologischen Querschnittsstudie

W. Koenig, E. Ernst[a] *und A. Matrai* †[a]
Medizinische Universitätsklinik, Ulm, und
[a]Klinik für Physikalische Medizin der Universität München

Einleitung

Über hämorheologische Veränderungen bei arterieller Verschlußkrankheit (AVK) existiert eine umfangreiche Literatur. In der Mehrzahl der vorwiegend klinischen Studien wurden kleinere Patientengruppen untersucht. In den meisten dieser Untersuchungen wurden bei AVK-Kranken hämorheologische Störungen beschrieben. Die im Vergleich zu gesunden Kontrollen erhöhte Blutviskosität ließ sich auf eine Hämatokrit- und Fibrinogenerhöhung, eine Vermehrung der Aggregationstendenz der Erythrozyten und eine Verminderung der Erythrozytenflexibilität zurückführen (2, 5, 6).
In der vorliegenden Analyse werden die Veränderungen einfacher, hämorheologisch relevanter Meßgrößen (Hämoglobin, Plasmaviskosität und Gesamteiweiß) bei Patienten mit AVK dargestellt, die aus einer Zufallsstichprobe der Bevölkerung identifiziert wurden. Diese Werte werden mit denjenigen von Patienten mit Angina pectoris sowie mit gesunden Personen und einer weiteren Kontrollgruppe von Rauchern verglichen.

Probanden und Methodik

Das *MONICA*-Projekt Augsburg ist Bestandteil einer von der Weltgesundheitsorganisation koordinierten epidemiologischen Langzeitstudie mit derzeit 40 Zentren in 27 Ländern. Aufgabe des *MONICA*-Projektes ist die Verlaufsbeobachtung der Morbidität, Mortalität und Letalität an Herzinfarkt und Schlaganfall über zehn Jahre in definierten Bevölkerungen (Registerstudien). Weiterhin soll das Projekt Aufschluß über die Bestimmungsfaktoren dieser Erkrankung geben. Letzteres geschieht durch Erfassung des kardiovaskulären Risikofaktorenprofils in fünfjährigen Querschnittsstudien. Für die vorliegende erste Querschnittsstudie wurde eine Zufallsstichprobe von 5312 Personen im Alter zwischen 25 und 64 Jahren aus dem Einwohnermeldeverzeichnis der Stadt Augsburg sowie bestimmter Orte in den Landkreisen Augsburg und Aichach-Friedberg ausgewählt. Im Stadtgebiet Augsburg wurde eine altersstratifizierte Zufallsstichprobe gezogen, für die ländlichen Gebiete wurde eine Clusterstichprobe gewählt. Die Nettoresponserate betrug 79,4%, so daß insgesamt 4022 Personen untersucht wurden.
Die Probanden wurden von geschultem medizinischem Personal mit Hilfe eines standardisierten Fragebogens zur Anamnese, Inanspruchnahme medizinischer Versorgung, Wissen und Einstellung zum Bluthochdruck, sozioökonomischer Faktoren, Alkoholeinnahme, Rauchverhalten und zur Medikamenteneinnahme während der letzten sieben Tage vor der Untersuchung be-

fragt. Im Anschluß an das Interview wurde der Blutdruck unter standardisierten Bedingungen nach den Empfehlungen der American Heart Association gemessen und das Körpergewicht sowie die Größe protokolliert. Bei ca. 98% der Probanden konnte eine Blutentnahme zur Bestimmung von Gesamtcholesterin, HDL-Cholesterin, Apolipoproteinen, Gamma-GT, Harnsäure, Kreatinin, Thiozyanat und in 90% der Fälle auch Hämoglobin und Plasmaviskosität sowie Gesamtprotein durchgeführt werden. Weiterhin wurde ein Ruhe-EKG aufgezeichnet. Die Datenerhebung dauerte von Oktober 1984 bis Mai 1985.

Definition der untersuchten Personengruppen

Kontrollgruppe A: Anamnestisch keine kardiovaskulären oder andere chronische Erkrankungen, Nichtraucher. Keine Einnahme von Medikamenten, welche die Blutfluidität beeinflussen.
Gemessen: Systolischer RR < 160 mmHg, diastolischer RR < 95 mmHg, Gesamtcholesterin < 260 mg/dl, Harnsäure < 400 mmol/l für Männer und < 340 mmol/l für Frauen, Body Mass Index < 30, unauffälliges Ruhe-EKG.

Kontrollgruppe B: Diese Gruppe unterschied sich von Gruppe A nur dadurch, daß die Personen Raucher waren.

Personen mit arterieller Verschlußkrankheit (AVK) sowie Personen mit Angina pectoris (AP): Alle Probanden, die angaben, wegen Durchblutungsstörungen an Beinen und Armen behandelt zu werden, wobei venöse Beinleiden (Krampfadern, Thrombosen, Venenentzündungen) ausgeschlossen wurden. Patienten mit Angina pectoris wurden aufgrund des *Rose*-Fragebogens identifiziert. Ein durchgemachter Myokardinfarkt und/oder ein Schlaganfall waren für beide Gruppen ein Ausschlußgrund.

Meßmethoden

Bestimmung der Plasmaviskosität (PV; mPas) mit dem *Coulter-Harkness*-Kapillarviskometer. Für die Auswertungen wurde der Mittelwert aus drei Einzelmessungen herangezogen. Bestimmung von Hämoglobin (Hb; g/dl) mit der Zyanatmethode (Hb-Meter und Dilutor, Colora-Meßtechnik). Für beide Parameter wurden in regelmäßigen Abständen während der gesamten Feldstudie Doppelbestimmungen durchgeführt. Zusätzlich wurde die Plasmaviskosität gegen den Referenzwert von destilliertem Wasser und Hämoglobin gegen eine Standardlösung gemessen.
Aus Plasmaviskosität und Hämoglobin wurden die Vollblutviskosität bei definierten Schergraden von 0,7 x S^{-1} und 95 x S^{-1} gemäß den Formeln

$$V_{(0,7)} = \text{Plasmaviskosität x e x 0,1894 x Hämoglobin (mPas)},$$

$$V_{(95)} = \text{Plasmaviskosität x e x 0,0909 x Hämoglobin (mPas)}$$

errechnet (7).
Das Gesamteiweiß (Prot; g/l) im Serum wurde mit einem SMAC-Analyseautomat bestimmt. Die üblichen externen und internen Qualitätskontrollen der Deutschen Gesellschaft für Klinische Chemie wurden durchgeführt.

Ergebnisse

Die Abbildungen 1–4 geben die Ergebnisse bezüglich Plasmaviskosität, Hämoglobin und Vollblutviskosität bei definierten Schergraden wieder. Verglichen wurden jeweils die Patienten mit AVK bzw. AP mit denjenigen, die aufgrund strenger Kriterien als gesund definiert worden waren (Kontrollgruppe A; t-Test). Die Tabellen I, II und III zeigen eine Darstellung der hämorheologischen Parameter bei den Kontrollgrup-

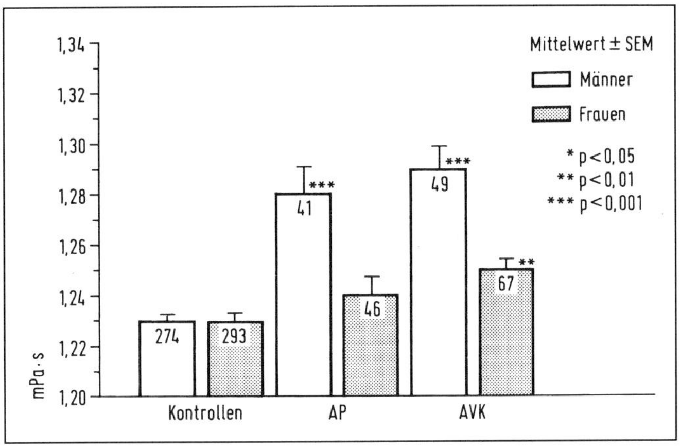

Abbildung 1. Plasmaviskosität (mPas) bei Patienten mit arterieller Verschlußkrankheit (AVK) und Angina pectoris (AP) im Vergleich zur Kontrollgruppe A (Gesunde, Nichtraucher).

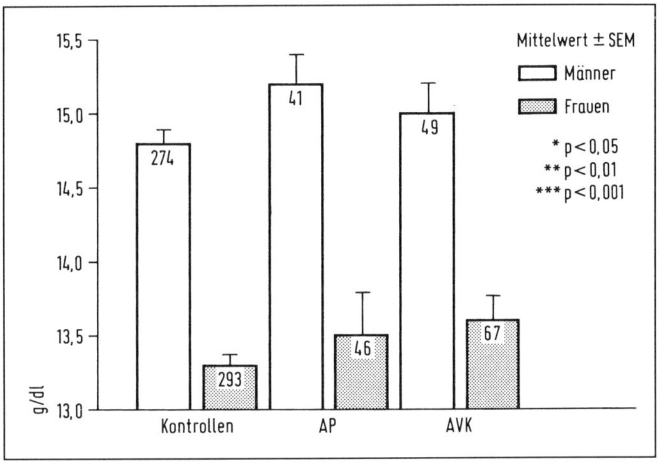

Abbildung 2. Hämoglobin (g/dl) bei Patienten mit arterieller Verschlußkrankheit (AVK) und Angina pectoris (AP) im Vergleich zur Kontrollgruppe A (Gesunde, Nichtraucher).

Tabelle I. Hämorheologische Parameter der Kontrollgruppe A.

	n	Hb (g/dl)		PV (mPas)		Prot. (g/l)		$V_{(95)}$ mPas		$V_{(0,7)}$ mPas	
		$\bar{x}$	SEM	$\bar{x}$	SEM	$\bar{x}$	SEM	$\bar{x}$	SEM	$\bar{x}$	SEM
Männer	274	14,8	0,09	1,23	0,003	72,3	0,21	4,75	0,04	19,9	0,45
25–34	103	14,9	0,15	1,22	0,004	73,2	0,31	4,78	0,08	21,6	0,93
35–44	74	15,0	0,18	1,24	0,006	72,8	0,38	4,89	0,07	22,3	0,85
45–54	66	14,4	0,14	1,22	0,006	71,1	0,44	4,56	0,06	19,2	0,52
55–64	31	14,7	0,19	1,23	0,009	70,4	0,54	4,71	0,10	20,5	0,79
Frauen	293	13.3	0,08	1,23	0,003	71,4	0,24	4,15	0,03	15,1	0,29
25–34	79	13,4	0,17	1,24	0,008	72,8	0,42	4,21	0,08	16,4	0,69
35–44	117	13,3	0,12	1,22	0,005	70,9	0,38	4,12	0,05	15,6	0,42
45–54	73	13,2	0,15	1,23	0,007	70,6	0,47	4,09	0,06	15,4	0,50
55–64	24	13,3	0,24	1,26	0,010	71,6	1,00	4,25	0,11	16,1	0,83

$\bar{x}$ = Mittelwert; SEM = Standardfehler des Mittelwertes; n = Fallzahl.

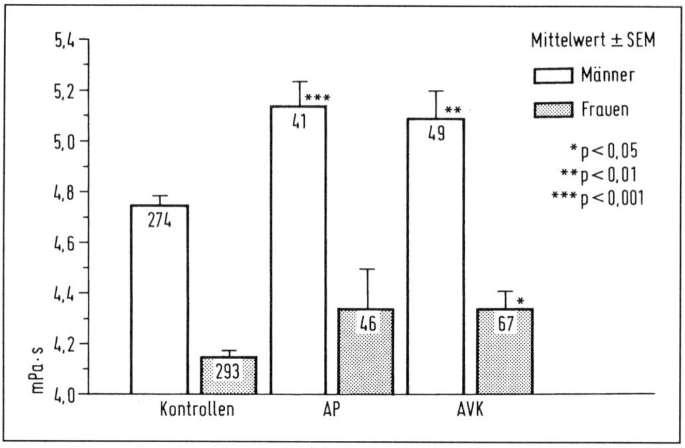

Abbildung 3. Berechnete Vollblutviskosität bei Scherkraft 95 bei Patienten mit arterieller Verschlußkrankheit (AVK) und Angina pectoris (AP) im Vergleich zur Kontrollgruppe A (Gesunde, Nichtraucher).

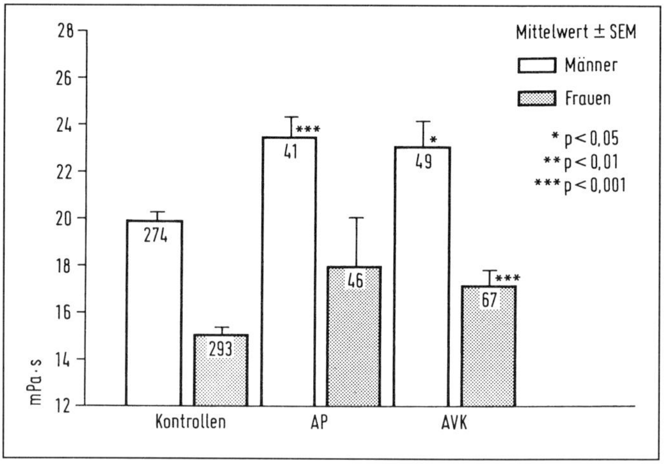

Abbildung 4. Berechnete Vollblutviskosität bei Scherkraft 0,7 bei Patienten mit arterieller Verschlußkrankheit (AVK) und Angina pectoris (AP) im Vergleich zur Kontrollgruppe A (Gesunde, Nichtraucher).

Tabelle II. Hämorheologische Parameter der Kontrollgruppe B (Raucher).

	n	Hb (g/dl)		PV (mPas)		Prot. (g/l)		$V_{(95)}$ mPas		$V_{(0,7)}$ mPas	
		x̄	SEM	x̄	SEM	x̄	SEM	x̄	SEM	x̄	SEM
Männer	185	14,9	0,10	1,24	0,004	72,0	0,25	4,85	0,05	21,7	0,47
25–34	88	15,0	0,15	1,23	0,005	72,2	0,36	4,88	0,07	22,1	0,77
35–44	61	14,8	0,18	1,23	0,007	71,8	0,45	4,77	0,09	21,0	0,74
45–54	27	14,9	0,23	1,27	0,012	71,9	0,65	4,91	0,11	21,6	0,94
55–64	9	15,0	0,50	1,27	0,012	72,0	1,08	5,00	0,24	22,5	2,51
Frauen	102	13,7	0,11	1,22	0,006	70,7	0,37	4,26	0,05	16,7	0,43
25–34	56	13,7	0,16	1,21	0,008	70,6	0,51	4,26	0,07	16,9	0,68
35–44	32	13,5	0,17	1,23	0,011	71,0	0,63	4,19	0,08	16,0	0,56
45–54	11	13,9	0,40	1,22	0,014	69,9	1,14	4,33	0,15	17,3	1,13
55–64	3	14,3	0,22	1,31	0,009	72,2	2,03	4,80	0,07	19,6	0,72

x̄ = Mittelwert; SEM = Standardfehler des Mittelwertes; n = Fallzahl.

pen A und B (Tabellen I, II) und den Patienten mit AVK (Tabelle III) getrennt nach Geschlecht und Altersgruppen. Dabei ließ sich in der Kontrollgruppe A für Hämoglobin und Plasmaviskosität keine Altersabhängigkeit erkennen. Das Gesamteiweiß nahm bei Männern mit dem Alter tendenziell ab.
In der Kontrollgruppe B (Raucher) stieg die Plasmaviskosität bei den Männern in den beiden oberen Altersgruppen an, bei den Frauen lediglich in der höchsten Altersgruppe. Allerdings war die Fallzahl hier sehr niedrig. Das Hämoglobin zeigte bei den Männern keine Altersabhängigkeit, bei den 45jährigen und älteren Frauen jedoch einen deutlichen Anstieg. Das Gesamteiweiß blieb bei Männern und Frauen wiederum weitgehend unverändert.
Bei Patienten mit AVK wiesen die Männer bei der Plasmaviskosität die größten Unterschiede im Vergleich zur Kontrollgruppe A auf. Im Vergleich zur Kontrollgruppe der Raucher waren ebenfalls noch statistisch signifikante Unterschiede zwischen beiden Gruppen vorhanden, allerdings wahrscheinlich nur aufgrund der unterschiedlichen Altersstruktur. Die Werte bei den 45jährigen und Älteren waren nur noch im Trend erhöht. Hämoglobin und Gesamteiweiß ließen keine Unterschiede zwischen den Gruppen mehr erkennen.

Diskussion

Die Prävalenz der AVK in der von uns untersuchten Zufallsstichprobe einer 25–64jährigen Bevölkerung stimmt mit 2,5% bei den Männern ungefähr mit Werten aus der Literatur überein, obwohl die Altersverteilungen nicht identisch sind (1). Für die Frauen lag die Prävalenz mit 3,3% zu hoch, was wohl auf eine Unschärfe des Fragebogens bei dieser Gruppe zurückzuführen ist. Dieses Phänomen ist auch für den *Rose*-Fragebogen bei Patienten mit AP beschrieben (8).
Die vorliegenden Daten zeigen, daß bei Patienten mit AVK eine gestörte Blutfluidität vorliegt. Dabei handelte es sich um unselektionierte Patienten, die lediglich mittels Fragebogen identifiziert worden waren. Bei Anlegen strengerer diagnostischer Kriterien sind noch stärker pathologisch veränderte Blutfließeigenschaften anzunehmen. Dies müßte insbesondere auf die Frauen zutreffen. Andererseits ist einschränkend zu unseren Ergebnissen zu bemerken, daß wir keine altersangeglichene Kontrollgruppe benutzten. Aus diesem Grunde haben wir zusätzlich eine Auflistung unserer Ergebnisse nach Altersgruppen vorgenommen (Tabellen I–III).
Hämoglobin fand sich bei beiden Ge-

Tabelle III. Hämorheologische Parameter bei Patienten mit AVK.

	n	Hb (g/dl)		PV (mPas)		Prot. (g/l)		$V_{(95)}$ mPas		$V_{(0,7)}$ mPas	
		$\bar{x}$	SEM	$\bar{x}$	SEM	$\bar{x}$	SEM	$\bar{x}$	SEM	$\bar{x}$	SEM
Männer	49	15,0	0,22	1,29	0,011	72,7	0,62	5,09	0,12	23,1	1,18
25–34	0										
35–44	7	14,5	0,40	1,28	0,022	71,6	0,75	4,81	0,19	20,4	1,47
45–54	14	15,4	0,40	1,30	0,015	73,8	0,83	5,35	0,25	25,4	2,40
55–64	28	14,9	0,30	1,28	0,017	72,5	0,99	5,02	0,16	22,7	1,62
Frauen	67	13,6	0,18	1,25	0,006	71,4	0,46	4,34	0,08	17,2	0,71
25–34	6	14,2	1,02	1,26	0,018	73,6	0,34	4,67	0,51	20,6	5,18
35–44	13	13,5	0,34	1,22	0,013	70,4	1,03	4,18	0,17	16,1	1,37
45–54	18	13,7	0,24	1,26	0,013	72,7	0,89	4,39	0,11	17,2	0,83
55–64	30	13,6	0,28	1,24	0,008	70,6	0,70	4,31	0,11	16,9	0,99

$\bar{x}$ = Mittelwert; SEM = Standardfehler des Mittelwertes; n = Fallzahl.

schlechtern in den Gesamtgruppen lediglich diskret erhöht, während sich für die Plasmaviskosität jeweils ein hochsignifikanter Unterschied im Vergleich zur Kontrollgruppe A ergab. Die Erhöhung der Plasmaviskosität ist wahrscheinlich vorwiegend auf eine Zunahme des Fibrinogens zurückzuführen, die durch klinische Studien mehrfach belegt ist (z.B. 2). Allerdings ist dieser Befund möglicherweise durch eine erhöhte Prävalenz von Rauchern bei AVK-Patienten erklärbar (4), da die Unterschiede in der Plasmaviskosität zwischen den 45jährigen und Älteren einer Kontrollgruppe aus Rauchern nur mehr diskret ausgeprägt waren und keine statistische Signifikanz mehr erreichten (vergleiche Tabellen II und III).

Die Tatsache, daß die Plasmaviskositätswerte bei jüngeren Rauchern sich nicht von denjenigen in der entsprechenden Altersklasse der Kontrollgruppe A unterschieden, legt nahe, daß die Dauer des Rauchens auf diesen Parameter von Bedeutung ist. Dies ließ sich in einer detaillierten Analyse anhand unserer Daten bestätigen (3). Auch die Intensität des Nikotinabusus scheint positiv mit der Höhe der Plasmaviskosität korreliert zu sein (3). Die Ergebnisse bezüglich Hämoglobinveränderungen sind in der Literatur noch widersprüchlich (siehe bei 4). Möglicherweise sind Erhöhungen dieses Parameters jedoch ebenfalls durch die höhere Prävalenz von Rauchern bei AVK-Patienten zu erklären.

Da die Plasmaviskosität bei den AVK-Patienten deutlich erhöht war und das Hämoglobin einen Trend zu höheren Werten bei dieser Gruppe erkennen ließ, war die berechnete Vollblutviskosität bei verschiedenen Schergraden sowohl bei Männern als auch bei Frauen statistisch signifikant erhöht im Vergleich zu gesunden Kontrollpersonen.

Zusammenfassung

Im Rahmen des *MONICA*-Projektes Augsburg wurden 4022 Probanden einer repräsentativen Zufallsstichprobe der 25–64jährigen Bevölkerung bezüglich kardiovaskulärer Risikofaktoren untersucht. Dabei wurden auch hämorheologische Parameter miterfaßt (Hämoglobin, Plasmaviskosität und Gesamteiweiß). Aufgrund eines Fragebogens wurden 116 Personen mit peripherer arterieller Verschlußkrankheit (AVK) identifiziert. Diese wurden mit einer nach strengen Kriterien definierten Kontrollgruppe Gesunder (A; n = 567) sowie mit einer weiteren Kontrollgruppe von Rauchern (B; n = 287) verglichen. Im Vergleich zur Gruppe A fand sich bei Patienten mit AVK, insbesondere bei Männern, eine deutlich erhöhte Plasmaviskosität. Die Hämoglobinwerte waren nur im Trend erhöht. Im Vergleich zur Kontrollgruppe der Raucher waren die Plasmaviskositätsunterschiede allerdings nur mehr diskret ausgeprägt, so daß die bei Patienten mit AVK erhöhte Plasmaviskosität vorwiegend durch die höhere Prävalenz von Rauchern in dieser Gruppe bedingt sein könnte.

Literatur

1 Criqui MH, Fronek A, Barrett-Connor E, Klauber MR, Gabriel S, Goodman D (1985) The prevalence of peripheral arterial disease in a defined population. Circulation 71:510–515
2 Dormandy JA, Hoare E, Colley J, Arrowsmith DE, Dormandy TL (1973) Clinical hemodynamics, rheological and biochemical findings in 126 patients with intermittent claudication. Brit Med J 4:576–581
3 Ernst E, Koenig W, Matrai A, Filipiak B, Stieber J (in press) Blood rheology in healthy cigarette smokers: results from the MONICA-project Augsburg, Arteriosclerosis
4 Lowe GDO, Saniabadi A, Turner A, Liebermann P, Pollack J, Drury J (1986) Studies on haematocrit in peripheral arterial disease. Klin Wschr 64:969–973

5 Reid HL, Dormandy JA, Barnes AJ, Lock PF, Dormandy TL (1976) Impaired red cell deformability in peripheral vascular disease. Lancet 1:666–668
6 Schneider R, Teitel P, Kiesewetter H, Schmid-Schönbein H (1980) Clinical relevance of rheological findings in vitro. Arterial occlusive disease. In: Stoltz JF, Dronin (eds) Hemorheology and Diseases. Doin, Paris, pp 343–348
7 Whittington RB, Matrai A, Nicol CC (1985) Characteristic parameters derived from whole blood viscometry: their potential utility in diagnosis and therapy. Clin Hemorheol 4:285–289
8 Wilcosky T, Harris R, Weissfeld L (1987) The prevalence on correlates of ROSE-Questionnaire angina among women and men in the Lipid Research Clinics Program Prevalence Study Population. Am J Epidemiol 125:400–409

Für die Verfasser:
Dr. W. Koenig
Medizinische Universitätsklinik
Steinhövelstraße 9
D-7900 Ulm

Leukozyten-Rheologie unter Pentoxifyllin

A. Matrai †, *E. Ernst, F. Paulsen*[a]
Hämorheologisches Forschungslabor, Klinik für Physikalische Medizin der Universität München, und [a]Buchbergklinik, Bad Tölz

Einleitung

Erste Berichte über die Tatsache, daß Pentoxifyllin die Leukozyten-Rheologie in vitro (8) und ex vivo (5) beeinflußt, wurden in jüngster Zeit mehrfach bestätigt (1, 4, 6, 7, 9, 10, 11). Die Bedeutung dieser Befunde mag zweierlei sein: Erstens könnten sie eine Vielzahl älterer Daten, die mittels Blutfiltration ermittelt wurden, auf Effekte am Leukozyten und nicht am Erythrozyten zurückführen. Zweitens könnte der therapeutischen Beeinflussung gestörter Leukozyten-Rheologie bei ischämischen Krankheitsbildern eine wesentliche Rolle bei der Normalisierung mikrozirkulatorischer Funktionen zukommen (3). Hier wurde untersucht, ob sich bei Patienten mit peripherer arterieller Verschlußkrankheit (AVK) durch orale Langzeitmedikation von Pentoxifyllin die Leukozyten-Filterabilität verändert, und ob eine Modifikation dieser Variablen mit der klinischen Besserung, wie sie unter Pentoxifyllin beobachtet wird (2), in Zusammenhang steht.

Material und Methoden

26 männliche Patienten mit klinisch verifizierter chronischer peripherer AVK (Alter 41–60 Jahre) wurden untersucht. Die schmerzfreie Gehstrecke lag zwischen 50 und 160 m. Ausschlußkriterien waren: weitere, klinisch manifeste kardiovaskuläre Erkrankungen, Therapie mit sog. »Rheologika« in der Woche vor Studienbeginn, instabile Gehstrecke innerhalb des letzten Monats. Die Kontrollgruppe umfaßte 23 Männer (Alter 40–62 Jahre), deren Ausschlußkriterien den o.g. entsprachen.

Die Gehstrecke wurde initial unter standardisierten Bedingungen auf dem Laufband bestimmt. Gleichzeitig wurde eine venöse Blutprobe entnommen. Anschließend wurden vier Wochen lang 2 x 600 mg Pentoxifyllin (Rentylin® 600) oral mediziert. Danach wurden die anfangs durchgeführten Untersuchungen wiederholt.

Frische, zitrierte Blutproben wurden im *St.-George's*-Filtrometer filtriert (12). Als Maß für die Leukozyten-Rigidität (LR) wurde der Quotient aus Leukozytenzahl in der zu filtrierenden Probe/Anzahl der blockierten Filterporen herangezogen. Die statistische Analyse erfolgte mit dem nicht parametrischen Test nach *Wilcoxon* und *Wilcox* für gepaarte (Längsschnittvergleiche) und nicht-gepaarte (Querschnittsvergleich) Stichproben. Die Nullhypothese wurde verworfen, wenn p kleiner als 0,05 war.

Ergebnisse

Die Leukozyten-Rigidität (LR) ist bei AVK-Patienten gegenüber Kontrollpersonen signifikant erhöht. Unter Therapie normalisiert sich dieser Wert und ist bei Behandlungsende nicht mehr signifikant different vom Normalkollektiv. Gleichzeitig findet sich unter Therapie eine signifikante Gehstreckenverlängerung (Tabelle I).

LR wurde mit den Ergebnissen der Gehstreckenmessung korreliert. Dabei zeigen sich keine signifikanten Korrelationen zwi-

Tabelle I. Leukozyten-Rigidität und Gehstrecke unter Pentoxifyllin (Mittelwerte ± 1 SD).

Parameter	AVK-Patienten	Kontrollen
LR (Therapiebeginn) (%)	0,38 ± 0,11[a]	0,23 ± 0,04
LR (Therapieende) (%)	0,26 ± 0,07[b]	–
Gehstrecke (Therapiebeginn) (m)	87 ± 25	–
Gehstrecke (Therapieende) (m)	145 ± 33[b]	

[a]signifikanter Unterschied gegenüber Kontrollgruppe; [b]signifikanter Unterschied zum Ausgangswert; LR = Leukozyten-Rigidität (siehe Text).

schen den jeweiligen Anfangs- bzw. Endwerten bei der Gesamtgruppe (r = 0,371 bzw. r = –0,021). Die Patienten wurden bezüglich der initialen LR in zwei Gruppen eingeteilt – eine über 0,25 (deutlich pathologische Werte) und eine darunter. In erstgenannter Untergruppe zeigt sich eine signifikante, inverse Korrelation zwischen LR und der initialen Gehstrecke (Abbildung 1), in letztgenannter nicht (r = –0,367). Der analoge Vergleich bei Therapieende ergibt bei keiner der Untergruppen eine signifikante Beziehung (r = 0,0350 pathologische LR-Ausgangswerte, r = 0,261 normale LR-Ausgangswerte). Schließlich wurden die Veränderungen von LR und der Gehstrecke während der Therapie miteinander verglichen. In der Gesamtgruppe findet sich hier eine signifikante Korrelation (Abbildung 2). In der Untergruppe mit initial pathologischen LR-Werten ist der Korrelationskoeffizient deutlich höher (r = 0,662), während in der Untergruppe mit normalen LR-Ausgangswerten keine Signifikanz zustande kommt (r = 0,261).

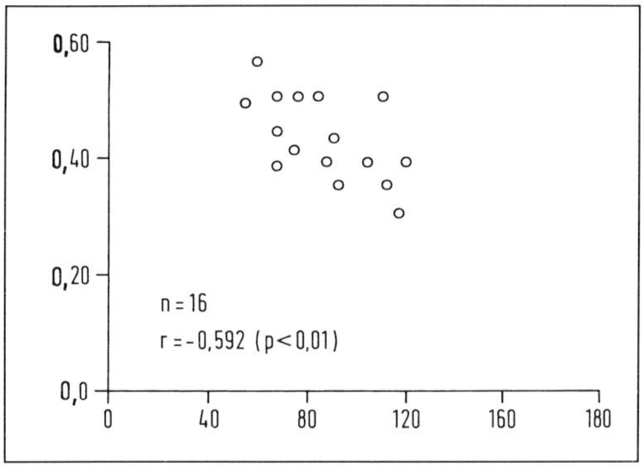

Abbildung 1. Korrelation von LR-Ausgangswerten (vertikale Achse) und initialer Gehstrecke (horizontale Achse) innerhalb der Untergruppe von Patienten mit pathologischer LR.

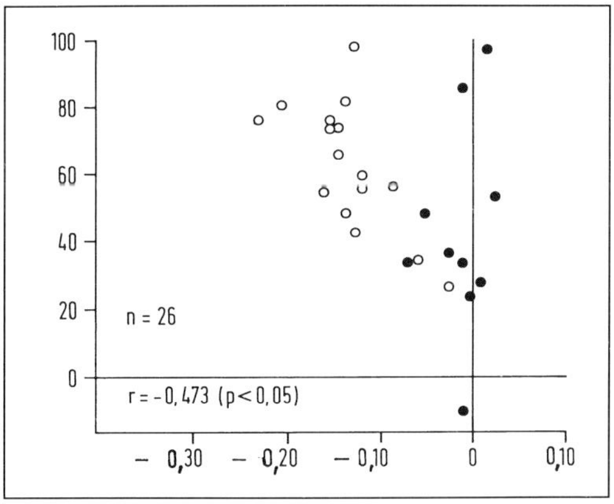

Abbildung 2. Korrelation zwischen den durch Pentoxifyllin-Therapie erzielten Veränderungen der Parameter LR (horizontale Achse) und Gehstrecke (vertikale Achse). ○ = Patienten mit pathologischen LR-Ausgangswerten. ● = Patienten mit normalen LR-Ausgangswerten.

Diskussion

Die vorliegenden Daten bestätigen den Befund, daß Pentoxifyllin die pathologische Leukozyten-Rheologie bei AVK normalisiert (5). Unklar ist, ob eine verminderte Verformbarkeit oder eine erhöhte Adhäsivität der weißen Zellen zugrunde liegt. Jedenfalls könnte der Befund pathophysiologisch bedeutsam sein, da eine Limitierung der Leukozyten-Rheologie die Endstrombahn schädigen und eine Hypoxie aufrecht erhalten könnte (3).

Die Daten zeigen ferner, daß Patienten, die klinisch von einer Pentoxifyllin-Therapie profitieren, gleichzeitig eine deutliche Normalisierung der LR erfahren, während das für »Nicht-Responder« nicht zutrifft (Abbildung 2). Diese Befunde stützen also die These, daß ein enger Zusammenhang zwischen der LR und der klinischen Symptomatik vorliegt. Es ist anzunehmen, daß dieser durch die Wechselbeziehung zwischen LR und der ischämischen Endstrombahn zu erklären ist (2). Die Frage nach der genauen Natur der Ursache-Wirkungs-Beziehung muß jedoch offen bleiben. Es ist denkbar, daß die Normalisierung der LR den therapeutischen Erfolg direkt bedingt. Ebenso ist es allerdings möglich, daß Pentoxifyllin über einen anderen Mechanismus die Perfusion der Endstrombahn günstig beeinflußt. Bei »Respondern« wäre dann sowohl die Normalisierung der LR als auch die Gehstreckenzunahme der gemeinsame Ausdruck dieses Phänomens.

Zusammenfassung

26 Patienten mit klinischer AVK wurden vier Wochen lang mit 2 x 600 mg Pentoxifyllin/Tag therapiert. Dadurch normalisiert sich die initial pathologische Leukozyten-Rheologie parallel mit einer Verlängerung der schmerzfreien Gehstrecke. Ferner zeigt sich eine signifikante Korrelation zwischen den Veränderungen beider Variablen unter Therapie. Dies läßt die These eines engen Zusammenhangs zwischen der Leukozyten-Rheologie und der klinischen Symptomatik zu, der durch Einflüsse der Leukozyten auf die ischämische Endstrombahn erklärbar wäre.

Literatur

1 Ambrus JL, Ambrus CM, Stadler S, Chadha KC (1987) Hemorheologic and immunologic effects of pentoxifylline (Trental). Clin Hemorheol 7:525

2 Ernst E (1987) Hemorheological therapy. In: Chien S, Dormandy J, Ernst E, Matrai A (eds) Clinical Hemorheology. M Nijhoff, Dordrecht Boston, pp 329–374

3 Ernst E, Hammerschmidt D, Bagge U, Matrai A, Dormandy J (1987) Leukocytes in ischemic diseases. JAMA 257:2318–2324

4 Hammerschmidt ED, Vercellotti GM (1987) Mechanism of action of pentoxifylline (PTX) in peripheral vascular disease: inhibition of platelet (plt) and granulocyte (PMN) responsiveness. Clin Hemorheol 7:529

5 Matrai A, Ernst E (1985) Pentoxifylline improves white cell rheology in claudicants. Clin Hemorheol 5:483–491

6 Motta C, Conan F, Roche M, Diquet H, Thao Chan M (1987) Lymphocytes membranes fluidity and order modifications after treatment with pentoxifylline. Clin Hemorheol 7:504

7 Novick WJ, Mandell G (1987) Effects of pentoxifylline on leukocyte function. Clin Hemorheol 7:515

8 Schmalzer EA, Chien S (1984) Filterability of subpopulations of leukocytes: effect of pentoxifylline. Blood 64:542–546

9 Schmalzer EA, Thao Chan M, Chien S (1987) The effect of xanthines, cytochalasin B and FMLP on neutrophil filterability in a constant flow system. Clin Hemorheol 7:477

10 Schönharting M, Nees S (1987) The effect of formylmethionylphenylalanine (FMP) and pentoxifylline (POF) on the filterability of PMN. Clin Hemorheol 7:417

11 Weill D, Fouet C, Franzini E, Thao Chan M (1987) Scanning electron microscopic investigation on the behaviour of leukocytes through a Nuclepore membrane. Clin Hemorheol 7:531

12 Dormandy J, Flite P, Matrai A et al. (1985) The St. George's filtrometer. Clin Hemorheol 5:483–491

Für die Verfasser:
Priv.-Doz. Dr. E. Ernst
Klinik für Physikalische Medizin
Universität München
Ziemssenstraße 1
D-8000 München 2

Kohlensäuretherapie bei peripherer arterieller Angioorganopathie

P. Schöps, W. Schnizer, R. Erdl, H. Knorr und N. Seichert
Klinik für Physikalische Medizin und Institut für Balneologie und Medizinische Klimatologie der Universität München

In der Literatur finden sich bereits aus dem 14. Jahrhundert Hinweise, daß natürliche Kohlensäurequellen balneotherapeutisch genutzt wurden (8). Seit hundert Jahren werden Kohlensäurebäder gezielt zur Behandlung von Erkrankungen des Bewegungsapparates und des Herz- und Kreislaufsystems eingesetzt. Der als deutliche Hautrötung sichtbare durchblutungssteigernde Effekt der Kohlensäure (CO_2) galt lange als einziger objektiv nachweisbarer Parameter der Wirksamkeit. Experimentelle Untersuchungen zum Wirkungsmechanismus und zu den Grundlagen des CO_2-Erythems sind jedoch nur vereinzelt vorgenommen worden (1, 6, 9).

CO_2-Wirkung auf die Mikrozirkulation der Haut

Hentschel (4) hat in kapillarmikroskopischen Untersuchungen eine CO_2-induzierte Steigerung der Erythrozytengeschwindigkeit in den Hautkapillaren und eine vermehrte Rekrutierung perfundierter Kapillaren nachweisen können. In Untersuchungen von *Schnizer* et al. (10) konnte ab einer Konzentration von 400–600 mg CO_2/l H_2O mit der Methode der Laser-Doppler Flußmessung an der Haut ein Vasomotionseffekt nachgewiesen werden, d.h. die spontane rhythmische Änderung des Durchmessers arteriolärer Gefäße nimmt unter Kohlendioxideinwirkung zu. Dabei stellt die Vasomotion einen funktionellen Mechanismus in der Steuerung der regionalen Durchblutung dar und ist Ausdruck eines funktionierenden Kreislaufsystems.

Die experimentellen Untersuchungen mit CO_2-haltigen Wasserproben mittels der Laser-Doppler Flowmetrie werden in den Abbildungen 1–4 gezeigt: Die Wirkungen unterschiedlicher CO_2-Konzentrationen auf die Mikrozirkulation der Haut an derselben Meßstelle bei konstanter Temperatur sind in Abbildung 1 wiedergegeben. Mit steigender CO_2-Konzentration nimmt die Gesamtdurchblutung und die Amplitude der Oszillationen zu. Die Vasomotionsfrequenz ändert sich dabei nur unwesentlich.

Abbildung 2 zeigt mikrozirkulatorische Reaktionsformen auf konstante CO_2-Konzentrationen (1200 mg CO_2/l H_2O) bei 22°C und 32°C Hauttemperatur. Aus (A) ist zu ersehen, daß die CO_2-haltige Wasserprobe nach weniger als einer Minute Einwirkzeit einen Durchblutungsanstieg induziert, der sich nach zwei bis drei Minuten auf ein Plateau einstellt. Die in der CO_2-freien Meßphase auftretenden rhythmischen Oszillationen der Vasomotion weisen eine beträchtliche Größenzunahme der Amplitude auf. Die Frequenz bleibt dabei weitgehend unbeeinflußt. In (B) ist während der Vorphase kaum ein Vasomotionsmuster zu erkennen. Durch die CO_2-Applikation wird sowohl eine Anhebung der mikrozirkulatorischen Durchströmung als auch eine deutliche Stimulation der Vasomotionsrhythmik ausgelöst. Obwohl in (C) die Kohlensäure nur eine geringfügige Steigerung des mittleren Blutflusses bewirkt, ist doch eine deutliche Aktivierung der Vasomotion erkennbar. Die CO_2-induzierte Gefäßreaktion hat offenbar zwei Komponenten, einmal die Steigerung der mittleren Gesamtperfusion und zum anderen die Aktivierung der Vasomotion. Beide Vorgänge scheinen unabhängig voneinander beeinflußbar. In (D) bleibt ein Durchblutungsanstieg aus; die CO_2-Wirkung verändert nur das Vasomotionsverhalten.

Die Dosis-Wirkungsbeziehung unterschiedlicher CO_2-Konzentrationen (bei 34°C) auf die kutane Gesamtdurchblutung, Vasomotionsamplitude und -frequenz ist in Abbildung 3 aufgeführt. In (A) erfolgt eine Zunahme der Amplitudengröße ab 400–600 mg CO_2/l H_2O und erreicht ein Maximum bei ungefähr 2000 mg CO_2/l H_2O. Höhere Konzentrationen beeinflussen die Oszillationsgrößen nur noch unwesentlich. Die Frequenz erfährt, wenn überhaupt, mit zunehmender Konzentration eher eine Abnahme. Ein deutlich meßbarer Durchblutungsanstieg wird in (B) erst ab einer Schwellenkonzentration von 400–600 mg CO_2/l H_2O ausgelöst. Der Wendepunkt der S-förmig verlaufenden Dosis-Wirkungskurve liegt bei etwa 1200 mg CO_2/l H_2O und erreicht bei ca. 2400 mg CO_2/l H_2O ein Plateau. Darüber hinausgehende Konzentrationen führen nur noch zu einer geringfügigen Steigerung des Blutflusses. Innerhalb des Konzentrationsbereichs von 600–1400 mg CO_2/l H_2O verhalten sich die Dosis-Wirkungsbeziehungen von Gesamtdurchblutung und Vasomotionsamplitude jeweils annähernd linear.

In Abbildung 4 ist die Kohlensäurewirkung auf die Hautdurchblutung (Fußrücken) bei Patienten mit peripherer arterieller Verschlußkrankheit (AVK) graphisch dargestellt. Eine CO_2-Applikation führt auch unter eingeschränkten Durchblutungsverhältnissen zu einer, wenn auch geringen, Steigerung des Blutflusses in der Haut. Dies ist insofern bedeutsam, da sogar beim Großteil der Patienten, die gleichzeitig mit vasoaktiven Medikamenten behandelt werden, durch CO_2 noch ein additiver Durchblutungsanstieg erzielt werden konnte. Andere Autoren (3) bestätigen die Wirkung von CO_2 auf arteriell bedingte Zirkulationsstörungen der Haut. Darüber hinaus konnten in eigenen Untersuchungen (unveröffentlicht) auch Effekte auf venöse Ulzera festgehalten werden.

Eine klinische Studie von *Ernst* et al. (2) ergab Hinweise dafür, daß bei Patienten mit

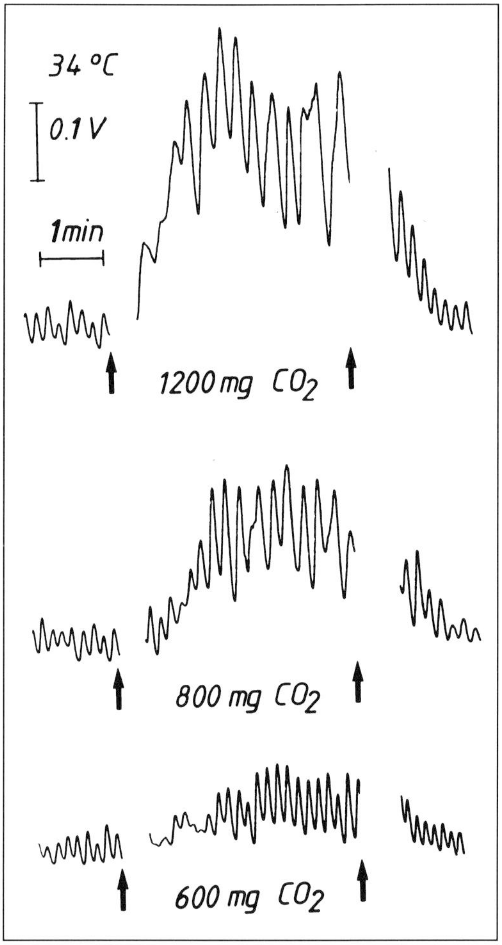

Abbildung 1. Wirkungen unterschiedlicher CO_2-Konzentrationen auf die Mikrozirkulation der Haut an derselben Meßstelle bei konstanter Temperatur (34°C).

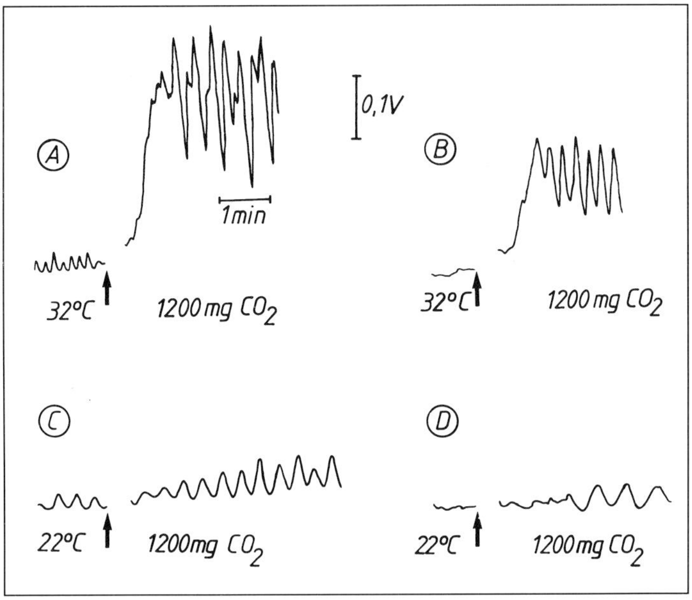

Abbildung 2. Mikrozirkulatorische Reaktionsformen auf konstante CO_2-Konzentrationen (1200 mg CO_2/l H_2O) bei 22°C und 32°C Hauttemperatur.

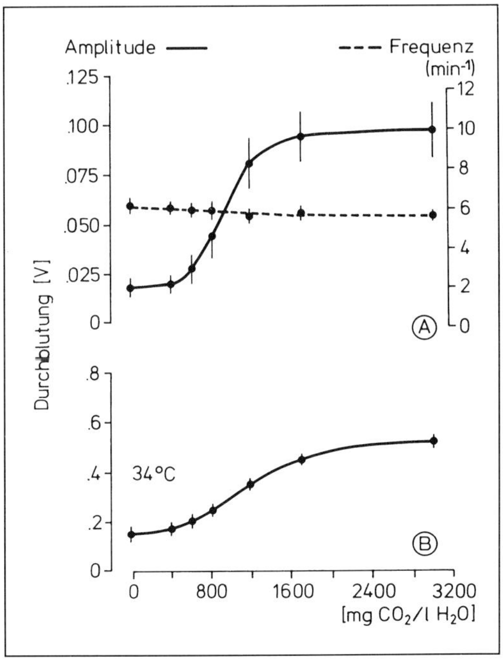

Abbildung 3. Dosis-Wirkungsbeziehung unterschiedlicher CO_2-Konzentrationen (34°C) auf die kutane Gesamtdurchblutung, Vasomotionsamplitude und -frequenz (n = 10; $\bar{x} \pm$ SEM).

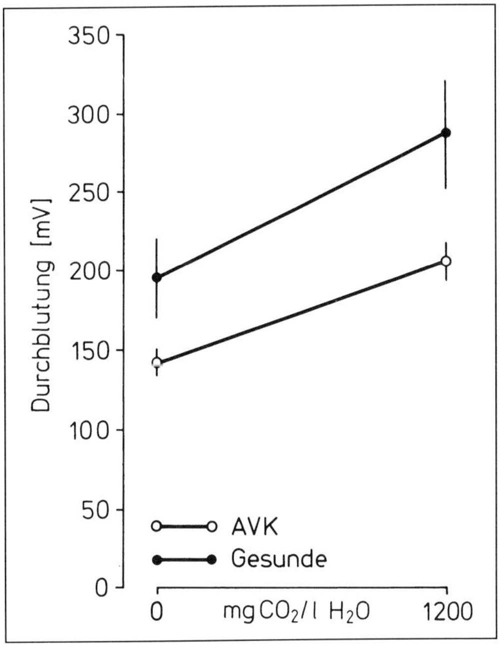

Abbildung 4. CO_2-Wirkung an der Fußrückenhaut von Patienten (n = 16) mit AVK (II–III) und bei kreislaufgesunden, gleichaltrigen Personen (n = 9). Messungen der Durchblutung mittels der Laser-Doppler-Flowmetrie ($\bar{x} \pm$ SEM).

AVK eine Verbesserung der Fließeigenschaften des Blutes durch CO_2 erreichbar ist. Abbildung 5 zeigt den Immediateffekt eines CO_2-Vollbades auf die Erythrozytenflexibilität. Unmittelbar nach dem Bad zeigt sich eine Zunahme der vorher pathologisch veränderten Erythrozytenflexibilität. Nur in zwei Fällen kommt es nicht zu einer Verbesserung dieses Parameters. Möglicherweise sind die rheologischen Veränderungen die Folge CO_2-vermittelter Strömungsveränderungen, die das lokale hypoxische Umgebungsmilieu des Erythrozyten beeinflussen; auf diese Weise kann vielleicht dessen Verformbarkeit verbessert werden. Als weiterer Akuteffekt fand sich eine signifikante Verminderung der Plasmaviskosität. Sie ist wohl in erster Linie auf eine immersionsbedingte Zunahme des Plasmavolumens zurückzuführen, die generell beim Baden stattfindet.

Physiologische Aspekte der CO_2-Wirkung

Mit der externen CO_2-Applikation wird die Haut einem relativ hohen CO_2-Partialdruck ausgesetzt. Er beträgt bei einer CO_2-gesättigten Lösung gegenüber dem des Gewebes etwa das 16-fache und bedeutet für die passive transkutane Diffusion ein entsprechend hohes Druckgefälle. Aufgrund der guten CO_2-Permeationsfähigkeit kommt es relativ schnell zur lokalen Konzentrationssteigerung im Gewebe und an den Gefäßen. Der lokale, CO_2-induzierte Anstieg der H^+-Ionenkonzentration kann die Oxy-Hb-Dissoziationskurve des Blutes nach rechts verschieben. Die Affinität des Hämoglobins für O_2 vermindert sich und die Sauerstoffabgabe an das Gewebe wird erhöht. Nach Aufnahme in das Kreislaufsystem wird das CO_2 über die Lungen wieder abgeatmet. Im Kohlensäurebad ist für CO_2 eine Resorptionsgeschwindigkeit über die Körperoberfläche von ca. 30 ml/min ermittelt worden. Das entspricht etwa 10% der vom Organismus in Ruhe gebildeten Menge und stellt daher für den Säuren-Basen-Haushalt kaum eine Belastung dar.

Was den vaskulären Wirkungsmechanismus von CO_2 betrifft, ist zunächst davon auszugehen, daß entweder das Gas selbst oder von ihm vermittelte Substanzen auf die Kontraktions- und Relaxationsprozesse

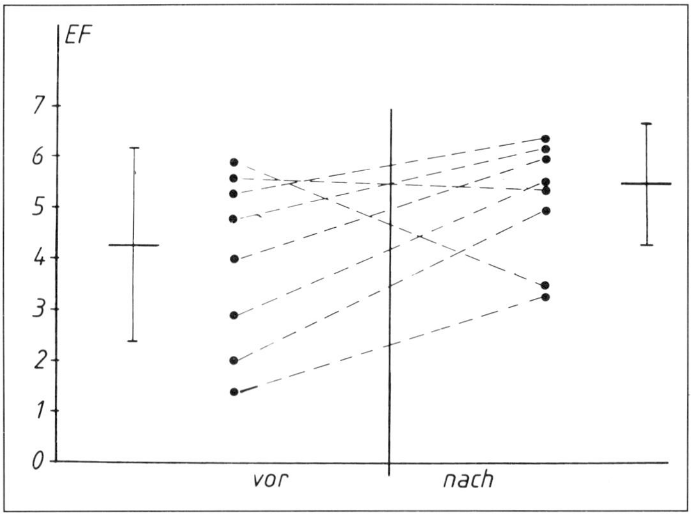

Abbildung 5. Immediateffekt eines CO_2-Vollbades auf die Erythrozytenflexibilität bei Patienten mit peripherer arterieller Verschlußkrankheit (AVK II: n = 8; $\bar{x} \pm$ SD) (nach (2)).

der glatten Gefäßmuskelzellen Einfluß nehmen, d.h. direkt oder indirekt angreifen. Letzteres könnte sowohl die Bildung und Freisetzung von vasoaktiven Stoffen als auch eine Wirkung auf die Gefäßfunktion betreffen. Aus den Untersuchungen von *Hentschel* (5) ist bekannt, daß früher favorisierte Substanzen wie Histamin und Azetylcholin zumindest primär für die CO_2-Wirkung keine Rolle spielen dürften. Zu anderen vasoaktiven Mediatorstoffen scheinen keine stichhaltigen Untersuchungen vorzuliegen.
Ein Wirkungsansatz über die Gefäßnerven würde vermuten lassen, daß die Erzeugung der Hauthyperämie über eine Minderung des sympathisch-adrenergen Gefäßtonus hervorgerufen wird, denn neurale, aktiv-vasodilatierende vegetative Efferenzen sind an der Haut des Menschen ohne Bedeutung. Die Befunde von *Lecomte* (7), der zu den physiologischen Eigenschaften des Kohlensäurebades experimentelle Beiträge geleistet hat, lassen dafür keine Stütze finden. Er konnte zeigen, daß an neugebildeten Gefäßnetzen, bei denen noch keine nervale vasomotorische Kontrolle besteht, die CO_2-bedingte Gefäßerweiterung ebenso eintritt wie an sympathisch innervierten Gewebsbereichen und vermutete daher eine direkte Einwirkung auf die glatte Muskulatur.
Die Beeinflussung der Vasomotion durch CO_2 ist in den zugrundeliegenden Mechanismen derzeit kaum begründbar, wie überhaupt die Vasomotion noch viele Fragen offenläßt. Vieles spricht dafür, daß das elektrische Geschehen an der Membran der Gefäßmuskelzelle mit den vasomotionsbildenden, periodisch auftretenden konstriktiven und relaxierenden Vorgängen eng verknüpft ist. Spontanrhythmische Änderungen der Membranpotentiale, die experimentell registriert worden sind, deuten einen Zusammenhang an. Offenbar handelt es sich um eigenrhythmische, intrinsische elektrische Eigenschaften der Zelle, die wiederum auf einem oszillierenden Ionenaustausch über die Membran beruhen (10). Es bestehen experimentelle Hinweise, daß die Ionentransportprozesse mit Oszillationen des Intermediärstoffwechsels und der rhythmischen Bildung energiereicher Phosphate (ATP) verbunden zu sein scheinen (10). Bezogen auf die Frage des CO_2-Einflusses auf die Vasomotion, wäre der relativ rasche und starke intrazelluläre CO_2-Konzentrationsanstieg als Wirkfaktor auf die metabolischen und elektrischen Vorgänge vorstellbar.

Angiologischer Indikationsbereich der CO_2-Applikationen

Die bisher empirisch begründete Verwendung von Kohlensäure-Applikationen gewinnt aufgrund der geschilderten, experimentell nachgewiesenen CO_2-induzierten Gefäßreaktionen einen neuen, wissenschaftlich begründeten Stellenwert, der es gestattet, der CO_2-Bäderbehandlung einen zumindest flankierenden Rangplatz in der befundorientierten Therapie peripherer Perfusionsstörungen zuzuordnen. Experimentell und klinisch spricht vieles dafür, daß die rheologischen, durchblutungs- und vasomotionsfördernden Eigenschaften des Kohlensäurebades sich mit dem Ziel der Verbesserung der nutritiven Zirkulation der Haut therapeutisch umsetzen lassen. Offenbar auch dann, wenn die Gefäßreserven in Ruhe mehr oder minder erschöpft sind. Ein weiteres Versorgungsdefizit, etwa durch Steal-Effekte, ist erfahrungsgemäß nicht zu beobachten. So läßt sich durch CO_2-Anwendungen ein Nutzen erwarten, wenn es darum geht, zirkulatorisch bedingte trophische Störungen und Schäden an der Haut zu behandeln, wie sie bei den verschiedenen Formen arterieller und venöser Angiopathien organischer und funktioneller Herkunft auftreten können.

Literatur

1 Bühring M, Möller B, Jungmann E, Göttl KH, Saller R (1987) Zur endokrinen Regulation des Elektrolythaushaltes im Kohlensäurebad. Z Physiother 39:15
2 Ernst E, Roloff Ch, Magyarosy I, Drexel H (1984) Hämorheologische Immediat- und Langzeiteffekte des CO_2-Bades bei arterieller Verschlußkrankheit Stadium II. Z Phys Med Baln Med Klim 13:157
3 Hartmann B, Butz O, Bassenge E (1987) Grundlagen und Indikationen der CO_2-Therapie. Heil- u. Kurort 39:291
4 Hentschel HD (1966) Experimentelle und klinische Untersuchungen zur Wirkung von Kohlensäurebädern auf die periphere Strombahn. Arch Phys Ther 18:189
5 Hentschel HD (1967) Über die Hautrötung im Kohlensäurebad. Allg Therapeut Hefte 5/6/7
6 Kolesar J (1984) Humorale Reaktionen auf Süßwasser- und Kohlensäurebäder. Z Phys Med Baln Med Klim 13:21
7 Lecomte J, Langeaux D (1984) Gefäßerweiternde CO_2-Wirkung auf neugebildete Gefäße in der Rattenhaut und beim Menschen. Z Phys Med Baln Med Klim 13:33
8 Martin A (1926) In: Wagner L. Geschichte der Bad Nauheimer Mineralquellen. Bad Nauheim
9 Meinel B (1970) Untersuchungen zur Wirkung kohlensäurehaltiger Mineralbäder auf die Histaminfreisetzung der menschlichen Haut. Arch Phys Ther 22:267
10 Schnizer W, Erdl R, Schöps P, Seicher N (1985) The effects of external CO_2-application on human skin microcirculation investigated by Laser Doppler flowmetry. Int J Microcirc: Clin Exp 4:343
11 Siegel G (1983) Membranphysiologische Grundlagen der Gefäßrhythmik. In: Meßmer K, Hammersen F (eds) Vasomotion und quantitative Kapillaroskopie. Karger, Basel vol 3:42

Für die Verfasser:
Dr. P. Schöps
Klinik für Physikalische Medizin
Klinikum Großhadern
Marchioninistraße 15
D-8000 München 70

Systemische und lokale, ischämiebedingte Störung der Hämorheologie bei arterieller Verschlußkrankheit

E. Volger, S. Stoiber[a] *und C. Pfafferott*[a]
Herz-Kreislaufklinik, Bad Wörishofen, und
[a]I. Medizinische Klinik, Klinikum r.d.Isar, TU München

Einleitung

Schon seit mehr als 20 Jahren sind hämorheologische Störungen bei Patienten mit arterieller Verschlußkrankheit (AVK) bekannt (1, 2). In zahlreichen Untersuchungen konnte seither gezeigt werden, daß die gesteigerte Blutviskosität bei AVK-Patienten in einem erhöhten Hämatokritwert und Fibrinogenspiegel (3), verbunden mit einer Erhöhung der Plasmaviskosität (14), vermehrter Aggregationstendenz der Erythrozyten (10, 13) und verminderter Erythrozytenverformbarkeit (4, 10) begründet ist. *Dormandy* sah in der erhöhten Blutviskosität auch einen prognostischen Faktor für die AVK, und in weiteren Untersuchungen derselben Arbeitsgruppe wurde später nachgewiesen, daß die Erythrozytenflexibilität mit dem Schweregrad der AVK in den Stadien II und III korreliert (5). Kürzlich wurde auch über eine gestörte Leukozytenrheologie bei peripheren arteriellen Durchblutungsstörungen berichtet (9).
Die pathophysiologische Bedeutung dieser Befunde wird immer noch kontrovers diskutiert. So könnte es sich um eine bloße Koinzidenz allgemeiner Art von Befunden bei chronisch-degenerativen Veränderungen des Gefäßsystems handeln, ohne Einfluß auf den Krankheitsverlauf selbst. Die meisten Autoren sind jedoch der Ansicht, daß durch die Verminderung der Fließschubspannung im poststenotischen Bereich durchaus einer erhöhten Blutviskosität eine klinische Bedeutung zukommt, worauf sich auch rheologisch wirksame Therapiemaßnahmen stützen. Alle diese Daten sind an venösen Blutproben aus einer Armvene erhoben worden, stellen also systemische rheologische Veränderungen dar und sagen nichts über die lokalen rheologischen Störungen in einem Ischämiegebiet aus. Aus theoretischen Überlegungen muß angenommen werden, daß sich die metabolischen Veränderungen im Gefolge einer Hypoxie im Sinne eines Circulus vitiosus auf die Blutviskosität in einem ischämischen Gebiet negativ auswirken können.
In dieser Studie sollte nun geklärt werden, ob venöses Blut aus einer Extremität mit arteriellen Durchblutungsstörungen neben den bekannten systemischen Veränderungen der Blutrheologie auch lokale Störungen der Fließeigenschaften des Blutes erkennen läßt.

Material und Methoden

Ein hämorheologischer Status wurde von 38 Patienten mit arterieller Verschlußkrankheit im Stadium II, zwölf Patienten mit zusätzlich klinisch manifester koronarer Herzkrankheit (KHK) und weiteren vier Patienten mit AVK und gleichzeitiger zerebrovaskulärer Insuffizienz erhoben. Die gewonnenen Daten dienen zum Vergleich mit jenen aus einem gesunden Kollektiv gleichen Alters.
Zur Klärung lokaler rheologischer Veränderungen wurde bei acht Freiwilligen und je

vier Patienten mit angiographisch dokumentierten hochgradigen Stenosen oder Verschlüssen der A. femoralis superficialis neben z.T. weiteren peripheren Stenosen im Stadium II, III und IV Blut aus der A. femoralis und zum Vergleich aus der korrespondierenden V. femoralis oder einer Fußrückenvene entnommen. Die Probanden und die Patienten im Stadium II wurden zusätzlich noch einer Ergometerbelastung unterzogen. Während die Gesunden 60 und 108 x 10^3 Ws zu leisten hatten, wurden die AVK-Patienten bis zu Beginn des Ischämieschmerzes belastet. Unmittelbar nach der Ergometrie wurden wiederum arterielle und venöse Blutproben aus dem Bein entnommen. Das Blut wurde mit EDTA antikoaguliert. Leukozyten und Thrombozyten wurden nach der Zentrifugation entfernt. Die Plasmaviskosität wurde in einem *Wells-Brookfield*-Viskosimeter gemessen. Die Erythrozytenaggregation wurde auf photometrische Weise in einem Rheoaggregometer bestimmt (8). Zur Erythrozytenfiltration wurden einmal gewaschene Erythrozyten in gefiltertem Plasma bis zu einem Hämatokrit von 10% resuspendiert. Als Filter wurden vorselektierte Nucleopore-Filter mit einem Porendurchmesser von fünf μm verwendet. Die Erythrozytenfilterabilität $\dot{V}_{rel}$ errechnet sich aus der Flußrate der 10%igen Erythrozytensuspension im Verhältnis zur Flußrate des Plasmas bei einem Druck von 40 mmH_2O (12). Sämtliche rheologische Messungen wurden bei 37°C innerhalb von zwei Stunden nach Blutentnahme durchgeführt.

Ergebnisse

Systemische Veränderungen

Patienten mit symptomatischer arterieller Verschlußkrankheit weisen zu 74% in einem oder mehreren rheologischen Parametern eine Differenz von mehr als einer Standardabweichung von den Normwerten auf. Tabelle I zeigt, daß mit Ausnahme der Hämatokritwerte alle makro- und mikrorheologischen Parameter signifikant schlechter als beim gesunden Vergleichskollektiv sind. Eine zusätzliche koronare Herzkrankheit führt zu einer weiteren Verminderung der Erythrozytenfiltrationsraten. Bei den vier Patienten mit begleitender zerebrovaskulärer Insuffizienz wurde der

Tabelle I. Vergleich makro- und mikrorheologischer Parameter von Gesunden und Patienten mit chronisch arterieller Verschlußkrankheit der unteren Extremitäten (AVK) und Patienten mit begleitender koronarer Herzkrankheit (AVK + KHK) oder zerebrovaskulärer Insuffizienz (AVK + ZVI).

	Gesunde	AVK	AVK + KHK	AVK + ZVI
Hämatokrit (%)	44,6 ± 5,0	43,0 ± 4,5[a]	43,3 ± 4,4[a]	48,0 ± 3,0[b]
n	96	38	12	4
Gesamtprotein (g/100 ml)	7,0 ± 0,7	7,3 ± 0,5[a]	7,2 ± n 0,6[a]	7,4 ± 0,6[a]
n	40	38	12	4
Fibrinogen (g/100 ml)	0,295 ± 0,091	0,374 ± 0,094[a]	0,379 ± 0,096[a]	0,375 ± 0,05[a]
n	40	38	12	4
Plasmaviskosität (mPas)	1,32 ± 0,06	1,43 ± 0,13[a]	1,45 ± 0,07	1,37 ± 0,05[a]
n	95	38	12	4
Ery-Aggregation (mPa)	0,25 ± 0,06	0,96 ± 0,57[a]	0,91 ± 0,44[a]	1,08 ± 0,73[a]
n	54	38	12	4
Ery-Filtrationsrate	0,63 ± 0,08	0,58 ± 0,09[a]	0,52 ± 0,08[b]	0,57 ± 0,04[a]
n	21	17	12	4

[a]signifikanter Unterschied ($p \leq 0.05$ und weniger) zu gesundem Vergleichskollektiv
[b]signifikanter Unterschied auch zu Patienten mit AVK

Hämatokritwert im Vergleich zu den Gesunden und den Patienten mit alleiniger AVK signifikant erhöht gefunden. Innerhalb der Gruppe von AVK-Patienten konnte bei jenen im Stadium III und IV noch eine weitere Verschlechterung der hämorheologischen Situation mit einer Zunahme der Plasmaviskosität, der Erythrozytenaggregation und eine Abnahme der Erythrozytenfiltrationsrate nachgewiesen werden (Abbildungen 7–9).

Lokale Veränderungen

Bei den gesunden Probanden kommt es unter stufenweiser Belastung bis 108 x 10^3 Ws zu einer signifikanten Zunahme des Hämatokritwertes (Abbildung 1), der Gesamtproteinkonzentration des Plasmas (Abbildung 2), der Plasmaviskosität (Abbildung 3) und zu einem deutlichen Abfall der Erythrozytenfilterabilität (Abbildung 5). Eine arteriovenöse Differenz ergab sich bei gesunden Probanden unter maximaler Belastung nur für die Erythrozytenfiltrationsrate, die im Blut aus der V. femoralis deutlich stärker abfiel als im Blut der A. femoralis. Die AVK-Patienten wurden bis zum Auftreten eines Ischämieschmerzes belastet, ihre Ergometerleistung war deutlich geringer als in der gesunden Vergleichsgruppe. Aber auch hier läßt sich ein Trend zur Hämatokritzunahme unter Belastung erkennen (Abbildung 1). Die Plasmaproteinkonzentration blieb dagegen unbeeinflußt (Abbildung 2). Im Gegensatz zu den Gefäßgesunden zeigte sich aber bei AVK-Patienten im Stadium II eine Dissoziation der rheologischen Werte zwischen arteriellem und venösem Blut des erkrankten Beines. Die Plasmaviskosität blieb bei der niedrigen

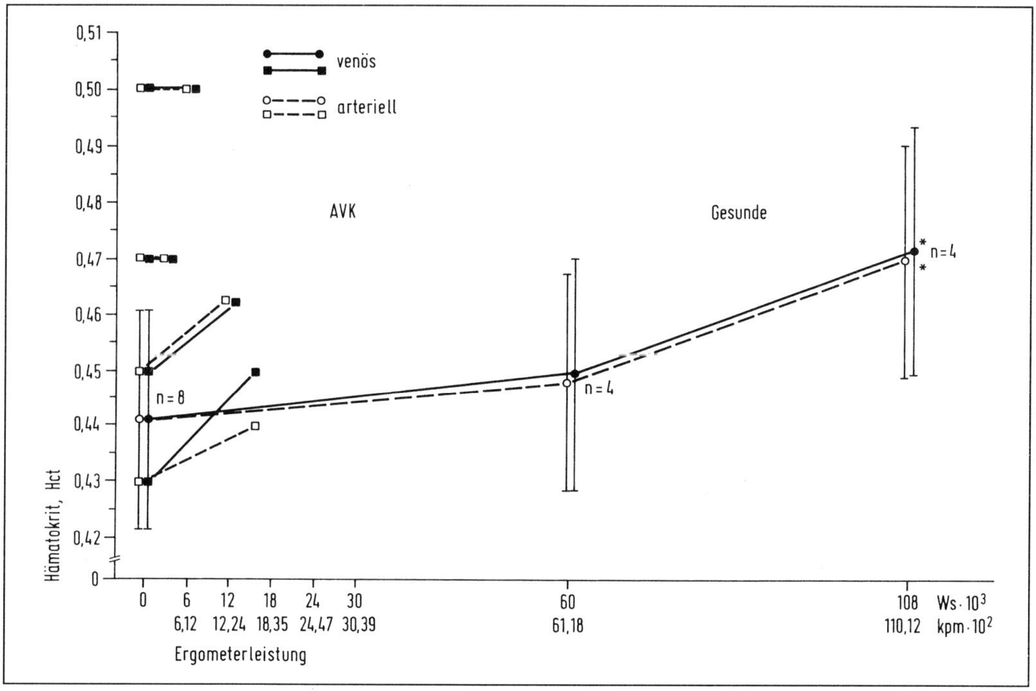

Abbildung 1. Vergleich der Hämatokritwerte in der Arteria und Vena femoralis in Abhängigkeit von der Ergometerleistung bei Gesunden und Patienten mit AVK (Blutentnahme am erkrankten Bein). * = signifikanter Unterschied $p < 0.01$ zum Ausgangswert.

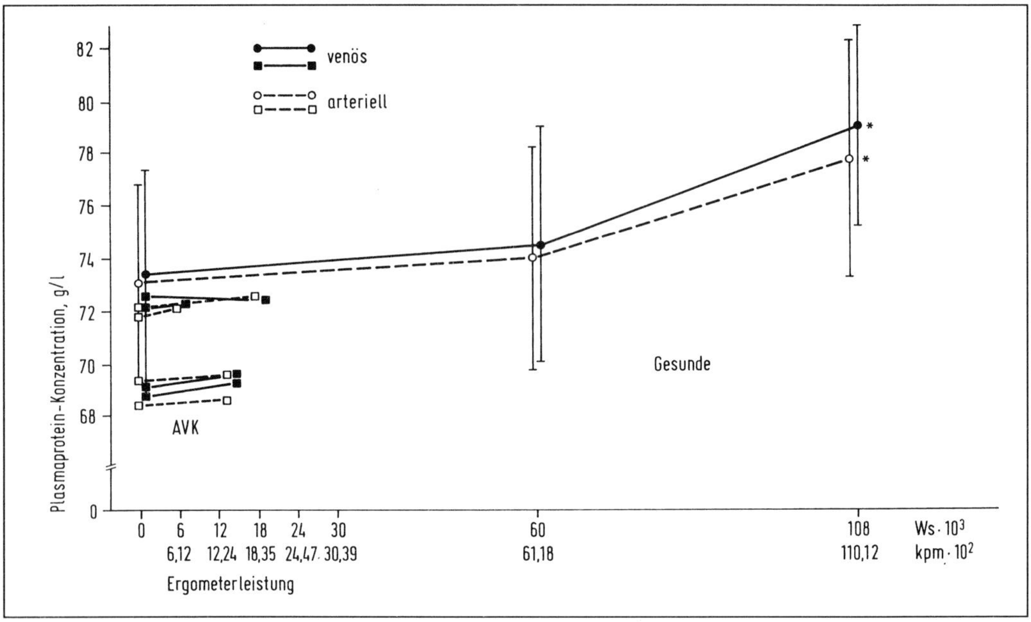

Abbildung 2. Vergleich der Plasmaproteinkonzentration in der Arteria und Vena femoralis in Abhängigkeit von Ergometerleistung bei Gesunden und Patienten mit AVK. * = $p < 0.01$.

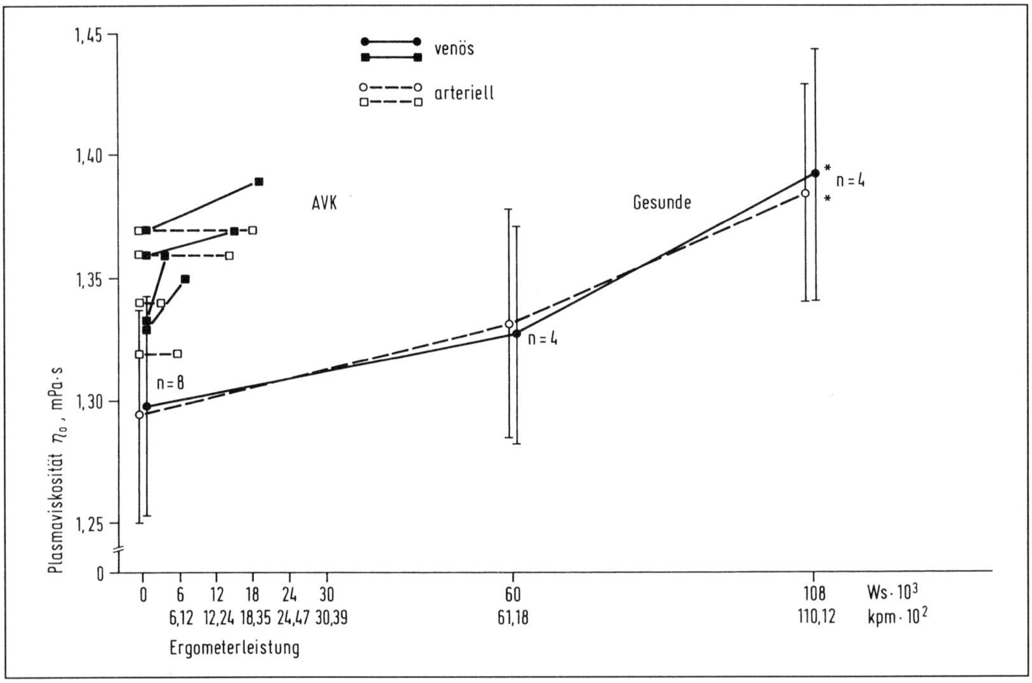

Abbildung 3. Vergleich der Plasmaviskosität in der Arteria und Vena femoralis in Abhängigkeit von der Ergometerleistung bei Gesunden und Patienten mit AVK. * = $p < 0.01$.

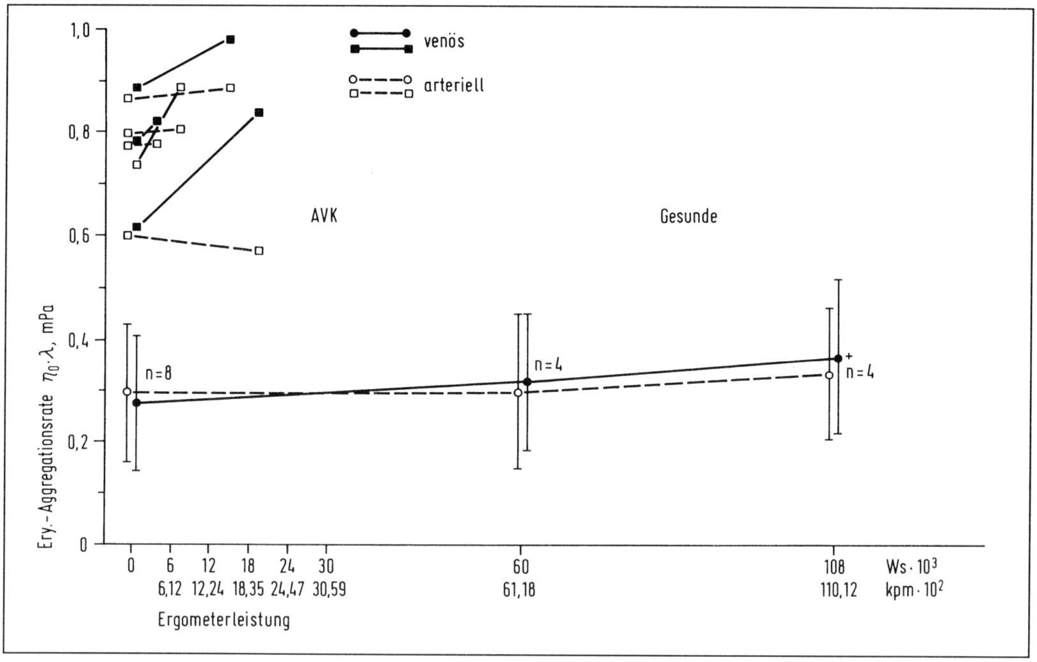

Abbildung 4. Vergleich der Erythrozytenaggregationsrate in der Arteria und Vena femoralis in Abhängigkeit von der Ergometerleistung bei Gesunden und Patienten mit AVK. + = $p < 0.05$.

Belastbarkeit im arteriellen Blut unverändert im Vergleich zum Ausgangswert in Ruhe, im venösen Blut stieg sie aber in allen vier Fällen deutlich an (Abbildung 3). Eine entsprechende arteriovenöse Differenz ergab sich auch für die Erythrozytenaggregation (Abbildung 4) und die Erythrozytenfiltrationsrate (Abbildung 5). Untersuchungen zur arteriovenösen Differenz von rheologischen Parametern wurden auch bei Patienten im Stadium III und IV, allerdings nur in Ruhe, vorgenommen. Abbildung 2 zeigt, daß im Stadium IV der Hämatokritwert im venösen Blut des durchblutungsgestörten Beines geringgradig höher als im arteriellen Zustrom ist. Für die Plasmaviskosität und die Erythrozytenaggregation ergaben sich in keinem Stadium der AVK unter Ruhebedingungen signifikante arteriovenöse Differenzen (Abbildungen 7 und 8). Die Erythrozytenfilterabilität im venösen Blut, das aus dem ischämischen Gebiet kam, war dagegen in den Stadien III und IV signifikant geringer im Vergleich zum arteriellen Zustrom (Abbildung 9).

Diskussion

Die Untersuchungen bestätigen die durch zahlreiche Veröffentlichungen bekannten hämorheologischen Störungen bei AVK-Patienten, die im wesentlichen in einer erhöhten Fibrinogenkonzentration des Plasmas begründet sind, die hauptsächlich die gesteigerte Plasmaviskosität und Erythrozytenaggregationstendenz verursacht. Bei diesen Befunden handelt es sich um systemische Veränderungen, wie sie sowohl im arteriellen wie im venösen Blut gefunden werden und somit mit großer Wahrscheinlichkeit nicht Folge der Ischämie sind. Diese

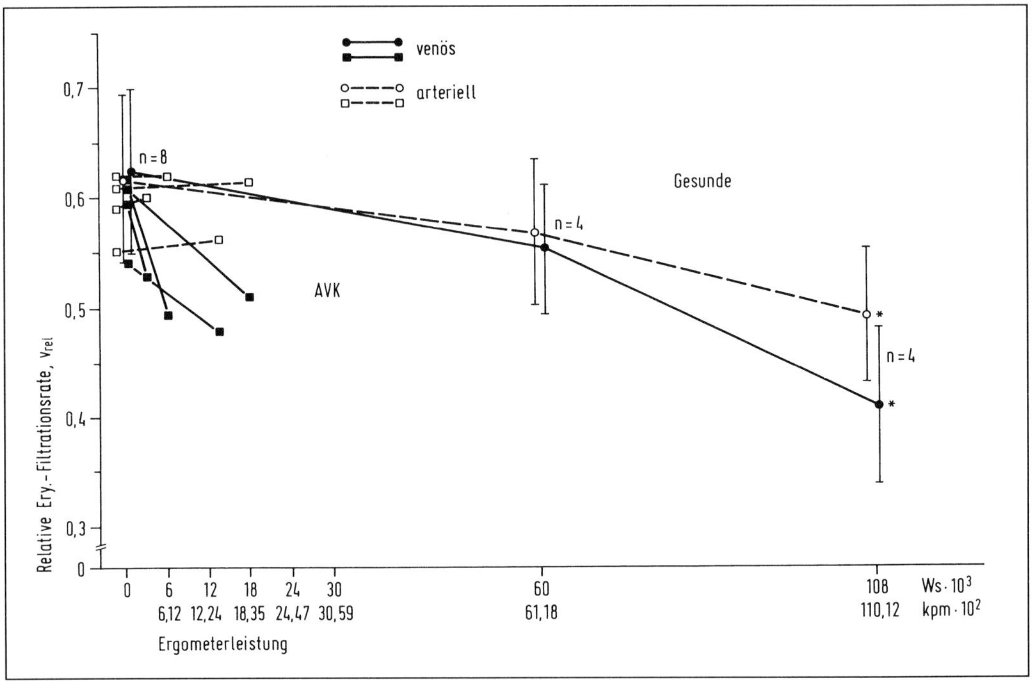

Abbildung 5. Vergleich der relativen Erythrozytenfiltrationsrate in der Arteria und Vena femoralis in Abhängigkeit von der Ergometerleistung bei Gesunden und Patienten mit AVK. * = $p < 0.01$.

unspezifischen und bei anderen chronisch-degenerativen Erkrankungen des Gefäßsystems beobachteten hämorheologischen Veränderungen korrelieren positiv mit dem klinischen Schweregrad der AVK. Es wird daher angenommen, daß es sich hier um ein allgemeines Reaktionsmuster als Folge der Gefäßschäden handelt, ähnlich der akuten Phase-Reaktion bei Entzündungen.

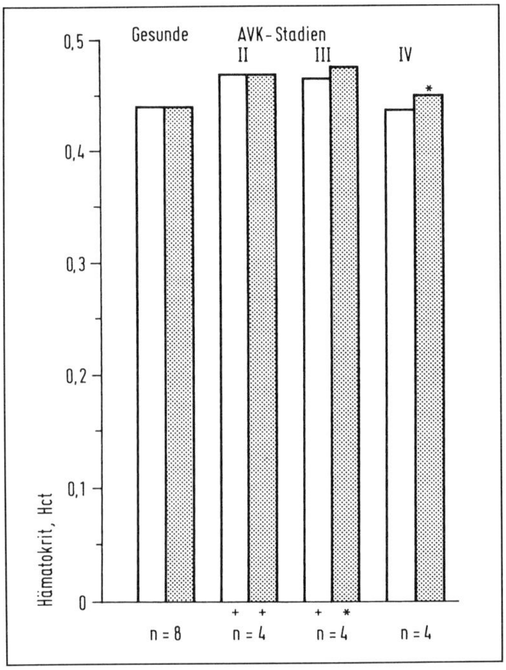

Abbildung 6. Vergleich der Hämatokritwerte in der A. femoralis (weiße Säule) und der V. femoralis (gepunktete Säule) bei Gesunden und AVK-Patienten in den Stadien II, III und IV nach *Fontaine*. Die Zeichen unter den Säulen weisen auf signifikante Unterschiede zu den gesunden Kontrollen hin, die Zeichen über den Säulen auf signifikante Unterschiede zu der korrespondierenden arteriellen Blutprobe (+ = p 0.05, * = $p < 0.01$).

7 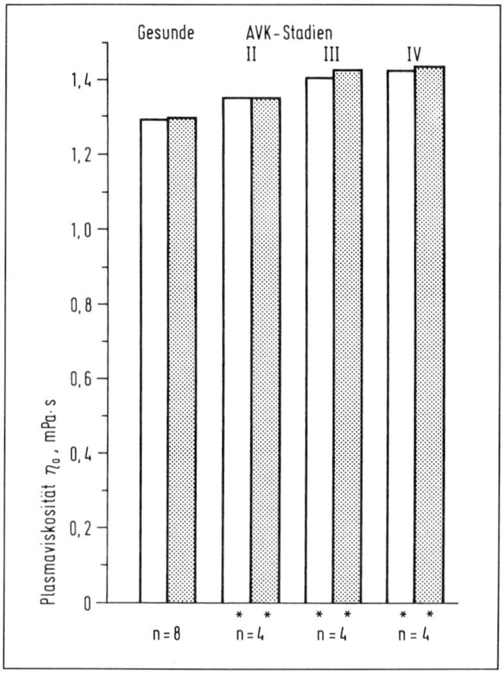

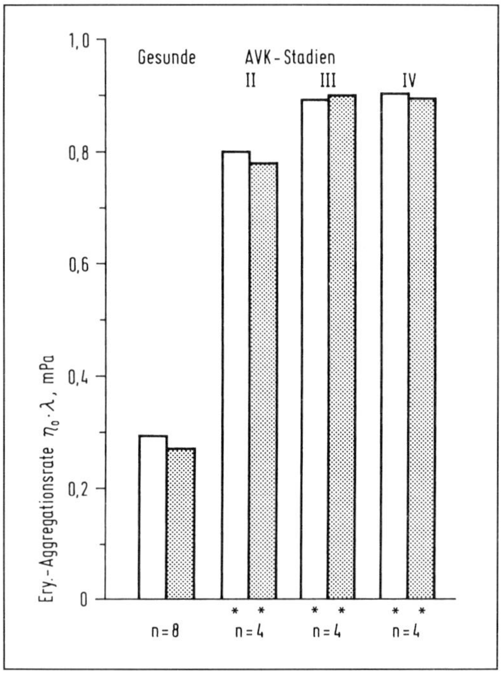 8

Abbildung 7. Vergleich der Plasmaviskosität in der A. femoralis (weiße Säule) und der V. femoralis (gepunktete Säule) bei Gesunden und AVK-Patienten in den Stadien II, III und IV nach *Fontaine.* Die Zeichen unter den Säulen weisen auf signifikante Unterschiede zu den gesunden Kontrollen hin.

Abbildung 8. Vergleich der Erythrozytenaggregationsrate in der A. femoralis (weiße Säule) und der V. femoralis (gepunktete Säule) bei Gesunden und AVK-Patienten in den Stadien II, III und IV. Die Zeichen unter den Säulen weisen auf signifikante Unterschiede zu den gesunden Kontrollen hin.

Abbildung 9. Vergleich der relativen Erythrozytenfiltrationsrate in der A. femoralis (weiße Säule) und V. femoralis (gepunktete Säule) bei Gesunden und AVK-Patienten in den Stadien II, III und IV. Die Zeichen unter den Säulen weisen auf signifikante Unterschiede zu den gesunden Kontrollen hin, über den Säulen auf solche zu den korrespondierenden arteriellen Blutproben.

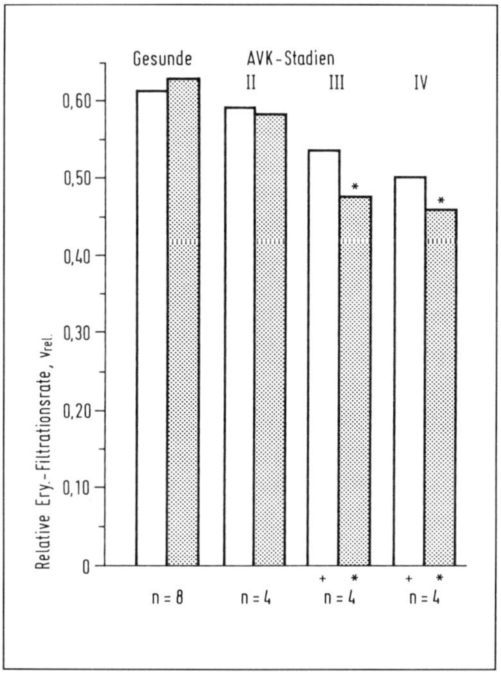 9

Tatsächlich gibt es erste Hinweise, daß Gefäßschäden, genauer genommen Intimaverletzungen, über eine Freisetzung von Interleukin I aus aktivierten Makrophagen zu einer gesteigerten Fibrinogensynthese in den Hepatozyten führen (11). Daneben kann vermutlich auch ein erhöhter Fibrinogen-Fibrin-Umsatz an Gefäßdefekten über eine Leukozytenstimulation zu einer gesteigerten Fibrinogenproduktion in den Leberzellen führen. Vermutlich unabhängig davon ist die Erythrozytenverformbarkeit bei Patienten mit Claudicatio intermittens geringgradig vermindert und verschlechtert sich, je weiter die Durchblutungsstörungen fortschreiten.
Unsere Untersuchungen zeigen daneben aber auch erstmals, daß lokale Ischämien zu rheologischen Störungen führen können. Diese hämorheologischen Veränderungen können allerdings nur in Blutproben gefunden werden, die das Ischämiegebiet drainieren, sie entgehen aber den Beobachtungen bei den üblichen Untersuchungen aus Blutproben der V. cubitalis mit »venösem Mischblut«. Sowohl nach maximaler Muskelarbeit bei Gefäßgesunden wie nach einer eingeschränkten Belastung bis zum Ischämieschmerz bei AVK-Patienten kommt es im venösen Blut aus den belasteten Muskelgebieten zu einer deutlichen Verminderung der Erythrozytenfilterabilität im Vergleich zum arteriellen Einstrom. Bei Patienten, die schon in Ruhe eine Ischämie aufweisen (Stadium III und IV), zeigt sich dieser arteriovenöse Abfall der Erythrozytenverformbarkeit bereits in Ruhe.
Ein Belastungstest bewirkt ebenfalls allgemeine rheologische Veränderungen, die vermutlich in erster Linie durch eine Hämokonzentration in Folge einer Umverteilung und eines Flüssigkeitsverlustes erklärt werden können. So steigen der Hämatokritwert, die Plasmaeiweißkonzentration und die Plasmaviskosität im Laufe einer Ergometerbelastung an, wie kürzlich von uns und einer anderen Arbeitsgruppe (6, 15) beschrieben wurde. Arteriovenöse Unterschiede sind dabei jedoch nicht zu erkennen, die einzig auf lokale ischämische Reaktionen hinweisen könnten.

Gestörte Mikrozirkulation und Hämorheologie bei arterieller Verschlußkrankheit

Kommt es im Laufe einer arteriellen Verschlußkrankheit zu einem Mißverhältnis zwischen Blutangebot und -bedarf, so vermindert sich durch eine lokale chemische bzw. myogene Reaktion der Tonus der Arteriolen. Die arteriellen Gefäße werden dadurch weitgestellt und verhalten sich in hämodynamischer Sicht wie starre Röhren. In den nachfolgenden Kapillaren ist die Perfusion nun abhängig von den poststenotisch verbliebenen Druckgradienten und der Fließfähigkeit des Blutes. Die Endothelzellen können bei fortgeschrittener AVK geschwollen sein, wodurch die Kapillarwand für Plasmabestandteile durchlässiger wird, aber auch das Kapillarlumen soweit eingeengt werden kann, daß Erythrozyten, vor allem solche mit verminderter Verformbarkeit, Leukozyten und Thrombozytenaggregate zu einem Strömungshindernis werden können. Auch wenn die Perfusionsrate zur Deckung der Ruhebedürfnisse noch ausreicht, so ist doch schon durch die mehr oder weniger aufgebrauchte vasomotorische Reserve eine Anpassung an gesteigerte Bedürfnisse unter Belastung eingeschränkt. Wie die Untersuchungen zeigen, kommt es tatsächlich unter Belastung bei AVK im Stadium II in venösem Blut aus ischämischen Arealen zu rheologischen Veränderungen, die den Schluß auf Permeabilitätsstörungen in den Mikrozirkulationsgefäßen zulassen. Der Anteil an großmolekularen Proteinen, vor allem Fibrinogen, nimmt zu, aber auch der Gesamteiweißgehalt des Plasmas, wie es bei einer partiellen Schrankenstörung zu erwarten ist. Die gesteigerte Filtration erhöht den lokalen Hämatokrit und die Neigung zu Erythrozytenaggregation. Die Erhöhung der venösen Hämatokritwerte wird darüber hinaus wohl noch durch eine geringere Erythrozytenverformbarkeit und eine damit verbundene schlechtere Packungsrate beim Zentrifugieren verstärkt. Diese Störung der Erythrozytenverformbarkeit wird mit großer Wahrscheinlichkeit durch dieselben Faktoren verursacht, die auch zu Vasodilatation und Permeabilitätsstörung führen, nämlich durch die Gewebsazidose mit ihren ionalen und metabolischen Veränderungen (Tabelle II).

In maximal dilatierten und somit funktionell starren Mikrozirkulationsgefäßen wird die Restdurchblutung fast ausschließlich durch rheologische Faktoren bestimmt. Zu der systemischen Erhöhung der Blutviskosität im Zusammenhang mit dem komplexen Geschehen der Arteriosklerose ganz allgemein und den negativen Einflüssen kardiovaskulärer Risikofaktoren (14) addieren sich noch die oben beschriebenen lokalen Störungen der Fließeigenschaften des Blutes. Hinzu kommt noch das besondere fluiddynamische Fließverhalten des Blutes mit dem Auftreten von Erythrozytenaggregaten bei kritisch erniedrigten Scherkräften. Diese vom venolären Ende ausgehende Verlegung der Kapillaren erhöht stromaufwärts den Druckgradienten und begünstigt somit weiter die Bluteindickung. Lange Kapillaren mit ihrem größeren hydraulischen Widerstand sind dafür besonders anfällig, während kürzere noch normal durchblutet sein können (7). In diesem Zustand der dekompensierten Mikrozirkulation kann die Flußrate trotz noch vorhandener treibender Drucke in manchen Gefäßen auf Null absinken. Daraus ergibt sich, daß eine gestörte Mikrozirkulation in quantitativer Hinsicht durch Minderperfusion und in qualitativer Hinsicht durch inhomogene Verteilung der Durchblutung und unterschiedliche Konzentrationen an Blutzellen gekennzeichnet ist. Die Störungen treten im Stadium II erst unter Belastung auf, in den Stadien III und IV reicht die völlige Rekrutierung vasodilatatorischer Möglichkeiten zur Kompensation der poststenotischen Hypotension der lokalen Hyperviskosität jedoch nicht mehr aus. Die Klinik der arteriellen Durchblutungsstörungen ist daher nicht nur durch die pathologisch-anatomischen Veränderungen der großen Gefäße zu verstehen, sondern erfordert die Kenntnis der davon abhängigen Störungen in den Mikrozirkulationsgebieten, die ihre Eigengesetzlichkeit haben und geeignet sind, die makrozirkulatorische Störung gefährlich zu komplizieren.

Tabelle II. Ursachen rheologischer Abnormitäten bei arteriellen Durchblutungsstörungen.

Systemisch	*chronisch*	
	Intimaschäden	→ Fibrinogenerhöhung
	Kardiovaskuläre Risikofaktoren	→ komplexe rheologische Störungen
	akut	
	Körperliche Belastung	→ Hämatokrit- und Fibrinogenerhöhung
	Eß- und Trinkgewohnheiten	→ Hämodilution bzw. Hämokonzentration
Lokal	*fluiddynamisch*	
	poststenotischer Scherkraftverlust	→ Ery.-Aggregation
		Leukozytenmargination
	Leukozyten-Einklemmung	
	ischämisch	
	metabolische Azidose	→ Ery.-Sklerose
	ionale Verschiebungen	Thrombozytenaggregation
	erhöhte Gefäßpermeabilität	→ Hämokonzentration
		Ery.-Aggregation

Zusammenfassung

Seit langem wurde bereits angenommen, daß neben den bekannten systemischen Störungen der Hämorheologie bei arteriellen Durchblutungsstörungen in Ischämiegebieten auch lokale, negative Einflüsse auf die Fließeigenschaften des Blutes wirksam sind. In dieser Untersuchung konnte nun durch Vergleich der rheologischen Parameter von arteriellem und venösem Blut der Beweis erbracht werden, daß Blut aus Ischämiegebieten tatsächlich eine Fluiditätsminderung erleidet. Dies ist im Stadium II der AVK erst nach einem belastungsinduzierten Ischämieschmerz, in den Stadien III und IV jedoch bereits in Ruhe nachweisbar. Die beobachteten hämorheologischen Veränderungen lassen Rückschlüsse auf lokale metabolisch bedingte Störungen der Erythrozytenverformbarkeit und eine Hämokonzentration in Mikrozirkulationsgefäßen als Folge von ischämischen Permeabilitätsstörungen zu.

Literatur

1 Arnold F, Derrick IR (1964) A correlative study between blood viscosity and cardiovascular disease. Clin Res 12:175
2 Dintenfass L (1967) Rheology of blood in cardiovascular disease. Bibl Anat 9:525
3 Dormandy JA, Hoare E, Colley J, Arrowsmith DE, Dormandy TL (1973) Clinical hemodynamics. Rheological and biochemical finding in 126 patients with intermittent claudication. Br med J 4:576
4 Ehrly AM, Köhler HJ (1976) Altered deformability of erythrocytes from patients with chronic occlusive arterial disease. VASA 5:319
5 Ernst E, Dormandy JA (1984) Erythrozyten-Flexibilitäts-Index bei peripherer arterieller Verschlußkrankheit. Beziehungen zu Risikofaktoren und zur Prognose. Klinikarzt 13:1104
6 Ernst E, Schmidlechner Ch, Schmid M (1985) Konträre hämorheologische Effekte von körperlicher Akut- und Dauerbelastung. Dtsch Z Sportmed 9:251
7 Kiesewetter H, Radtke H, Jung F, Schmid-Schönbein H, Wort G (1983) Determination of yield point: Methods and review. Biorheology 19:363
8 Klose HJ, Volger E, Brechtelsbauer H, Heinrich L, Schmid-Schönbein H (1972) Microrheology and light transmission of blood. I. the photometric quantification of red cell aggregation and red cell orientation. Pflügers Arch Ges Physiol 333:126
9 Matrai A, Ernst E (1985) Pentoxifyllin improves white cell rheology in claudicants. Clin Hemorheol 5:483
10 Reid HL, Dormandy JA, Barnes AJ, Lock PI, Dormandy TL (1976) Impaired red cell deformability in peripheral vascular disease. Lancet 1:666
11 Schmid-Schönbein H (1987) Mitteilung auf der 5. Europ. Konferenz über klinische Hämorheologie, Bordeaux
12 Schmid-Schönbein H, Weiss J, Ludwig H (1973) A simple method for measuring red cell deformability in models of the microcirculation. Blut 26:369
13 Schneider R, Teitel P, Kiesewetter H, Schmid-Schönbein H (1980) Clinical relevance of rheological findings in vitro. Arterial occlusive disease. In: Stolz JF, Drouin (eds) Hemorheology and Diseases. Doin, Paris, pp 343
14 Volger E (1980) Experimentelle und klinische Untersuchungen über die Rheologie des Blutes bei kardiovaskulären Erkrankungen und deren Risikofaktoren. Habilitationsschrift, Technische Universität Mün-
15 Vogler E (1986) Bedeutung der Fließeigenschaften des Blutes bei drohendem Myokardinfarkt. Hämostaseologie 6:118

Für die Verfasser:
Prof. Dr. E. Volger
Herz-Kreislauf-Klinik
der LVA Schwaben
Am Tannenbaum 2
D-8939 Bad Wörishofen

Hämorheologische und klinische Effekte von Pentoxifyllin

T. Weihmayr, E. Ernst[a], *A. Matrai* †[a], *F. Paulsen*[b]
Biologisches Sanatorium Röhling, Mittenwald, und [a]Hämorheologisches Forschungslabor, Klinik für Physikalische Medizin, Universität München, und [b]Buchbergklinik, Bad Tölz

Einleitung

Bei der AVK im Stadium II finden hämorheologische Gesichtspunkte derzeit mehr und mehr Beachtung (1). Heute existiert eine Reihe von Behandlungsmöglichkeiten, die das Ziel haben, die Fließeigenschaften des Blutes zu normalisieren (2). Für die Praxis sind oral applizierbare Medikamente am bedeutungsvollsten; unter diesen ist Pentoxifyllin derzeit am gründlichsten untersucht.
Für Pentoxifyllin sind hämorheologische Effekte mehrfach belegt worden (2). Ebenso ist die klinische Wirksamkeit bei der AVK anhand von kontrollierten Doppelblindstudien ausreichend dokumentiert (2). Die vorliegende Untersuchung sollte prüfen, ob sich eine Parallelität zwischen hämorheologischen und klinischen Meßgrößen aufzeigen läßt.

Patienten und Methoden

30 Patienten (4 Frauen, 26 Männer, Durchschnittsalter 56 ± 7) mit klinisch gesicherter AVK II erklärten ihr Einverständnis zur Teilnahme an der Prüfung. Jegliche durchblutungsfördernde Medikation war mindestens eine Woche zuvor abgesetzt worden. Andere Begleitmedikation wurde protokolliert und während der Studie konstant gehalten. Ausschlußkriterien waren dekompensierte Herz- oder Niereninsuffizienz, akuter Herz- und Hirninfarkt, Schwangerschaft, Netzhaut- oder Massenblutungen, subjektive Gehstrecken über 300 m. Die Begleiterkrankungen sind in Tabelle I zusammengefaßt.
Nach der Erstuntersuchung wurde dreimal täglich eine Tablette Rentylin® 400 (3 x 400 mg Pentoxifyllin) verabreicht. Die Nachuntersuchung erfolgte nach vier Wochen. Folgende Parameter wurden bestimmt: Viskosität des Nativblutes (BV) und des Blutes bei einem Hämatokrit von 45% (BV 45) im LS 30 (Contraves) Rotationsviskometer bei drei definierten Schergeschwindigkeiten und 37°C (3, 4), Plasmaviskosität (PV) im Kapillarviskometer bei 37°C (5), Erythrozyten-Filterabilität (EF) (6), Erythrozyten-Aggregation (EA) im *Myrenne*-Aggregometer (7) und Hämatokrit (Hk) mittels Mikrohämatokritzentrifuge. Ferner wurden Blutkörperchensenkungsgeschwindigkeit (BKS) nach *Westergren*, kleines Blutbild (TOA-Zellzähler) und Fibrinogen (Behring-Partigenplatten) bestimmt. Ferner wurde die standardisierte (Neigungswinkel 11° bei einer konstanten

Tabelle I. Nebendiagnosen, die häufiger als einmal auftraten.

Nebendiagnose	Fallzahl
keine	5
essentielle Hypertonie	11
Diabetes mellitus	6
koronare Herzkrankheit	5
Adipositas	5
generalisierte Arteriosklerose	3
psychovegetative Labilität	3
Grenzwerthypertonie	2
Herzrhythmusstörung	2

Laufgeschwindigkeit von 3,6 km/Std.), maximale Gehstrecke auf einem Laufbandergometer *(Woodway)* ermittelt. Die Daten wurden mit denen einer Gruppe Gesunder (n = 20) verglichen, die bezüglich Alter, Geschlecht und Nebendiagnose vergleichbar waren.
Die statistische Auswertung erfolgte anhand des gepaarten t-Tests, falls Normalverteilung vorlag –, falls nicht, wurde der nicht-parametrische Test nach *Wilcoxon* und *Wilcox* eingesetzt. Korrelationen wurden mit linearer Regressionsanalyse geprüft. Die Nullhypothese wurde verworfen, wenn p kleiner als 0.05 war.

Ergebnisse

Neben einer signifikanten Zunahme der Gehstrecke ist ein signifikanter Abfall der BV bei allen Schergeschwindigkeiten zu beobachten. Ferner kommt es zu einer signifikanten Erhöhung der EF. Tendenziell fallen auch BV 45, Hk und Fibrinogen ab (nicht signifikant). Die übrigen Parameter zeigen keine Veränderung.
Es zeigt sich ferner ein signifikanter Zusammenhang zwischen EF und Gehstrecke. Die Abweichungen vom Mittelwert vor und nach Therapie korrelieren jeweils signifikant (r = 0,421, t = 2,5).

Diskussion

Die Ergebnisse bestätigen zahlreiche frühere Berichte, die aufzeigen, daß bei der AVK II hämorheologische Parameter (z.B. 8) und die Gehstrecke (z.B. 9) durch Pentoxifyllin positiv beeinflußbar sind. Unter den rheologischen Parametern scheint der EF eine zentrale Rolle zuzukommen. Ihre Veränderungen unter Therapie korrelieren signifikant mit denen der Gehstrecke. Ein kausaler Zusammenhang zwischen der Normalisierung der EF und der Gehstreckenzunahme wäre somit möglich. Inwieweit hier Leukozyten-Effekte beteiligt sind, bleibt zu untersuchen (siehe Beitrag »Leukozyten-Rheologie unter Pentoxifyllin« Seite 104).
Ob sich erhöhte Werte für Plasmaviskosität und/oder Fibrinogenspiegel durch Pentoxifyllin normalisieren lassen, wird derzeit noch kontrovers diskutiert. Unsere Befunde sprechen gegen eine deutliche Beeinflussung dieser Parameter und widersprechen Vorbefunden (z.B. 10), während sie andere Daten bestätigen (z.B. 11). Die Er-

Tabelle II. Vergleich der erhobenen Meßdaten vor und nach Therapie.

Parameter	Dimension	vor Therapie	nach Therapie	Signifikanz
BV D = 94,5 s-1	mPas	5,39 (+ 0,7)	5,16 (+ 0,6)	+
BV D = 2,4 s-1	mPas	19,1 (+ 3,9)	17,9 (+ 3,4)	+
BV D = 0,7 s-1	mPas	36,0 (+ 8,4)	32,6 (+ 7,8)	+
BV 45 D = 94,5 s-1	mPas	5,5 (+ 0,5)	5,4 (+ 0,5)	–
BV 45 D = 2,4 s-1	mPas	20,0 (+ 3,9)	19,3 (+ 3,2)	–
BV 45 D = 0,7 s-1	mPas	38,1 (+ 8,95)	36,0 (+ 8,3)	–
Plasmaviskosität	mPas	1,27 (+ 0,07)	1,27 (+ 0,07)	–
Ery.-Flexibilität	keine	0,52 (+ 0,09)	0,55 (+ 0,08)	+
Ery.-Aggregation	keine	14,7 (+ 6,1)	15,0 (+ 6,5)	–
Fibrinogen	g/l	3,5 (+ 1,0)	3,3 (+ 0,6)	–
BKS 1. Std.	mm/Std.	7,1 (+ 4,4)	8,8 (+ 7,0)	–
BKS 2. Std.	mm/Std.	17,7 (+ 10,2)	20,9 (+ 15,1)	–
Hämatokrit	%	44,3 (+ 3,8)	43,7 (+ 3,6)	–
Gehstrecke	m	312 (+ 186)	549 (+ 297)	+

BV = Blutviskosität; (45) bei Hk 45%; D = Schergeschwindigkeit; BKS = Blutkörperchensenkungsgeschwindigkeit; + = p < 0,05; – = p < 0,05.

gebnisse belegen, daß die native Blutviskosität durch Pentoxifyllin abfällt. Es scheint so, daß die Determinanten dieser Größe (Hk, PV, EF, EA, Fibrinogen) sich (tendenziell) im positiven Sinne verändern, was sich dann in der signifikanten BV-Erniedrigung niederschlägt. Dies bestätigt die Auffassung unserer Arbeitsgruppe, die die BV als einen sensitiven und relevanten Parameter ansieht, sofern bestimmte Kautelen bei seiner Erfassung beachtet werden (8). Abschließend kann festgehalten werden, daß Pentoxifyllin die BV und EF bei AVK-Kranken normalisiert und zudem zur deutlichen Gehstreckenverlängerung führt. Es ergibt sich der Hinweis, daß die EF-Normalisation im Zusammenhang mit der symptomatischen Besserung stehen könnte.

Zusammenfassung

30 Patienten mit klinischer, peripherer arterieller Verschlußkrankheit (AVK) im Stadium II wurden vier Wochen lang mit 1200 mg Pentoxifyllin oral behandelt. Neben der Gehstrecke wurde eine Palette hämorheologischer Meßgrößen bestimmt. Nach Behandlungsabschluß war die native Blutviskosität signifikant gesunken und die Erythrozyten-Flexibilität angestiegen. Gleichzeitig kam es zu einer Verlängerung der Gehstrecke. Die Zunahme der Erythrozyten-Flexibilität korrelierte mit der Gehstreckenverlängerung, was als Hinweis dafür gewertet werden könnte, daß rheologische Mechanismen kausal an der Wirksamkeit mitbeteiligt sind.

Literatur

1 Angelkort B (1984) Blutfluidität bei chronischer peripherer Verschlußkrankheit. In: Heilmann L, Kiesewetter H, Ernst E (eds) Klinische Rheologie und Beta-1-Blockade. Zuckschwerdt, München Bern Wien San Francisco, pp 57–63

2 Doods AJ, Flute P, Dormandy JA, Cotton TL (1979) Hemorheological response to plasma exchange in Raynaud Syndrome. Brit Med J 2:1186–1189

3 Ernst E (1987) Hemorheological therapy. In: Chien S, Dormandy JA, Ernst E, Matrai A (eds) Clinical Hemorheology. M Nijhoff, Dordrecht Boston, pp 329–374

4 Ernst E, Matrai A, Scherer A, Schmidlechner Ch, Monshausen Ch (1985) Methodological and intraindividual variations in some hemorheological tests. Clin Hemorheol 5:511–514

5 Guerrini M, Pecchi S, Rossi C, Cappelli R, Pieragalli D, Acciavatti A (1983) Effect of pentoxifylline on blood hyperviscosity and peripheral hemodynamics in patients with peripheral obliterating arterial disease. Pharmatherapeutica 3, Suppl 1:52–66

6 Harkness J (1963) A new method for the measurement of plasma viscosity. Lancet II:280–282

7 Kiesewetter H, Radtke H, Schneider R, Mußler K, Scheffler A, Schmid-Schönbein H (1984) Das Mini-Erythrozyten-Aggregometer. Biomed Technik 27:209–313

8 Matrai A, Flute PT, Dormandy JA (1984) Improving accuracy of co-axial viscometry. Biorheology suppl 1:99–101

9 Müller R (1981) Hemorheology and peripheral vascular diseases: A new therapeutic approach J Med 12:209–235

10 Porter JM, Cutler BS, Lee BY (et al.) (1982) Pentoxifylline efficacy in the treatment of intermittent claudication. Multicenter controlled double blind trial with objective assessment of chronic occlusive arteriel disease patients. Am Heart J 104:66–72

11 Solerta SB, Carnevale-Schianca GP, Adamo S, Viola C, Baldi S, Sgarro V, Ferrari E (1983) Diabetic microangiopathy preventive therapeutical approach with pentoxiphylline. Clin Hemorheol 3:290

Für die Verfasser:
Dr. Th. Weihmayr
Biologisches Sanatorium Röhling
Am Oberen Rain 3
D-8102 Mittenwald

Sachwortverzeichnis